HANS
HOPPE
E A INSUSTENTÁVEL DEFESA DO ESTADO

Breves Lições | Dennys Garcia Xavier

Conselho Acadêmico da LVM

Adriano de Carvalho Paranaiba
Instituto Federal de Educação, Ciência e Tecnologia de Goiás (IFG)

Alberto Oliva
Universidade Federal do Rio de Janeiro (UFRJ)

André Luiz Santa Cruz Ramos
Centro Universitário IESB

Dennys Garcia Xavier
Universidade Federal de Uberlândia (UFU)

Fabio Barbieri
Universidade de São Paulo (USP)

Marcus Paulo Rycembel Boeira
Universidade Federal do Rio Grande do Sul (UFRGS)

Mariana Piaia Abreu
Universidade Presbiteriana Mackenzie

Paulo Emílio Vauthier Borges de Macedo
Universidade do Estado do Rio de Janeiro (UERJ)

Ubiratan Jorge Iorio
Universidade do Estado do Rio de Janeiro (UERJ)

Vladimir Fernandes Maciel
Universidade Presbiteriana Mackenzie

HANS HOPPE
E A INSUSTENTÁVEL DEFESA DO ESTADO

BREVES LIÇÕES | **DENNYS GARCIA XAVIER**

LVM EDITORA
São Paulo | 2019

Impresso no Brasil, 2019

Copyright © 2019 Dennys Garcia Xavier

Os direitos desta edição pertencem à
LVM Editora
Rua Leopoldo Couto de Magalhães Júnior, 1098, Cj. 46
04.542-001. São Paulo, SP, Brasil
Telefax: 55 (11) 3704-3782
contato@lvmeditora.com.br · www.lvmeditora.com.br

Editor Responsável | Alex Catharino
Editor Assistente | Pedro Henrique Alves
Coordenador da Coleção | Dennys Garcia Xavier
Revisão ortográfica e gramatical | Márcio Scansani / Armada
Preparação dos originais | Dennys Garcia Xavier, Pedro Henrique Alves & Alex Catharino
Índice remissivo e onomástico | Márcio Scansani / Armada
Produção editorial | Alex Catharino
Capa | Mariangela Ghizellini
Projeto gráfico, diagramação e editoração | Carolina Butler
Pré-impressão e impressão | Exklusiva

Dados Internacionais de Catalogação na Publicação (CIP)
Angélica Ilacqua CRB-8/7057

H221

Hans Hoppe e a insustentável defesa do estado: Breves Lições / coordenado por Dennys Garcia Xavier. — São Paulo : LVM Editora, 2019.
304 p. (Coleção Breves Lições)

Vários autores
Bibliografia
ISBN: 978-65-50520-07-6

1. Ciências sociais 2. Ciência política 3. Filosofia 4. Economia 5. Liberalismo 6. Hoppe, Hans-Hermann, 1949- I. Xavier, Dennys Garcia

19-2962   CDD 300

Índices para catálogo sistemático:

1. Ciências sociais 300

Reservados todos os direitos desta obra.
Proibida toda e qualquer reprodução integral desta edição por qualquer meio ou forma, seja eletrônica ou mecânica, fotocopia, gravação ou qualquer outro meio de reprodução sem permissão expressa do editor. A reprodução parcial e permitida, desde que citada a fonte.

Esta editora empenhou-se em contatar os responsáveis pelos direitos autorais de todas as imagens e de outros materiais utilizados neste livro. Se porventura for constatada a omissão involuntária na identificação de algum deles, dispomo-nos a efetuar, futuramente, os possíveis acertos.

SUMÁRIO

EXÓRDIO
UMA NOVA VISÃO DA REALIDADE, SOB OS AUSPÍCIOS DE HANS HOPPE 9
Dennys Garcia Xavier

APRESENTAÇÃO
HOPPE E A INTRANSIGENTE DEFESA DA LIBERDADE E DA PROPRIEDADE PRIVADA 17
Alex Catharino

CAPÍTULO 1
HANS-HERMANN HOPPE: UMA BIOGRAFIA 25
Gustavo Henrique de Freitas Coelho

CAPÍTULO 2
CONCEITOS FUNDAMENTAIS DA FILOSOFIA DE HOPPE 71
Dennys Garcia Xavier

CAPÍTULO 3
DIREITO DE PROPRIEDADE NO SOCIALISMO AO ESTILO RUSSO, AO ESTILO SOCIAL-DEMOCRATA E AO ESTILO CONSERVADOR 91
Gabriel Oliveira de Aguiar Borges
Dennys Garcia Xavier

CAPÍTULO 4
ANÁLISE ECONÔMICA, SOCIALISMO DE ENGENHARIA SOCIAL E SUSTENTABILIDADE DO DIREITO DE PROPRIEDADE 105
José Luiz de Moura Faleiros Júnior

CAPÍTULO 5
O QUE DEVE SER FEITO, SEGUNDO HOPPE 125
Adriano de C. Paranaíba

CAPÍTULO 6
REFLEXÕES SOBRE A TEORIA DO ESTADO À LUZ DOS FUNDAMENTOS SOCIOPSICOLÓGICOS DO SOCIALISMO 137
Dennys Garcia Xavier
José Luiz de Moura Faleiros Júnior

CAPÍTULO 7
CENTRALIZAÇÃO E SOCIALISMO: RELAÇÕES ENTRE A ATIVIDADE ESTATAL E O DESENVOLVIMENTO ECONÔMICO 153
João Paulo Silva Diamante
João Vitor Conti Parron

CAPÍTULO 8
OS IMPACTOS DA PREFERÊNCIA TEMPORAL SOBRE OS GESTORES PÚBLICOS EM ESTADOS DEMOCRÁTICOS 175
Francisco Ilídio Ferreira Rocha

CAPÍTULO 9
A QUESTÃO DA IMIGRAÇÃO EM UMA SOCIEDADE LIVRE 189
Dennys Garcia Xavier
Marco Felipe dos Santos

CAPÍTULO 10
UMA BREVE LIÇÃO DE COMO A DEMOCRACIA VIOLA A PROPRIEDADE PRIVADA 199
    Renato Ganzarolli

CAPÍTULO 11
SEGURANÇA COLETIVA BASEADA NO ESTADO: UM MITO A SER SUPERADO 215
    Daniel Colnago Rodrigues
    Renan Braghin

CAPÍTULO 12
OS DESAFIOS CAPITALISTAS DESVELADOS PELAS PROBLEMÁTICAS DOS BENS PÚBLICOS E DOS MONOPÓLIOS 233
    Dennys Garcia Xavier
    José Luiz de Moura Faleiros Júnior

CAPÍTULO 13
CONSERVADORISMO, LIBERTARIANISMO E LIBERALISMO: ERROS FATAIS E COMO CORRIGI-LOS EM DIREÇÃO À LIBERDADE 249
    Rafael Medeiros Hespanhol

EPÍLOGO
AS VANTAGENS DA MONARQUIA ABSOLUTA SOBRE A DEMOCRACIA: ENTRE HOPPE E HOBBES 269
    Lucas Berlanza

SOBRE OS AUTORES 285
ÍNDICE REMISSÍVO E ONOMÁSTICO 291

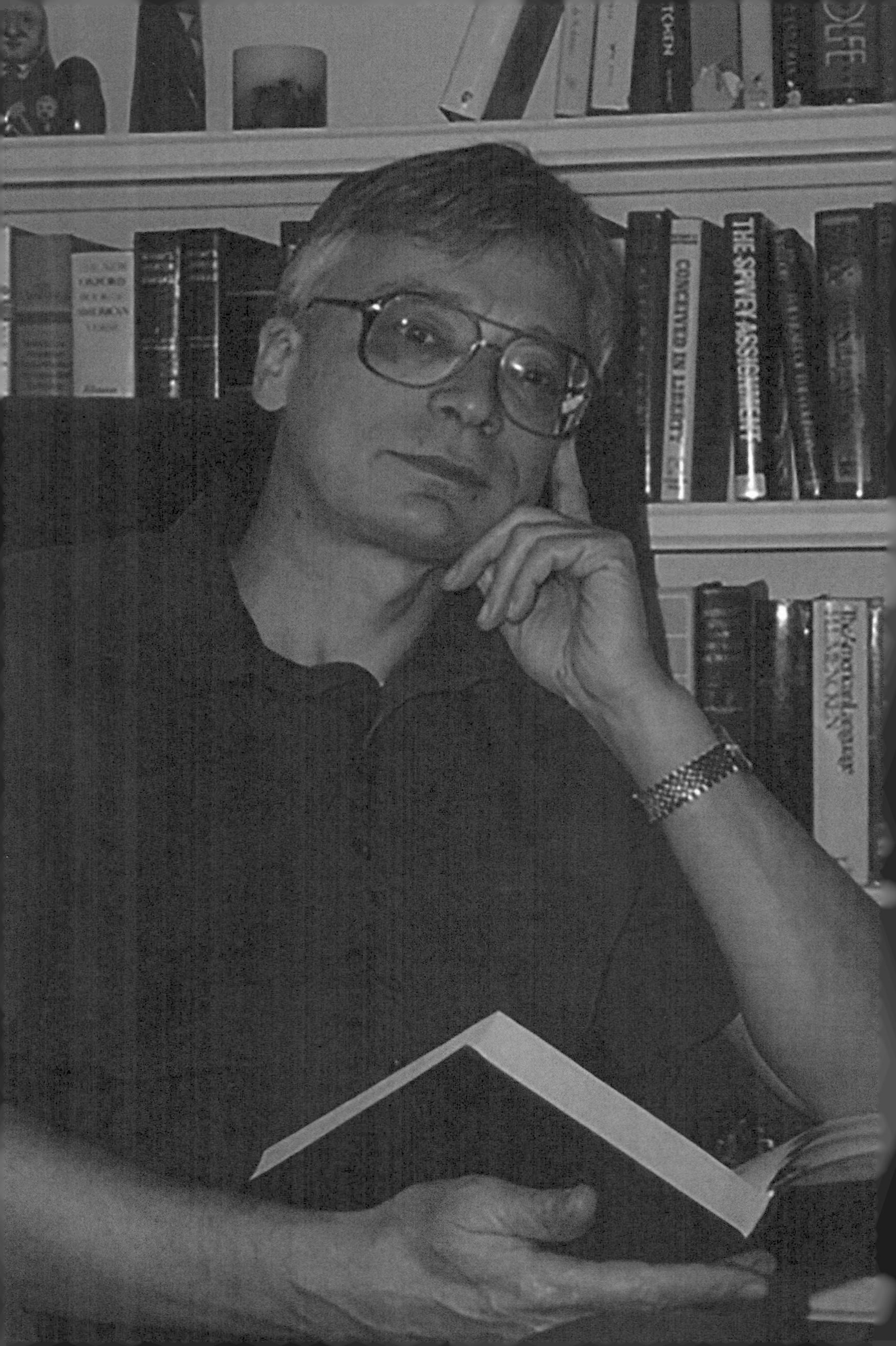
THE SPIVEY ASSIGNMENT

EXÓRDIO

UMA NOVA VISÃO DA REALIDADE, SOB OS AUSPÍCIOS DE HANS HOPPE

Dennys Garcia Xavier

A RAZÃO DE SER DESTE LIVRO

Este livro segue a linha editorial adotada para a série *Breves Lições*, que tenho o prazer de coordenar. Após livros dedicados à divulgação de alguns dos elementos da vida e da obra de F. A. Hayek, Ayn Rand e Thomas Sowell – sempre com um inesperado sucesso, motivo de profunda gratidão aos nossos leitores – é chegada a hora de evocarmos um dos mais polêmicos pensadores da liberdade: Hans-Hermann Hoppe.

Antes de irmos às suas lições, no entanto, cabe aqui registrar, como sempre faço nos exórdios da Coleção, o desígnio que nos move nas *Breves Lições*.

Há tempos a Universidade brasileira virou as costas para a sociedade que a mantém. Há uma série de fatores que explicam tal fato, sem, entretanto, justificá-lo minimamente. Talvez seja o caso de elencar, mesmo que em termos sinópticos, alguns deles, para que o nosso escopo reste devidamente esclarecido.

Em primeiro lugar, a estrutura pensada para as Instituições Públicas de Ensino Superior (IPES) é o que poderíamos denominar "entrópica". Com isso quero dizer que passam mais tempo a consumir energia para se manter em operação do que a fornecer, como contrapartida pensada para a sua existência, efetivo aperfeiçoamento na vida das pessoas comuns, coagidas a bancá-las por força de imposição estatal. Talvez fosse desnecessário dizer, mas o faço para evitar mal-entendidos: não desconsidero as contribuições pontuais e louváveis que, aqui e ali, conseguimos divisar no interior das IPES. No entanto, não é esse o seu arcabouço procedimental de sustentação. Os exemplos de desprezo pelo espírito republicano e pelo real interesse da nação se multiplicam quase que ao infinito: universidades e cursos abertos sem critério objetivo de retorno, bolsas e benefícios distribuídos segundo regras pouco claras – muitas vezes contaminadas por jogos internos de poder político –, concursos e processos seletivos pensados *ad hoc* para contemplar interesses dificilmente confessáveis, entre outros. Em texto que contou com grande repercussão, o Prof. Paulo Roberto de Almeida esclarece o que aqui alego:

> Não é segredo para ninguém que as IPES funcionam em bases razoavelmente "privadas" – isto é, são reservadas essencialmente para uma clientela relativamente rica (classes A, B+, BB, e um pouco B-, com alguns merecedores representantes da classe C), que se apropria dos impostos daqueles que nunca terão seus filhos nesses templos da benemerência pública. Na verdade, essa clientela é a parte menos importante do grande show da universidade pública, que vive basicamente para si mesma, numa confirmação plena do velho adágio da "torre de marfim". Não se trata exatamente de marfim, e sim de uma redoma auto e retroalimentada pela sua própria transpiração, com alguma inspiração (mas não exatamente nas humanidades e ciências sociais). A Capes e o CNPq, ademais do próprio MEC, asseguram uma confortável manutenção dos aparelhos que mantém esse corpo quase inerme em respiração assistida, ainda que com falhas de assistência técnica, por carência eventual de soro financeiro.

> Nessa estrutura relativamente autista, a definição das matérias, disciplinas e linhas de pesquisa a serem oferecidas a essa distinta clientela não depende do que essa clientela pensa ou deseja, e sim da vontade unilateral dos próprios guardiães do templo, ou seja, os professores, inamovíveis desde o concurso inicial, independentemente da produção subsequente. A UNE, os diretórios estudantis, os avaliadores do Estado, os financiadores intermediários (planejamento, Congresso, órgãos de controle) e últimos de toda essa arquitetura educacional (isto é, toda a sociedade) e, sobretudo os alunos, não têm nenhum poder na definição da grade curricular, no estabelecimento dos horários, na determinação dos conteúdos, na escolha da bibliografia, no seguimento do curso, enfim, no desenvolvimento do aprendizado, na empregabilidade futura da "clientela", que fica entregue à sua própria sorte. Sucessos e fracasso são mero detalhe nesse itinerário autocentrado, que não cabe aos professores, às IPES, ao MEC responder pelos resultados obtidos (ou não), que de resto são, também, uma parte relativamente desimportante de todo o processo (ALMEIDA, 2017).

Jamais questione, portanto, pelos motivos expostos, os tantos "gênios" produzidos e alimentados pela academia brasileira. No geral, pensam ser nada mais do que uma obviedade ter alguém para sustentar as suas aventuras autoproclamadas científicas, os seus exercícios retóricos de subsistência e o seu esforço em fazer parecer importante aquilo que, de fato, especialmente num país pobre e desvalido, não tem qualquer importância (e me refiro com ênfase distintiva aos profissionais das áreas de Humanidades). Tem razão, portanto, Raymond Aron quando diz:

> Quando se trata de seus interesses profissionais, os sindicatos de médicos, professores ou escritores não reivindicam em estilo muito diferente do dos sindicatos operários. Os quadros defendem a hierarquia, os diretores executivos da indústria frequentemente se opõem aos capitalistas e aos banqueiros. Os intelectuais que trabalham no setor público consideram excessivos os recursos dados a outras categorias sociais. Empregados do Estado, com salários prefixados, eles tendem a condenar a ambição do lucro (ARON, 2016, p. 224-225).

Estamos evidentemente diante do renascimento do acadêmico *egghead* ou "cabeça de ovo", segundo roupagem brasileira, naturalmente[1]. Indivíduo com equivocadas pretensões intelectuais, frequentemente professor ou protegido de um professor, marcado por indisfarçável superficialidade. Arrogante e afetado, cheio de vaidade e de desprezo pela experiência daqueles mais sensatos e mais capazes, essencialmente confuso na sua maneira de pensar, mergulhado em uma mistura de sentimentalismo e evangelismo violento. O quadro, realmente, não é dos mais animadores.

Depois, vale ressaltar outro elemento que configura o desprezo do mundo das IPES pela sociedade. A promiscuidade das relações de poder que se formam dentro dela, sem critério de competência, eficiência ou inteligência, o que a tornam problema a ser resolvido, em vez de elemento de resolução de problemas:

> A despeito de certos progressos, a universidade pública continua resistindo à meritocracia, à competição e à eficiência. Ela concede estabilidade no ponto de entrada, não como retribuição por serviços prestados ao longo do tempo, aferidos de modo objetivo. Ela premia a dedicação exclusiva, como se ela fosse o critério definidor da excelência na pesquisa, ou como se ela fosse de fato exclusiva. Ela tende a coibir a "osmose" com o setor privado, mas parece fechar os olhos à promiscuidade com grupos político-partidários ou com movimentos ditos sociais. Ela pretende à autonomia operacional, mas gostaria de dispor de orçamentos elásticos, cujo aprovisionamento fosse assegurado de maneira automática pelos poderes públicos. Ela aspira à eficiência na gestão, mas insiste em escolher os seus próprios dirigentes, numa espécie de conluio "democratista" que conspira contra a própria ideia de eficiência e de administração por resultados. Ela diz privilegiar o mérito e a competência individual, mas acaba deslizando para um socialismo de guilda, quando não resvalando num corporativismo exacerbado, que funciona em circuito fechado.

Tudo isso aparece, de uma forma mais do que exacerbada, na "eleição", e depois na "escolha", dos seus respectivos "reitores",

---

[1] O termo *"egghead"* se espalhou rapidamente nos Estados Unidos da América com a publicação dos trabalhos apresentados em um simpósio de 1953 denominado *"America and the Intellectuals"*. Houve ali a evisceração de uma hostilidade latente contra os intelectuais – frequentemente representados por professores universitários – por grande parte da opinião pública.

que não deveriam merecer esse nome, pois regem pouca coisa, preferindo seguir, por um lado, o que recomenda o Conselho Universitário – totalmente fechado sobre si mesmo – e, por outro, o que "mandam as ruas", no caso, os sindicatos de professores e funcionários. Algumas IPES chegaram inclusive a conceder o direito de voto igualitário a professores, alunos e funcionários, uma espécie de assembleísmo que é o contrário da própria noção de democracia, se aplicada a uma instituição não igualitária, como deve ser a universidade (ALMEIDA, 2017).

Talvez esse seja um dos mais graves entraves a ser enfrentado no âmbito da educação brasileira de nível superior: o seu compromisso ideológico com o erro, com o que evidentemente não funciona, com uma cegueira volitiva autoimposta que a impede de enxergar o fundamento de tudo o que é: a realidade, concreta, dura, muitas vezes injusta, mas... a realidade. Trata-se de uma máquina que se retroalimenta com a sua própria falência e que, por isso mesmo, atingiu estágio no qual pensar a si mesma, se reinventar, é quase um exercício criativo de ficção. Fui, eu mesmo, vítima/fautor complacente da realidade que aqui descrevo. Seduzido pelo que julgava ser a minha superior condição intelectual num país de analfabetos funcionais, promovi eventos, obras e diversas doutas iniciativas sem necessariamente pensar em como ajudá-los, mas em como ventilar alta ciência para poucos eleitos, poliglotas, frequentadores de conselhos, grupos e sociedades assim consideradas prestigiosas. O caminho não é esse: ao menos não apenas esse.

Certo, não podemos abrir mão de ciência de alto nível, de vanguarda, de um olhar ousado para o futuro. Isso seria reduzir a Universidade a uma existência "utilitária" no pior sentido do termo: e não é disso que estou falando nesta sede. Digo mais simplesmente que é passado o momento de darmos resposta a anseios legítimos da população, à necessidade de instruirmos com ferramentas sérias e comprometidas um vasto grupo humano muitas vezes alijado de conteúdos basilares, elementares, que permeiam a sua existência. A ideia que sustenta o nascimento deste livro, ou da coleção da qual faz parte, se alimenta dessa convicção, ancorada num olhar mais cuidadoso com o outro, com alguma frequência alheio às coisas da ciência.

Não busquem aqui, portanto, contribuição original ou revolucionária ao pensamento de Hoppe. Esta obra não se confronta contínua e rigorosamente – o que devia ter feito, fosse outro o seu propósito – com a fortuna crítica/técnica que a precede, com os múltiplos especialistas em temas específicos ou transversais que contempla ou com textos que, sincrônica ou diacronicamente, se referem ao nosso autor. Ela deseja enfatizar, isso sim, a importância de um pensador para a compreensão das crises pelas quais passamos, e sublinhar algumas das soluções e alternativas apontadas por ele, autor de uma arquitetônica filosófica indispensável que rivaliza, paradoxalmente, com o fato de ter sido posto de parte pela *intelligentsia* brasileira, sem qualquer pudor ou constrangimento. A obra é o resultado de um esforço conjunto de pesquisadores brasileiros que, sob minha direção, assumiram a tarefa não só de estudar Hoppe mais a fundo, de compreender as articulações compositivas da sua linha argumentativa, mas de dar a conhecer a um público leitor mais amplo a sua estratégica presença. Adotamos como regra geral evitar, tanto quanto possível, a linguagem hermética, pedante ou desnecessariamente tecnicista, nem sempre com o sucesso desejado. Queremos falar a homens letrados, não exclusivamente a círculos especializados, homens das mais diversas formações. Não obstante isso, fomos intransigentes na ajustada apropriação e na interpretação dos conceitos do autor. Longe de nós, ademais, o intuito de operar leitura teorética do texto, vale dizer, usar o eixo doutrinário de Hoppe para propósitos outros que não o da sua estrita compreensão. É isso: avançamos aqui com leitura eminentemente histórica, sem nuances subjetivas ou julgamentos aprioríticos, para oferecer ao leitor uma visão geral e calibrada de alguns elementos fundantes da filosofia do nosso autor. O passo seguinte, caso seja dado, cabe ao leitor, não a quem oferece o texto... ao menos este texto.

Esta é nossa modesta (mas criteriosa) contribuição ao movimento de saída de uma condição de hibernação ideológica crônica experimentada em nosso país. O reexame proposto aqui, ainda que não desenhe qualquer revolução hermenêutica, pode ser útil não só para alinhar os termos do debate hodierno, mas também para publicizar a doutrina de um pensador de primeira grandeza, portanto.

Pois avancemos. Não se trata mais de mero capricho intelectual, mas de proposição mesma de novos tempos para o país.

São Paulo, outubro de 2019.

BIBLIOGRAFIA

ALMEIDA, P. R. DE. (2017). *Cinco coisas que aprendi dando aula numa universidade pública brasileira*. Disponível em: <https://spotniks.com/5-coisas-que-aprendi-dando-aula-numa-universidade-publica-brasileira/>. Acesso em: 22 fev. 2018.

ARON, Raymond. (2016). *O ópio dos intelectuais*. Tradução de Jorge Bastos. São Paulo: Três Estrelas.

CROSSMAN, Richard H.S. (1952). *New Fabian Essays*. Londres: Turnstile Press.

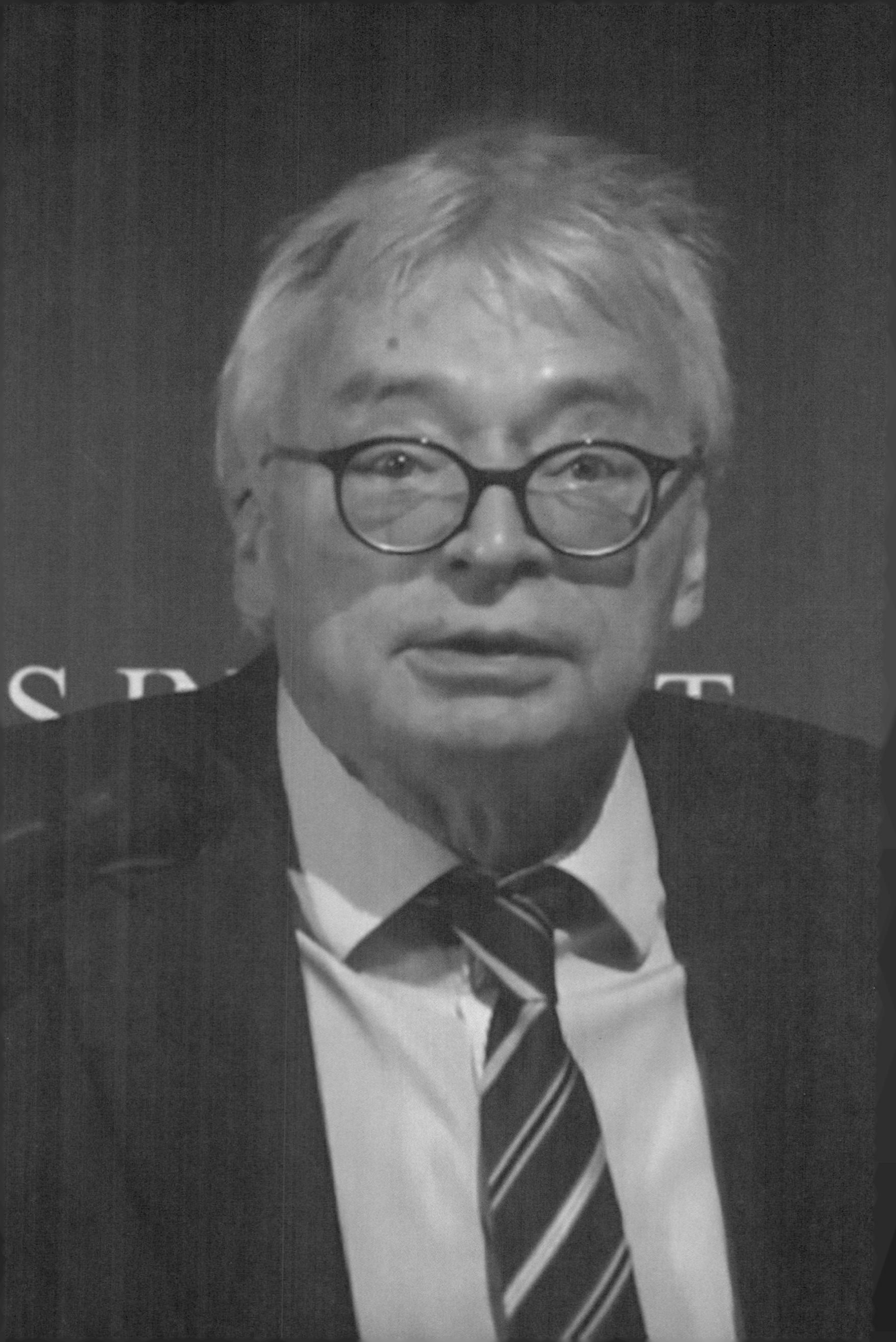

APRESENTAÇÃO

HOPPE E A INTRANSIGENTE DEFESA DA LIBERDADE E DA PROPRIEDADE PRIVADA

Alex Catharino

Libertários em quase todos os países, incluindo o Brasil, encontram no pensamento do filósofo, sociólogo e economista alemão Hans-Hermann Hoppe os fundamentos para uma intransigente defesa da liberdade e da propriedade privada. No entanto, os escritos desse intelectual polêmico e contestador deveriam ser lidos, também, por defensores de outros visões políticas, especialmente pelos socialistas e pelos conservadores, pois uma das principais características desses provocadores trabalhos, na maioria das vezes, é levar o leitor ao questionamento muitas ilusórias crenças estabelecidas acerca de temas éticos, históricos, políticos e econômicos, implodindo falsos consensos. Ao combinar a teoria da ação humana, a denominada praxiologia, do filósofo e economista austríaco Ludwig von Mises (1881-1973) com o libertarianismo individualista do filósofo e economista norte-americano Murray N. Rothbard (1926-1995) o pensador aqui apresentado criou uma aparato teórico mais sólido para a doutrina libertária anarcocapitalista, ao fundamentar as proposições políticas e econômicas desta em critérios filosóficos mais precisos, além de ter desenvolvido uma "ética da argumentação", amparada em teorias da ética do discurso dos filósofos alemães Karl-Otto Apel (1922-2017) e Jürgen Habermas (1929-). De acordo com o economista norte-americano Jeffrey M. Herbener, professor do Groove City College, um dos grandes méritos de Hoppe foi ter demonstrado "*as alturas intelectuais que podem ser alcançadas ao ensinar suas lições com uma mente brilhante, com devoção fervorosa à verdade e com coragem moral inabalável*" (HERBENER, 2009, p. 301).

O pensamento hoppeano abrange diversas áreas do conhecimento, unificadas com rigor lógico, força argumentativa e extrema clareza em uma das mais potentes defesas do libertarianismo. As escolhas feitas ao longo da própria trajetória intelectual de Hans-Hermann Hoppe são um fator importante para melhor se entender o compromisso moral do autor com as ideias que defende. Nascido em 2 de setembro de 1949, na cidade Peine, no estado da Baixa Saxônia, na época território da Alemanha Ocidental, aderiu ao pensamento socialista e foi estudante de Filosofia, Sociologia, Economia e Estatística na Universität des Saarlandes, em Saarbruecken, além de ter cursado o mestrado em Sociologia e o doutorado em Filosofia na Goethe University, em Frankfurt. Sob a orientação do filósofo Jürgen Habermas recebeu em 1974 o título de Doutor em Filosofia. Entre os anos de 1976 e 1978 foi aluno de pós-doutorado em Sociologia e em Economia na University of Michigan, em Ann Arbor, nos Estados Unidos. Obteve em 1981 pela Goethe University a habilitação em Fundamentos da Sociologia e da Economia. Os inúmeros estudos realizados, o fizeram abandonar as convicções socialistas para se tornar um ardoroso defensor dos ideais libertários, ao assumir a posição inicial de discípulo, em seguida de colaborador, e finalmente de sucessor de Murray N. Rothbard, tendo trabalhado com ele desde 1986, quando emigrou da Alemanha para os Estados Unidos, até a morte prematura do mestre em 1995. Lecionou na Universität Wuppertal, na Technische Universität Braunschweig, na Università di Bologna, na Johns Hopkins University e na University of Nevada, sendo Professor Emérito de Economia desta última instituição de ensino superior. Foi editor do *The Journal of Libertarian Studies* e co-editor do *Review of Austrian Economics* e de *The Quarterly Journal of Austrian Economics*. É autor de inúmeros artigos e de diversos livros, muitos lançados em português. Atualmente reside em Istambul, na Turquia, com sua esposa Gülçin. É pesquisador do Ludwig von Mises Institute e membro fundador da The Property & Freedom Society. Acerca da personalidade de Hans-Hermann Hoppe, o fundador e CEO do Ludwig von Mises Institute, sediado na cidade de Auburn no Alabama, o economista norte-americano Llewellyn H. Rockwell Jr. escreveu o seguinte:

> Ele é um homem de coragem e convicção. Teve diversas oportunidades de se vender por boa promoção, mas manteve o rumo, comprometido com as ideias de verdade, de liberdade e de o livre-mercado de. É um lutador duro e implacável que todos podem admirar. Não teme a verdade. Tudo isso é porque posso prever com confiança que ele sempre sairá da batalha como o campeão (ROCKWELL JR., 2009, p. 6).

Uma leitura parcial de alguma das obras é suficiente para apreender e a coragem deste autor que não tem medo de contrapor a tirania das confortáveis opiniões dominantes ao assumir uma posição contestadora e polêmica. Antes mesmo do final da Guerra Fria, publicou em língua inglesa no ano de 1989 o livro *Uma teoria do socialismo e do capitalismo*, no qual apresentou uma definição precisa do que seria o regime capitalista, fundado na liberdade individual, na propriedade privada, nos contratos voluntários e nas livres trocas, diferenciando-o das distintas modalidades socialistas, até mesmo as defendidas, em maior ou menor grau, por social-democratas e por conservadores. Ao longo dos quinze ensaios da coletânea *The Economics and Ethics of Private Property*, lançada pela primeira vez em inglês no ano de 1993 e a ser publicada em língua portuguesa pela LVM Editora em 2020, o autor discorre sobre inúmeros temas econômicos e filosóficos abordando temas como as falácias da teoria dos bens públicos e a produção de segurança, a economia e a sociologia da tributação, as teorias de classe marxista e austríaca, a praxiologia e os fundamentos praxiológicos do libertarianismo, a ética libertária e a justiça da eficiência econômica, dentre outros, sendo uma visão ampla das principais linhas do pensamento hoppeano. No breve *A Ciência Econômica e o Método Austríaco*, de 1995, apresenta os fundamentos praxiológicos que devem orientar a Economia em oposição à arrogante pretensão de cientificidade da metodologia positivista adotada pela demais escolas econômicas. A transcrição de uma palestra ministrada em 1997 foi publicada na forma do livreto *O Que Deve Ser Feito*, um verdadeiro programa libertário, com o diagnóstico dos mais graves problemas políticos de nossa época e a solução prática para nos libertarmos dessas mazelas. Indubitavelmente, o trabalho mais conhecido de Hoppe é o livro *Democracia, o Deus que Falhou*, uma coletânea de treze ensaios que oferecem uma defesa provocadora, mas extremamente lúcida e bem encadeada, da defesa de uma ordem natural de leis privadas, sendo essencialmente uma interpretação econômica e filosófica da história, que ao assumir uma postura revisionista pretende evidenciar, por um lado, o efeito de descivilização decorrente de qualquer monopólio territorial com poder de tributação, em especial o existente na democracia moderna, e procura demonstrar, por outro lado, que as grandes mudanças que abalaram a legitimidade de governos foram oriundas na força das ideias de uma elite intelectual, bem como na capacidade de tais ideias influenciarem a opinião pública. *Uma Breve História do Homem*, de 2015, relata, em um primeiro momento, as origens e os desenvolvimentos da propriedade privada e da família, desde o início da Revolução Agrícola, há aproximadamente onze mil anos, até o final do século XIX, para, na segunda parte, elucidar o surgimento da Revolução Industrial há cerca de apenas 200 anos, demonstrando como esta libertou a humanidade das condições apresentadas na análise malthusiana, ao possibilitar que o crescimento populacional não ameaçasse mais os meios de subsistência disponíveis, mas sendo um instrumento do crescimento econômico, para, finalmente no terceiro e último capítulo, desvendar a gênese e a evolução do Estado como uma instituição com o poder monopolístico de legislar e de cobrar impostos dos habitantes de determinado território, relatando a transformação do Estado monárquico, com os reis "absolutos", no Estado democrático, com o povo "absoluto". O mais recente trabalho do autor é *Getting Libertarianism Right*, publicado em 2018 e com previsão de lançamento em português pela LVM Editora em 2020, no qual se busca reafirmar os princípios fundamentais do libertarianismo diante do atual contexto de "desculturação" das sociedades democráticas, além de reafirmar a necessidade dos libertários ocuparem o espaço político que na luta contra o esquerdismo tem sido tomado por grupos de direita, além de ressaltar a importância do pensamento rothbardiano nessa tarefa.

HANS HOPPE E A INSUSTENTÁVEL DEFESA DO ESTADO

Costumo encerrar o meu curso de Filosofia Política na Pós-Graduação em Escola Austríaca do *Instituto Mises Brasil* (IMB) com a análise da obra *Democracia, o Deus que Falhou*, após ter discorrido acerca da evolução histórica do pensamento ocidental, desde os gregos antigos, no sexto século antes de Cristo até os nossos dias, com ênfase nas tensões modernas entre liberalismo e democracia, para discutir de modo mais detido as diferenças e as similitudes entre as reflexões hoppeanas e as contribuições apresentadas ao debate nas obras *Liberalismo* e *Ação Humana*, de Ludwig von Mises; *O Caminho da Servidão*, *Os Fundamentos da Liberdade* e na trilogia *Direito, Legislação e Liberdade*, de F. A. Hayek (1899-1992); e *Governo e Mercado*, de Murray N. Rothbard. As discussões com os alunos acerca do livro de Hans-Hermann Hoppe não apenas servem como uma espécie de síntese de toda a explanação das quatro aulas de quatro horas do curso, mas, também, esclarecem o ponto central do moderno conceito de "Soberania", que na perspectiva hoppeana pode ser entendido como o monopólio estatal sobre a segurança, a justiça e a tributação em um determinado território. Na condição de um defensor da tradição conservadora anglo-saxã, na linhagem que vai desde Edmund Burke (1729-1797) até Russell Kirk (1918-1994), tendo a ser um pouco mais otimista, ou talvez mais ingênuo, do que Hoppe, depositando ainda um pouco de minhas crenças, mesmo que ilusórias, no processo político, desde que limitado pelos princípios da moral judaico-cristã e pela manutenção tanto do Estado de Direito quanto da economia de livre-mercado. Todavia, o estudo do pensamento hoppeano, muitas vezes, me faz lembrar da necessidade dos conservadores manterem um diálogo constante com os libertários anarcocapitalistas, visto a maior ameaça à defesa da tradição moral que defendemos é oriunda das forças monopolísticas estatais, que tendem a atacar tudo o que é Verdadeiro, Bom e Belo em nome da expansão do poder governamental sobre a pessoa humana e sobre as comunidades orgânicas, na constante tentativa de controle social. As críticas do filósofo, sociólogo e economista alemão, em muitos aspectos, oferecem uma dimensão mais ampla sobre o problema tratado pelo pensamento kirkiano no livro *A Política da Prudência*, em seu capítulo sobre a nefasta ideologia do "democratismo". Os escritos de Hoppe, também, são um alerta sobre os riscos do crescimento da ordem imanente externa dos governos se tornar o principal antagonista da Ordem moral, transcendente e interna, da liberdade individual e de consciência, e da justiça, valores fundamentais do conservadorismo. Nas palavras do economista russo Yuri N. Maltsev, professor do Carthage College:

> Hans-Hermann Hoppe é o defensor mais ardente da liberdade em nosso tempo. Ele fez mais para avançar nossa compreensão dos aspectos filosóficos, legais, econômicos e culturais da liberdade e da propriedade privada que qualquer outro intelectual vivo. Como um dos alunos favoritos e amigo próximo de Murray N. Rothbard, foi quem melhor desenvolveu a tradição anarcocapitalista da Escola Austríaca de Economia após a morte prematura de seu mentor. Escritor prolífico, grande professor e orador muito popular, Hoppe atraiu dezenas de milhares de pessoas em todas as partes do mundo para suas ideias (Maltsev, 2009, p. 45).

O lançamento de *Hans Hoppe e a insustentável defesa do Estado*, quarto volume da *Coleção Breves Lições* organizada pelo professor Dennys Garcia Xavier, preenche uma lacuna bibliográfica, ao apresentar de modo didático as linhas gerais do pensamento hoppeano, servindo ao mesmo tempo como uma introdução e como um aprofundamento das ideias fundamentais do filósofo, sociólogo e economista alemão. Esperamos que o leitor aprecie a obra e que esta seja um instrumento eficaz para o questionamento dos mais graves problemas que assolam as nossas modernas sociedades democráticas. Melhor do que esta introdução para o entendimento das principais reflexões do filósofo, sociólogo e economista alemão, somente a leitura dos próprios livros de Hans-Hermann Hoppe.

BIBLIOGRAFIA

CATHARINO, Alex. "Fundamentos Teóricos do Liberalismo". *In*: PAIM, Antonio (Org.). *Evolução Histórica do Liberalismo*. São Paulo: LVM Editora, 2ª ed. rev. ampl., 2019. p. 21-55.

HAYEK, F. A. *Direito, Legislação e Liberdade: Uma Nova Formulação dos Princípios Liberais de Justiça e Economia Política*. Apres. Henry Maksoud; trad. Anna Maria Capovilla, José Ítalo Stelle, Manuel Paulo Ferreira e Maria Luiza X. de A. Borges. São Paulo: Visão, 1985.

_____. *O Caminho da Servidão*. Trad. Anna Maria Capovilla, José Ítalo Stelle e Liane de Morais Ribeiro. São Paulo: Instituto Ludwig von Mises Brasil, 6ª Ed., 2010.

_____. *Os Fundamentos da Liberdade*. Intr. Henry Maksoud; trad. Anna Maria Capovilla e José Ítalo Stelle. Brasília / São Paulo: Editora Universidade de Brasília / Visão, 1983.

HERBENER, Jeffrey M. "Hoppe in One Lesson, Illustrated in Welfare Economics". *In*: HÜLSMANN, Jörg Guido & KINSELLA, Stephan (Ed.). *Property, Freedom, & Society: Essays in Honor of Hans-Hermann Hoppe*. Auburn: Ludwig von *Mises Institute*, 2009. p. 301-07.

HOPPE, Hans-Hermann. *A Ciência Econômica e o Método Austríaco*. Trad. Fernando Chiocca. São Paulo: Instituto Ludwig von Mises Brasil, 2010.

_____. *Democracia, o Deus que Falhou*. Trad. Marcelo Werlang de Assis. São Paulo: Instituto Ludwig von Mises Brasil, 2014.

_____. *Getting Libertarianism Right*. Intr. Sean Gabb. Auburn: Ludwig von *Mises Institute*, 2018.

_____. *O Que Deve Ser Feito*. Pref. Rodrigo Saraiva Marinho; trad. Paulo Polzonoff. São Paulo: LVM Editora, 2ª ed., 2019.

_____. *The Economics and Ethics of Private Property*. Auburn: Ludwig von *Mises Institute*, 2ª ed., 2006.

_____. *Uma Breve História do Homem: Progresso e Declínio*. Pref. Llewellyn H. Rockwell Jr.; trad. Paulo Polzonoff. São Paulo: LVM Editora, 2018.

_____. *Uma Teoria do Socialismo e do Capitalismo*. Pref. Stephan Kinsella; trad. Bruno Garschagen. São Paulo: Instituto Ludwig von Mises Brasil, 2ª ed., 2013.

KIRK, Russell. *A Política da Prudência*. Apres. Alex Catharino; Intr. Mark C. Henrie; Trad. Gustavo Santos e Márcia Xavier de Brito. São Paulo: É Realizações, 2013.

MALTSEV, Yuri N. "A Knight of Anarcho-Capitalism". *In*: HÜLSMANN, Jörg Guido & KINSELLA, Stephan (Ed.). *Property, Freedom, & Society: Essays in Honor of Hans-Hermann Hoppe*. Auburn: Ludwig von *Mises Institute*, 2009. p. 45-53.

MISES, Ludwig von. *Ação Humana*: *Um Tratado de Economia*. Trad. Donald Stewart Jr. São Paulo: Instituto Ludwig von Mises Brasil, 3ª Ed., 2010.

_____. *Liberalismo: Segundo a Tradição Clássica*. Trad. Haydn Coutinho Pimenta. São Paulo: Instituto Ludwig von Mises Brasil, 2ª Ed., 2010.

ROCKWELL, JR. Llewellyn H. "A Life of Ideas". *In*: HÜLSMANN, Jörg Guido & KINSELLA, Stephan (Ed.). *Property, Freedom, & Society: Essays in Honor of Hans-Hermann Hoppe*. Auburn: Ludwig von *Mises Institute*, 2009. p. 3-6.

ROTHBARD, Murray N. *Governo e Mercado: A Economia da Intervenção Estatal*. Pref. Edward P. Stringham; Trad. Márcia Xavier de Brito e Alessandra Lass. São Paulo: Instituto Ludwig von Mises Brasil, 2012.

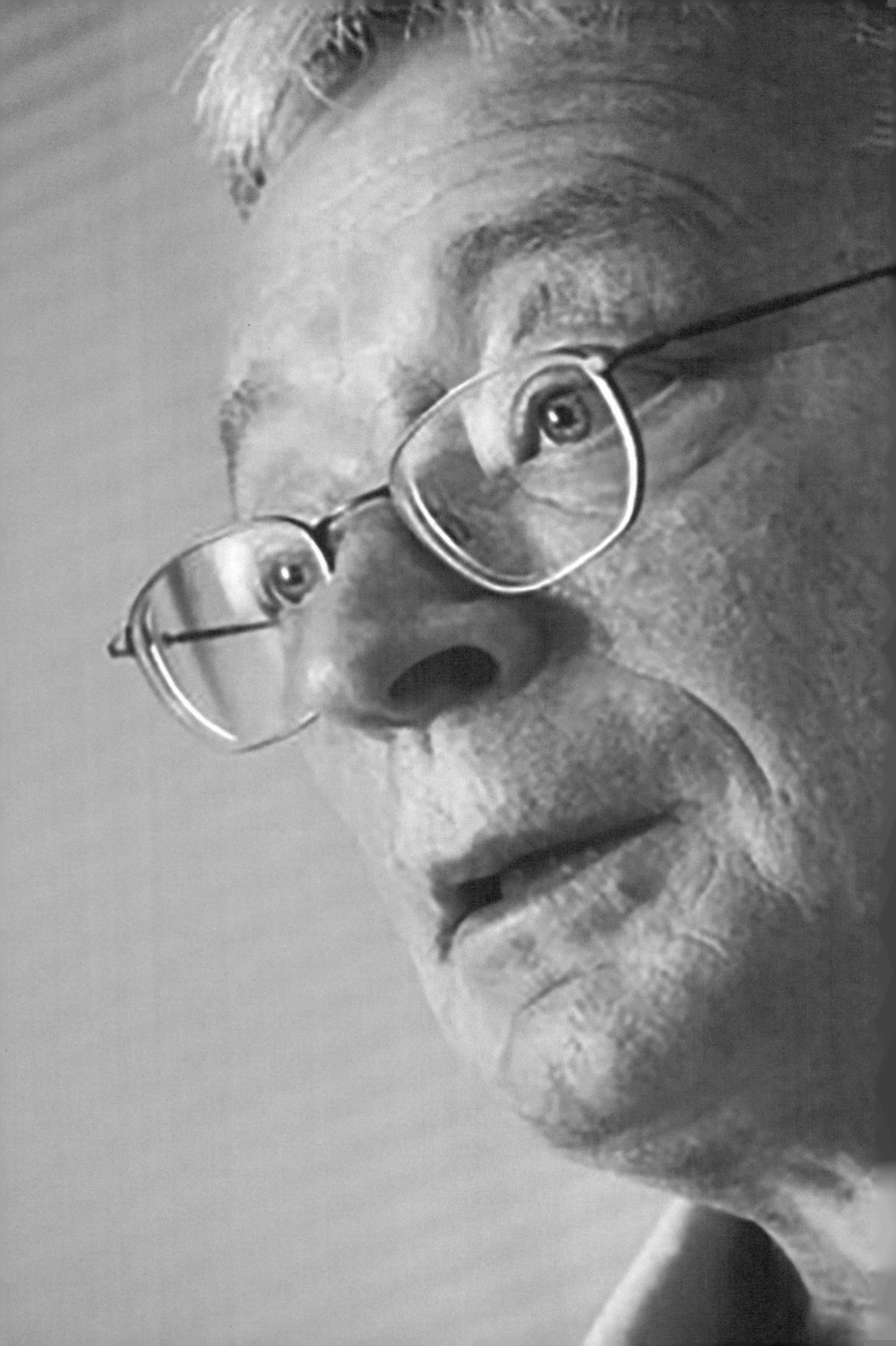

CAPÍTULO 1

HANS-HERMANN HOPPE: UMA BIOGRAFIA[2]

Gustavo Henrique de Freitas Coelho

Como os libertários acima de todas as pessoas deveriam saber, somente direitos de propriedade privada, isto é, o direito de cada pessoa na posse de seu corpo físico e a posse de todos os objetos externos justamente (pacificamente) adquiridos por ele, podem ser argumentativamente defendidos como direitos humanos universais e possíveis (HOPPE, 2017).

---

2 Nota do autor: o texto a seguir pretende apresentar uma breve biografia de Hans-Hermann Hoppe e sua contribuição para o movimento libertário. Optamos, sempre que possível, por dar preferência à reprodução do discurso proferido pelo próprio Hoppe, seja por meio de palestras, entrevistas ou artigos, nos restringindo a realizar alguns acréscimos necessários para facilitar a compreensão de quem nos lê. As transcrições e traduções foram realizadas por quem escreve, com o precioso auxílio técnico de Gitana Coelho Carvalho, a quem somos muito gratos. Agradecemos ao Prof. Dennys Xavier, Coordenador dessa Coleção, pela carinhosa apreciação dos originais e pelos ajustes, acréscimos e recortes sugeridos. Esperamos que nosso trabalho seja útil como introdução à vida e obra desse notável defensor da liberdade. Boa leitura!

FORMAÇÃO ACADÊMICA

Hans-Hermann Hoppe nasceu em 2 de setembro de 1949, na cidade histórica de Peine, na Alemanha Ocidental. Situada no coração da Baixa Saxônia, entre Hanover e Brunswick. Atualmente, a cidade conta com cerca de 50.000 habitantes[3].

Evolução da cidade de Peine, da esquerda para a direita: 1. Castelo Peine, ano de 1521. Litografia do século XIX. 2. Ruas Broad Street com Jakobikirche, 1954. As demais fotografias mostram a cidade de Peine atualmente.

Durante a sua graduação, Hoppe frequentou a Universität des Saarlandes, em Saarbrücken, Alemanha. Posteriormente, obteve seu Ph.D. em filosofia no ano de 1974, na *Goethe-Universität* (Universidade Johann Wolfgang Goethe de Frankfurt), em Frankfurt am Main, sob a orientação de Jürgen Habermas.

---

3 O *Site* oficial da cidade de Peine disponibiliza informações cronológicas a respeito da origem da cidade, remontando ao ano de 1130, quando, pela primeira vez, um documento menciona um ministro do rei Lothar, chamado Berthold von Pagin (Peine), suposto construtor do castelo Peiner. Embora não exista um documento oficial, pressupõe-se que o feudo de Peine tenha surgido antes do ano de 1220, fundado por Gunzelin Wolfenbüttel em um promontório ao sul do castelo. Para mais informações, confira o *Site* oficial da cidade: https://www.peine01.de/de/stadtinfos/geschichte/chronologie.php.

HANS HOPPE E A INSUSTENTÁVEL DEFESA DO ESTADO

Jürgen Habermas[4]

Ainda que atualmente seja considerado um filósofo libertário, anarcocapitalista[5], a defender o direito dos proprietários de estabelecerem comunidades de convênios privados, durante sua juventude Hoppe se definia como um marxista. De fato, seu

---

4 Jürgen Habermas é um dos principais intelectuais alemães da era pós-Segunda Guerra Mundial. Nascido em 18 de junho de 1929, é filósofo, sociólogo e o mais importante representante da Escola de Frankfurt na atualidade, tendo sido assistente de Theodor Adorno por vários anos. Seu trabalho se concentra principalmente nos fundamentos da teoria social e da epistemologia, da democracia e do Estado de Direito.

5 *"Muitos filósofos políticos que estudam a questão da autoridade do Estado se autodenominam 'filósofos anarquistas'. Isso pode ser uma surpresa para quem a palavra 'anarquista' evoca a imagem de um rebelde que ama o caos ou odeia o capitalismo e por isso joga bombas ou pedras [...]. Entretanto, os anarquistas não se opõem necessariamente à organização, mesmo a uma organização social complexa. Sua queixa é contra a coerção: ou seja, o Estado – de forma imoral, segundo eles – obrigar as pessoas a se comportarem de certas maneiras e não de outras, e punir quem o desobedecer. Entretanto, os anarquistas costumam levar os deveres morais muito a sério – já que precisam sustentar sua objeção ao Estado sob a justificativa de que ele é intrinsecamente imoral. De fato, um argumento anarquista comum é que o próprio Estado é a causa dos crimes, do egoísmo e do comportamento antissocial que supostamente justificam sua existência. O Estado seria, portanto, segundo os anarquistas, o agente corruptor de todos nós, e estaríamos melhor sem ele"*. (PAPINEAU, 2013, p. 183). O anarcocapitalismo (também conhecido por anarcoliberalismo) é uma filosofia política que promove o capitalismo entendendo a anarquia como a eliminação do Estado e a proteção à soberania do indivíduo por meio da propriedade privada e do livre mercado. Educação, saúde, proteção etc. seriam serviços oferecidos por concorrentes privados, ordenados segundo as demandas de um mercado aberto e competitivo. De forma bem resumida, podemos concluir que, em um regime anarcocapitalista, todas as atividades pessoais e econômicas teriam como fundamento o princípio do direito à propriedade privada, de modo que as relações sociais e econômicas seriam reguladas pelas demandas do mercado, e não por um Estado.

pensamento começou a mudar a partir do momento em que, na Universidade de Frankfurt, passou a ter contato com as críticas a Karl Marx realizadas por Eugen von Böhm-Bawerk.

Eugen von Böhm-Bawerk[6]

Nas palavras de Hoppe:

---

6 Eugen Böhm Ritter von Bawerk, conhecido como Eugen von Böhm-Bawerk, nasceu em 12 de fevereiro de 1851, falecendo em 27 de agosto de 1914, com 63 anos. Professor universitário, escritor e economista, Böhm-Bawerk, sobretudo entre as décadas de 1880 e 1890, escreveu extensas críticas ao pensamento econômico de Karl Marx, com destaque para as obras *História e Crítica das Teorias de Juro* (1884) e *Karl Marx e o fim do seu sistema* (1896). Ocupou o cargo de ministro das Finanças na Áustria por três vezes, sendo o último período entre os anos de 1900 até 1904, quando renunciou ao cargo e voltou a lecionar na Universidade de Viena. Entre seus alunos, estiveram Joseph Schumpeter, Ludwig von Mises e Henryk Grossman.

Quando jovem, estudante do ensino médio na Alemanha, eu era marxista. Depois, como estudante da Universidade de Frankfurt, deparei-me com críticas a Marx por parte de Böhm-Bawerk, e esse foi o fim da economia de Marx.

Como resultado, por um curto período de tempo tornei-me um pouco cético, e fui atraído pela metodologia positivista, e especialmente falsificadora, do programa da fragmentada engenharia social de Popper. Como Popper, eu era um socialdemocrata de direita na época (HOPPE, 2004).

A respeito da influência de Habermas em sua formação, durante os anos de 1968 a 1974, na *Goethe-Universität*, e o predomínio de seu pensamento na cultura alemã, comenta Hoppe:

> DICTA&CONTRADICTA: Habermas exerceu influência positiva sobre seu pensamento? Houve também influências negativas?
>
> HOPPE: Habermas foi meu principal professor de filosofia e meu orientador de Ph.D. durante meus estudos na Universidade Goethe, em Frankfurt, de 68 a 74. Por meio de seus seminários eu travei contato com a filosofia analítica britânica e americana. Li Karl Popper, Paul Feyerabend, Ludwig Wittgenstein, Gilbert Ryle, J. L. Austin, John Searle, W. O. Quine, Hillary Putnam, Noam Chomsky, Jean Piaget. Descobri Paul Lorenzen, a Escola de Erlangen e a obra de Karl-Otto Apel. Ainda acredito que tenha sido um treino intelectual muito bom. Pessoalmente, portanto, não tenho arrependimentos. Já no tocante à influência de Habermas na Alemanha e sobre a opinião pública alemã, ela tem sido um desastre absoluto, ao menos do ponto de vista libertário. Habermas é hoje o intelectual público mais celebrado da Alemanha e o sumo sacerdote do "politicamente correto": da socialdemocracia, do Estado de bem-estar social, do multiculturalismo, da antidiscriminação (ação afirmativa) e da centralização política, temperada — especialmente para o consumo alemão — com uma dose pesada de retórica "antifascista" e de "culpa coletiva" (HOPPE, 2013).

Entre os anos de 1976 a 1978 Hoppe concluiu o pós-doutorado na University of Michigan (Universidade de Michigan), em Ann Arbor, EUA.

Também na *Goethe-Universität*, em Frankfurt am Main, agora em 1981, Hoppe obteve sua "Habilitação" em Fundamentos da Sociologia e Economia. Contudo, afirma que seu posicionamento libertário não se deve a essa formação acadêmica, uma vez que o campo teórico abarcado pela academia se restringia ao estudo de pensadores voltados ao posicionamento político e ideológico de esquerda.

AKKURT: "Até que ponto sua educação influenciou você a se tornar um libertário"?

HOPPE: Eu não aprendi sobre libertarianismo ou economia de livre mercado na universidade. Meus professores eram ou socialistas ou intervencionistas (estatistas). Às vezes (muito raramente) os nomes de intelectuais que defendem o livre mercado foram mencionados: Böhm-Bawerk, Mises, Hayek, bem como Herbert Spencer, como sociólogo. No entanto, eles foram rejeitados como apologistas obsoletos do capitalismo, indignos de interesse por parte de qualquer um. Então eu tive que descobrir tudo basicamente por conta própria por meio de muita leitura (que, em retrospecto, parece ser uma perda de tempo). Hoje, basta clicar em *mises.org* e você tem tudo à mão. A este respeito, muito melhorou (HOPPE, 2004).

Hoppe lecionou em várias universidades alemãs, bem como no Centro de Estudos Internacionais Avançados da Universidade Johns Hopkins, em Bolonha, na Itália, até que, no ano de 1985, mudou-se para os Estados Unidos da América, onde foi aluno e colaborador de Murray Newton Rothbard, primeiro em Nova York, depois em Las Vegas.

Alguns meses após sua chegada a Nova York (em 1985), Hoppe conheceu Ralph Raico, com quem desenvolveu "uma estreita amizade". Juntos, participaram de inúmeros eventos no *Mises Institute*, além de viagens conjuntas ao norte da Itália.

Ralph Raico[7], ano de 2005.

---

7 Professor de história europeia, Ralph Raico nasceu em 23 outubro de 1936, falecendo aos 80 anos, em 13 dezembro de 2016. No ano de 1953 foi convidado por

Segundo Hoppe:

> Ralph também foi quem me apresentou aos estudos revisionistas sobre a Primeira e a Segunda Guerra Mundiais, e foi Ralph, quem me ensinou sobre a história do liberalismo alemão e, em particular, sobre seus representantes libertários radicais do século XIX, quase completamente esquecidos na Alemanha contemporânea (HOPPE, 2017).

MUDANÇA PARA OS EUA E ASSOCIAÇÃO INTELECTUAL COM MURRAY ROTHBARD

Certa vez, ao ser questionado sobre quais foram os pensadores mais importantes para sua formação libertária, Hoppe respondeu que o processo de conversão do marxismo para o libertarianismo ocorreu muito rápido:

> Quando comecei a estudar economia, aprendi simultaneamente uma metodologia positivista. No entanto, eu não estava convencido desde o início [...]. Descobrir Mises e Robbins tornou-se um enorme alívio intelectual para mim e, pela primeira vez, comecei a lidar (e estudar) seriamente com a economia.
>
> [...]

Ludwig von Mises para participar do seu seminário de pós-graduação em Economia Austríaca, na Universidade de Nova York, onde conheceu Murray Rothbard. Rothbard, Raico, Reisman, Ronald Hamowy e Robert Hessen formaram um grupo, que chamaram de "Círculo de Bastiat". Ainda na década de 1950 os integrantes do "Círculo de Bastiat" se aproximaram do grupo formado por Ayn Rand e seus seguidores, denominados de "O Coletivo". Ralph Raico chegou a participar das primeiras palestras sobre a filosofia do Objetivismo de Rand. Contudo, no verão de 1958 Rand e Rothbard romperam todos os laços, e os grupos se afastaram. Ralph Raico se relacionou com todos os gigantes do moderno movimento libertário americano. Entre os mais conhecidos, estão Ludwig von Mises, Friedrich Hayek, Ayn Rand, Murray Rothbard, Robert Nozick, Bruce Goldman, Benjamin Rogge, Leonard Liggio, Hans Herman Hoppe, Guido Hülsmann, Walter Block, Lew Rockwell, Thomas DiLorenzo, e George Reisman. Por meio de várias conexões, Raico também se tornou amigo ou associado a intelectuais famosos fora do espectro libertário, como Milton Friedman, Peter Bauer e Noam Chomsky. Para maiores informações a seu respeito, recomendados a leitura da biografia *Ralph Raico: Champion of Authentic Liberalism*.

Primeiro, me deparei com Milton Friedman (muito bom), depois com Hayek (melhor), e Mises (muito melhor [...]), finalmente, com o mais importante sucessor da teoria de Mises – Murray N. Rothbard" (HOPPE, 2004).

Considerado o principal pesquisador americano do pensamento do economista austríaco Ludwig von Mises (1881-1973), Rothbard permaneceu próximo a Hoppe até a sua morte, em janeiro de 1995.

Murray Newton Rothbard[8]

Em um longo discurso em comemoração ao 35º aniversário do *Mises Institute*, em Nova York, Hoppe comentou a respeito de sua mudança da Europa para os Estados Unidos, sua estreita relação de uma década com Rothbard e as lições que aprendeu com ele:

---

8 Murray Newton Rothbard nasceu em 2 de março de 1926, em Nova York, falecendo em 7 de janeiro de 1995. Historiador, filósofo político e economista adepto à Escola Austríaca, ajudou a definir o conceito moderno de libertarianismo e anarcocapitalismo, se tornando uma figura central do movimento que defende o livre mercado no século XX.

Conheci Murray Rothbard no verão de 1985. Eu tinha 35 anos e Murray tinha 59. Nos dez anos seguintes, até a morte prematura de Murray em 1995, eu seria associado a Murray, primeiro em Nova York, e depois em Las Vegas, na UNLV, em contato mais próximo, mais imediato e direto do que qualquer outra pessoa, exceto sua esposa Joey, é claro.

Hoppe e Rothbard, 1992.

Sendo quase tão velho agora como Murray foi na hora de sua morte, achei apropriado usar essa ocasião para falar e refletir um pouco sobre o que aprendi durante meus dez anos com Murray.

Eu já era um adulto quando conheci Murray, não apenas no sentido biológico, mas também mental e intelectual, e, no entanto, só atingi a maioridade quando associado a ele – e quero falar sobre essa experiência.

Antes de conhecer Murray, eu já havia completado meu Ph.D. e alcançado o posto de *privatdozent* (um professor universitário efetivo, mas não remunerado), o mesmo grau que incidentalmente Ludwig von Mises teve em Viena. Além da minha tese de doutorado (*Erkennen und Handeln*), eu já havia completado dois livros. Um, (*Kritik der kausalwissenschaftlichen Sozialforschung*) que me revelou como um misesiano, e outro, prestes a ser publicado no ano seguinte, (*Eigentum, Anarchie und Staat*) que me revelou como um rothbardiano. Eu já tinha lido todos os trabalhos teóricos de Mises e Rothbard. (Eu ainda não havia lido o volumoso trabalho jornalístico de Murray, que na época não estava disponível para mim). Assim, não foi meu encontro pessoal com Murray, então, que me tornou um misesiano e rothbardiano. Intelectualmente, eu já era há anos misesiano e rothbardiano, antes de conhecer Murray pessoalmente. E assim, apesar do fato de eu ser em primeiro lugar um teórico, não quero falar aqui sobre o grande edifício intelectual austro-libertário que Mises e Rothbard nos transmitiram em sua sucessão, ou sobre minhas próprias pequenas contribuições para esse sistema, mas sobre a minha longa experiência pessoal com Murray: sobre as lições práticas e existenciais que aprendi através dos meus encontros com ele e que me transformaram de adulto a um homem que amadureceu.

Mudei-me para a cidade de Nova York, porque considerava Murray o maior de todos os teóricos sociais, certamente do século XX, e possivelmente de todos os tempos, assim como eu considerava Mises o maior de todos os economistas e, com Mises há muito tempo fora do cenário, eu queria conhecer, conhecer e trabalhar com esse homem, Rothbard. Eu ainda tenho essa opinião sobre a grandeza de Mises e Rothbard. De fato, ainda mais hoje do que há 30 anos. E desde então, não houve um segundo Mises ou Rothbard. Nem perto, e talvez tenhamos que esperar muito tempo para que isso aconteça.

A partir da esquerda: Lew Rockwell, Yuri Maltsev, Hans-Hermann Hoppe, e Murray Rothbard. 1991, Mises University

Então me mudei para Nova York, conhecendo o trabalho de Murray, mas sabendo quase nada sobre o homem. Lembre-se, isso foi no ano de 1985. Eu ainda estava escrevendo à mão e depois usando uma máquina de escrever mecânica, me familiarizando com um computador pela primeira vez apenas durante o ano seguinte na UNLV. Murray nunca usou um computador, mas ficou com uma máquina de escrever elétrica até o fim de sua vida. Não havia telefones celulares, *e-mails*, *internet*, *Google*, *Wikipédia* e *YouTube*. No início, nem mesmo máquinas de *fax* existiam. Minha correspondência com Murray antes da minha chegada a Nova York, então, era pelo velho e regular correio tradicional. Murray expressou seu entusiasmo sobre meu desejo de conhecer e trabalhar com ele e imediatamente se ofereceu para pedir a ajuda de Burton Blumert, e, na verdade, Burt foi de ajuda instrumental para facilitar minha mudança da Europa para os EUA. (O maravilhoso Burt Blumert, dono da *Camino Coins*, e fundador do Centro de Estudos Libertários original, que seria finalmente fundido com o Instituto Mises, era um dos mais queridos amigos e confidentes de Murray. Ele também era um grande benfeitor e querido amigo para mim).

Eu tinha visto algumas fotos de Murray, eu sabia que ele, como Mises, era judeu, que ele ensinou no Brooklyn Polytechnic Institute (posteriormente, renomeado de New York Polytechnic University, e hoje, Polytechnic Institute of NYU), que ele era o editor do muito admirado *Journal of Libertarian Studies*, e que ele estava intimamente associado, como seu diretor acadêmico, com o *Ludwig von Mises Institute*, que recentemente Lew Rockwell tinha fundado, em 1982, 35 anos atrás.

E foi assim, ambos despreparados, que nos encontramos pela primeira vez no escritório da universidade de Murray. Lá estava eu, a "loira legal do Norte", para citar uma propaganda popular de cervejas alemãs do Norte, jovem, alto e atlético, um tanto antissociável, seco e com um senso de humor seco, mais contundente, sarcástico, e voltado para o confronto. Perfeito *Wehrmacht-material*, se você quiser. E havia Murray: o "neurótico da cidade grande", para usar o título alemão da comédia de Woody Allen, *Annie Hall*, uma geração mais velho, baixo e redondo, não atlético, até desajeitado (exceto digitando), sociável e hilário, nunca deprimido mas sempre alegre, e, em suas relações pessoais (bem diferente de seus escritos), sempre sem confronto, bem-humorado ou mesmo manso. Não exatamente um *Wehrmacht-material*. Em termos de personalidade, dificilmente poderíamos ter sido mais diferentes.

De fato, éramos um casal bastante estranho – e, no entanto, nos demos bem desde o início.

Dado o longo e especial relacionamento entre alemães e judeus, especialmente durante o período de 12 anos do governo do Partido Nacional Socialista na Alemanha, de 1933 a 1945, eu, como um jovem alemão que conheceu um judeu mais velho na América, temia que essa história pudesse tornar-se uma fonte potencial de tensão. Mas não. Muito pelo contrário.

Sobre o assunto da religião em si, houve um acordo geral. Nós dois éramos agnósticos, ainda que com profundo interesse na sociologia da religião e visões bastante semelhantes sobre a religião comparada. Ainda assim, Murray aprofundou muito minha compreensão do papel da religião na história por meio de seu grande trabalho, infelizmente incompleto, durante a última década de sua vida, sobre a história do pensamento econômico.

Além disso, em nossas inúmeras conversas, aprendi com Murray sobre a importância de complementar a teoria austro-libertária com a história revisionista a fim de chegar a uma avaliação verdadeiramente realista dos eventos históricos e dos assuntos globais. E eu era, então, como alguém que havia crescido derrotado e devastado na Alemanha Ocidental pós-Segunda Guerra Mundial, com a então (e ainda) "história oficial" ensinada em todas as escolas e universidades alemãs de (a) sentir-se culpado e envergonhado por ser alemão e pela história alemã, e (b) acreditando que a América, e o capitalismo democrático americano, eram "a melhor coisa" desde, ou até mesmo antes, da invenção do pão fatiado, que teria que revisar meu passado, apesar de toda teoria austro-libertária, com visões bastante ingênuas sobre assuntos mundiais em geral, e história dos Estados Unidos e Alemanha em particular. Na verdade, Murray me fez, fundamentalmente, mudar minha visão bastante otimista dos Estados Unidos (apesar do Vietnã e de tudo isso) e me ajudou, pela primeira vez, a me sentir consolado, contente e até feliz em ser alemão, e a desenvolver um interesse especial pela Alemanha e pelo destino do povo alemão.

Para minha surpresa inicial, então – e, finalmente, meu grande e agradável alívio – Murray era um grande germanófilo. Ele conhecia e apreciava muito as contribuições alemãs para filosofia, matemática, ciências, engenharia, história acadêmica e literatura. Seu amado professor, Mises, tinha escrito originalmente em alemão, e foi um produto da cultura alemã.

Murray amava a música alemã, amava as igrejas barrocas alemãs, adorava a atmosfera bávara das cervejarias [...]. Sua esposa, Joey, era de ascendência alemã, seu nome de solteira era JoAnn Schumacher, e Joey era um membro da Richard-Wagner-Society e uma entusiasta da ópera ao longo da vida. Além disso, a maioria dos amigos de Murray que eu eventualmente conheci acabaram sendo germanófilos.

[...]

Além disso, ao aprender com Murray sobre a necessidade de complementar a teoria austro-libertária com a história revisionista, de modo a obter uma imagem completa e realista do mundo e dos assuntos mundanos, recebi treinamento constante dele na arte do julgamento prudente e judicioso, na avaliação de pessoas, ações e eventos (HOPPE, 2017).

Ainda no mesmo discurso, além de ressaltar a importância teórica de Murray em sua formação, Hoppe comenta as lições pessoais que aprendeu com ele, sobretudo em relação às privações e sacrifícios a serem enfrentados, decorrentes de sua firme defesa do libertarianismo.

Com isso, quero chegar à segunda grande lição que aprendi durante minha longa associação com Murray. Enquanto a primeira lição, do revisionismo, se referia a questões de prática e método, a segunda lição dizia respeito a questões existenciais.

Antes de conhecer Murray, eu sabia, é claro, que ele era um *outsider* radical em uma academia liberal predominantemente de esquerda, e eu esperava (e estava disposto a aceitar por mim mesmo) que isso envolveria alguns sacrifícios, ou seja, que teria que pagar um preço por ser um rothbardiano, não só, mas também em termos de dinheiro. Mas fiquei bastante surpreso ao perceber o quão alto era esse preço. Eu sabia que o Brooklyn Polytechnic não era uma universidade de prestígio, mas eu esperava que Murray ocupasse um cargo confortável e bem remunerado. Além disso, na época, eu ainda imaginava os EUA como um bastião e baluarte da livre iniciativa e, consequentemente, esperava que Murray, como principal defensor intelectual do capitalismo e da personificada antítese de Marx, fosse tido em alta estima, se não na academia, então certamente fora dela, no mundo do comércio e dos negócios, e, portanto, ser recompensado com um certo grau de afluência.

De fato, no Brooklyn Polytechnic, Murray ocupava um escritório pequeno, sujo e sem janelas, que ele tinha de dividir com um professor de História. Na Alemanha, até assistentes de pesquisa desfrutavam de um ambiente mais confortável, para não falar de professores plenos. Murray estava entre os professores com os salários mais baixos na escola. De fato, minha bolsa da Fundação Nacional de Ciências da Alemanha, na época – uma bolsa de estudos de Heisenberg – acabou sendo consideravelmente mais alta do que o salário da universidade de Murray (algo que tive vergonha de revelar a ele depois que descobri). E o apartamento de Murray, em Manhattan, grande e cheio de livros até no teto, estava escuro e em ruínas. Certamente nada parecido com a cobertura que eu imaginara que ele ocupasse. Essa situação melhorou significativamente com a sua mudança em 1986, aos 60 anos, para a UNLV, em Las Vegas. Enquanto lá o meu salário diminuiu, em comparação com a minha compensação anterior, o salário de Murray subiu acentuadamente, mas ainda estava abaixo de 100K, e ele podia se dar ao luxo de comprar uma casa espaçosa, mas espartana. Mesmo como portador de uma cátedra na UNLV, Murray não tinha o comando de nenhum assistente de pesquisa ou de um secretário pessoal.

Ainda assim, Murray nunca reclamou ou demostrou qualquer amargura ou sinal de inveja, mas, em vez disso, estava sempre conectado à alegria e avançando com seus escritos. Essa foi uma lição difícil de aprender, e ainda estou tendo dificuldades em segui-la às vezes.

[...]

Além disso, apesar de suas grandes realizações como um defensor intelectual do capitalismo de livre mercado, Murray nunca ganhou prêmios, honrarias ou menções honrosas. Que ele nunca tenha ganho um prêmio Nobel em Economia não é algo surpreendente, é claro. Afinal, o grande Mises também não ganhou.

[...]

Nada disso incomodou Murray, no mínimo. De fato, ele não esperava nada, por razões que eu ainda teria que aprender. O que Murray percebeu, e que eu ainda teria que aprender, foi que a mais feroz rejeição e oposição ao austro-libertarianismo não vinha da tradicional esquerda socialista, mas sim dos autoproclamados "antissocialistas", "governo limitado", "Estado mínimo", "iniciativa pró-privada" e "pró-liberdade", e seus porta-vozes intelectuais e, acima de tudo, do que se tornou conhecido como os *Beltway-Libertarians*[9].

[...]

Eu experimentei essa rothbardfobia[10] de segunda mão, se você preferir. Pois, assim que se espalhou a notícia de que o novo alemão que chegou era o menino de Murray, e também parecia ser bastante "intransigente", me vi imediatamente colocado nas mesmas listas negras que ele. Assim, aprendi rapidamente uma primeira lição importante da vida real sobre o que significa ser um rothbardiano. Outra lição foi humildade [...] (HOPPE, 2017).

Hoppe ficou pouco tempo em Nova York. No ano de 1986, junto com Murray Rothbard, mudou-se para Las Vegas, onde passaram a trabalhar na *University of Nevada* (UNLV).

A CARREIRA COMO PROFESSOR NA UNLV: DECEPÇÕES E POLÊMICAS

Hoppe trabalhou no Departamento de Economia da Universidade de Nevada como professor titular até sua aposentaria, no ano de 2008. Com a morte de Rothbard, ele assumiu a liderança entre os estudiosos do movimento austro-libertário, não apenas nos Estados Unidos, mas em todo o mundo. Embora tenha ficado na instituição por 22 anos, dos quais 13 após a morte de Rothbard, sua experiência pessoal e profissional nessa universidade foi marcada por decepções e polêmicas, a começar pela composição do Departamento de Economia da instituição, que invariavelmente priorizava a contratação de professores não simpatizantes da Escola Austríaca, concedendo

---

9 *Beltway-Libertarians* é um termo pejorativo usado geralmente pelos anarquistas e anarcocapitalistas para se referir ao grupo de intelectuais que, segundo sua interpretação, se associam mais à Escola de Chicago do que à Escola Austríaca. Pertenceriam a esse grupo nomes proeminentes, como Thomas Sowell, Nick Gillespie e Milton Friedman.

10 O termo "Rothbardfobia" empregado por Hoppe provavelmente faz alusão ao pequeno artigo escrito por Rothbard em 1990 chamado "Hoppefobia". Nesse artigo, Rothbard defende Hoppe frente à crítica da obra *Uma teoria do socialismo e do capitalismo*, realizada por Loren Lomasky. Para mais detalhes, é possível acessar o artigo aqui: https://rothbardbrasil.com/hoppefobia/.

pouco ou nenhum espaço a Hoppe e a Rothbard. Além disso, ambos enfrentaram resistência de outros setores dentro da universidade. Na passagem a seguir, Hoppe relata esses episódios:

University of Nevada (UNLV).

Quando nos mudamos para Las Vegas, em 1986, esperávamos transformar a UNLV em um bastião da economia austríaca. Na época, a equipe de basquete da UNLV, os Runnin' Rebels, sob o comando do técnico Jerry Tarkanian, era uma potência nacional, sempre um pouco escandalosa, mas impossível de se ignorar. Nós esperávamos nos tornar os Runnin' Rebels da economia na UNLV. Vários estudantes haviam se transferido e se matriculado na universidade em antecipação a tal desenvolvimento. Mas essas esperanças foram rapidamente desapontadas. Já em nossa chegada à UNLV, a composição do Departamento de Economia havia mudado significativamente, e então, a regra da maioria, a democracia, se estabeleceu. Para equilibrar a influência austríaca, apenas um ano depois, a maioria do departamento decidiu, contra nossa oposição, contratar um marxista sem nome. Pedi a Murray que usasse sua posição e reputação para interferir junto aos superiores da universidade e impedir essa nomeação. Exceto por Jerry Tarkanian, Murray era a única pessoa reconhecida nacionalmente na UNLV. Ele ocupou a única cadeira dotada na universidade. Conhecíamos socialmente o presidente e o reitor da universidade, e conversávamos cordialmente com os dois. Assim, eu acreditava que havia uma chance realista de derrubar a decisão do departamento. Mas eu não consegui convencer Murray de seus próprios poderes.

Depois dessa oportunidade perdida, as coisas pioraram. O departamento continuou a contratar alguém que não fosse um austríaco ou um simpatizante austríaco. Nossos alunos foram maltratados e discriminados. O departamento e o reitor da faculdade de negócios me negaram a estabilidade (decisão essa que foi anulada pelo reitor e presidente da universidade, principalmente devido aos protestos estudantis em massa e à intervenção de vários doadores da universidade). O presidente do departamento escreveu uma avaliação anual ultrajante, desagradável e insultuosa do desempenho professoral de Murray (e que, por isso, a administração da universidade obrigou o presidente a renunciar de seu cargo). Como consequência, surgiu uma segunda chance para mudarmos a situação. Os planos foram desenvolvidos e discutidos com o reitor para dividir o departamento e estabelecer um departamento de economia separado na Faculdade de Artes Liberais. Dessa vez, Murray se envolveu. Mas o ímpeto inicial a nosso favor se perdera nesse meio tempo, e depois dos primeiros sinais de resistência, Murray rapidamente renunciou e desistiu. Ele não estava disposto a tirar as luvas, e nosso projeto secessionista logo se desfez em derrota.

Apenas para terminar rapidamente nossa saga na UNLV: depois da morte de Murray em 1995, continuei a trabalhar na UNLV por mais uma década, em um ambiente cada vez mais hostil. A administração da universidade, antes protetora, havia mudado, e eu me senti cada vez mais desvalorizado e fora de lugar. Até a minha grande popularidade entre os estudantes foi usada contra mim, como prova do "perigo" que emana do meu ensino (HOPPE, 2017).

HANS HOPPE E A INSUSTENTÁVEL DEFESA DO ESTADO

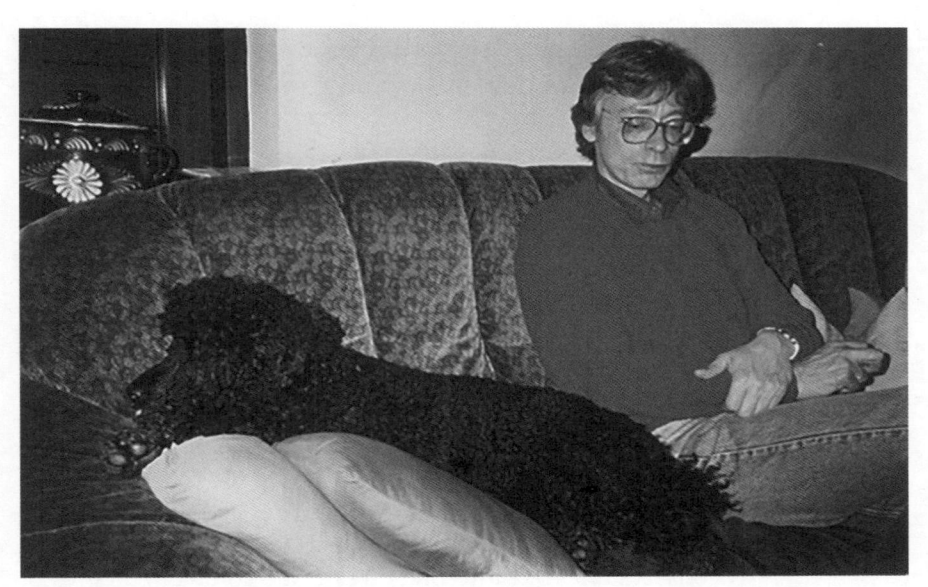

Hans-Hermann Hoppe no sofá da sala de Roland Baader, junto com o poodle de Gerard Radnitzky (1995)[11].

Por conta da radicalização e crescente intransigência teórica em relação ao "politicamente correto" – e à postura adotada pela política dos EUA, que, segundo Hoppe, constantemente "descobre" novos direitos: "direitos humanos", "direitos civis", "direito das mulheres", "direito dos homossexuais", o "direito" de não ser discriminado, o "direito" à imigração livre e irrestrita etc. – Rothbard, e, posteriormente, o próprio Hoppe, passaram a ser intitulados, pelo que chamaram de "bloco da difamação", segundo diversos termos denunciativos. Segundo esse "bloco", eles eram reacionários, racistas, machistas, autoritários, elitistas, xenófobos, fascistas, e, no caso de Rothbard, um judeu que odiava a si mesmo, até mesmo um nazista. Algo que, diga-se de passagem, os professores liberais e libertários, especialmente de universidades públicas, sabem com exatidão (ainda hoje!) o que é.

No ano de 2001, Hoppe publicou uma de suas principais obras, intitulada *Democracia: o Deus que falhou*. Segundo Hoppe, essa obra pode ser considerada sua "primeira grande documentação desse desenvolvimento intelectual" que visa uma radicalização e intolerância a qualquer posição de esquerda e "politicamente correta", entendendo

---

11 Fotografia extraída do *Site* http://www.roland-baader.de/treffen-mit-hans-hermann-hoppe/.

que qualquer direito que não seja o direito à propriedade privada é falso e não universalizável, representando uma revolta contra a natureza humana (HOPPE, 2017).

A respeito da obra, comenta Hoppe:

> Minha interpretação teórica envolve o estilhaçamento de três mitos históricos. O primeiro e mais fundamental é o mito de que, após um longo período de uma ordem não-estatista, foi o surgimento de Estados que causou o subsequente progresso econômico e civilizacional. Com efeito, a teoria indica que qualquer progresso teria de ter ocorrido apesar — e não por causa — da instituição de um Estado.
>
> [...]
>
> O segundo mito envolve a transição histórica das monarquias absolutistas para os Estados democráticos. Não são apenas os neoconservadores que interpretam esse fato como um progresso; existe uma concordância quase universal de que a democracia representa um avanço em relação à monarquia e é a causa do progresso econômico e moral. Essa interpretação é curiosa se observarmos que a democracia, no século XX, tem sido a fonte de todas as formas de socialismo: o socialismo democrático (europeu), o neoconservadorismo e o "esquerdismo chique" (americano), o socialismo internacional (soviético), o fascismo (italiano), e o nacional-socialismo (nazismo).
>
> [...]
>
> O terceiro mito é a crença de que não existem alternativas para as democracias assistencialistas ocidentais. Novamente, a teoria mostra o contrário. O moderno Estado assistencialista não é um sistema econômico "estável". Ele está destinado a entrar em colapso sob o peso do seu próprio parasitismo, de modo semelhante ao do socialismo russo que implodiu duas décadas atrás. Mais importante, entretanto: existe uma alternativa economicamente estável à democracia. O termo que proponho para essa alternativa é "ordem natural".
>
> [...]
>
> Finalmente, meu livro discute questões e assuntos estratégicos. Como uma ordem natural pode emergir de uma democracia? Eu explico o papel das ideias, dos intelectuais, das elites e da opinião pública na legitimação e na deslegitimação do poder

do Estado. Em particular, eu discuto o papel de uma radical descentralização de poderes e a proliferação de entidades políticas independentes como sendo um importante passo em direção ao objetivo de uma ordem natural baseada na propriedade privada. Por fim, explico como se deve privatizar corretamente propriedades "públicas" e "socializadas" (HOPPE, 2008).

No ano de 2004 Hoppe se envolveu em uma situação que marcou profundamente sua carreira, e o levou a abandonar a universidade de Las Vegas e os EUA. A teoria austríaca utiliza o conceito de "preferência temporal", ou seja, trata do grau em que uma pessoa prefere consumir algo no presente ao invés de poupar para o futuro. Em uma de suas palestras, no dia 4 de março de 2004, Hoppe afirmou a tese de que, no geral, homossexuais tenderiam a poupar menos para o futuro porque não teriam filhos. Além disso, Hoppe também afirmou que a homossexualidade de John Maynard Keynes poderia explicar os seus pontos de vista econômicos – dos quais, claro, Hoppe discorda profundamente. Um dos estudantes presentes na palestra, chamado Michael Knight, considerou a fala de Hoppe como lamentável e ofensiva, baseada apenas na própria opinião de Hoppe, e não em fatos. Com denúncia apresentada à universidade pelo estudante, os comentários feitos por Hoppe foram investigados e resultaram em uma carta de instrução não-disciplinar emitida pelo reitor da universidade, Raymond W. Alden III, em 9 de fevereiro de 2005, afirmando que a opinião de Hoppe não era sustentada por literatura acadêmica revisada por especialistas e, então, solicitando que Hoppe não mais apresentasse suas opiniões como se fossem fatos objetivos.

Documentos do comitê administrativo da UNLV, divulgados por Michael Knight, datados de 7 de maio de 2004, mostram que o comitê de revisão acadêmica concluiu que o comportamento de Hoppe criou um "ambiente de educação hostil, intimidador e ofensivo em relação à orientação sexual". O relatório da comissão observa que Hoppe "transmitiu uma atitude paternalista e hostil em relação aos homossexuais" durante as reuniões do comitê, e defendeu a "expulsão de homossexuais da sociedade" em seu livro mais recente, *Democracia: o Deus que falhou*. O comitê também não ficou impressionado com os materiais que Hoppe apresentou em apoio ao seu modo de interpretar algumas supostas características comportamentais dos homossexuais.

Além de artigos mais acadêmicos, Hoppe também apresentou artigos do Conselho de Pesquisa da Família: "*No mínimo, é uma observação justa que o dr. Hoppe não conseguiu persuadir os membros do comitê de revisão de que sua leitura de homossexuais e heterossexuais [...] servia a qualquer propósito acadêmico crível ou necessário*", escreveu o comitê (LEAKE, 2005).

Em consequência da postura adotada pela universidade, Hoppe recorreu da decisão, e a União Americana pelas Liberdades Civis (American Civil Liberties Union – ACLU) concordou em representá-lo. Hoppe alegou que o processo de queixa estava lhe causando angústia e afetando seu trabalho, e, por isso, solicitou que lhe fosse concedido um ano sabático. Porém, seu pedido foi negado.

Com base em um recurso apresentado por Hoppe em 18 de fevereiro de 2005, Carol Harter, então presidente da UNLV, decidiu por retirar a queixa de discriminação movida contra Hoppe, bem como retirar do arquivo pessoal de Hoppe a carta não-disciplinar. Contudo:

> O caso deixou os professores com perguntas sobre como as queixas estudantis foram investigadas, o que constituiu um ambiente hostil, e como e quando os administradores podem instruir os professores sobre como ministrar suas aulas, disseram Hoppe e outros professores ("Professor at center of controversy not invited to assembly", 2005).

Por conta das controvérsias a respeito da liberdade acadêmica suscitadas por esse caso, em outubro de 2005 a UNLV realizou uma conferência pública (embora sem convidar Hoppe) com o tema "Perseguindo a Liberdade Acadêmica em Tempos de Crise", e, no ano de 2009, propôs uma nova política sobre esse tema.

A respeito dessa polêmica, envolvendo o conteúdo de sua palestra, o estudante de economia Michael Knight e a universidade de Las Vegas (UNLV), Hoppe comenta:

> Em 2004, eu me envolvi em um escândalo. Em uma palestra, sugeri hipoteticamente que os homossexuais, em média, e devido à característica carência de filhos, tinham um grau comparativamente mais alto de preferência temporal, isto é, de orientação para o presente. Um aluno chorão reclamou, e o comissário de ação afirmativa da universidade imediatamente, como se tivesse esperado apenas por essa oportunidade, iniciou

um processo oficial contra mim, ameaçando severas medidas punitivas se eu não me retratasse instantaneamente e me desculpasse publicamente. "Intransigente" como eu era, recusei-me a fazê-lo. E tenho certeza de que foi apenas por minha firme recusa a pedir perdão que, após um ano inteiro de assédio administrativo, finalmente acabei saindo vitorioso dessa batalha com a polícia do pensamento, e a administração da universidade sofreu uma derrota embaraçosa. Um ano depois, renunciei ao cargo e deixei a UNLV e os EUA para sempre (HOPPE, 2017).

Hans-Hermann Hoppe, 2005.

Ainda sobre esse tema, em 4 de dezembro de 2005 Hoppe publicou um artigo intitulado "Minha batalha com a polícia do pensamento", o primeiro escrito por ele tratando desse assunto, publicado no *Site* do *Mises Institute*. Por conta da relevância desse caso, tanto na vida pessoal de Hoppe como para sua carreira, transcrevemos abaixo o artigo:

Minha batalha com a polícia do pensamento[12]

04/12/2005 Hans-Hermann Hoppe

Os leitores deste Site provavelmente sabem sobre a minha provação na minha universidade, que tem sido abordada de forma extensiva neste Site e pela grande imprensa convencional. Agora que as principais operações de combate terminaram (para empregar uma frase usada por Bush em referência ao Iraque... há dois anos), tive algum tempo para refletir sobre o que aconteceu, porque, se, e até que ponto respondi adequadamente.

E então aqui estão os meus pensamentos sobre esse incidente que levou minha carreira como professor de economia em uma direção que eu nunca teria antecipado. Agora que o caso está mais ou menos resolvido, não me sinto mais obrigado por considerações legais a manter o silêncio sobre detalhes importantes. Este artigo é o primeiro a divulgar os detalhes completos do caso.

Las Vegas se orgulha de sua tolerância e da UNLV, sua universidade. Na universidade, no entanto, a tolerância é seletiva. Você pode afirmar

---

[12] "My Battle With The Thought Police". Artigo disponível, em inglês, no *Site* do *Mises Institute*.

que homens heterossexuais brancos são responsáveis por toda a miséria da humanidade, que a Cuba de Castro é uma grande história de sucesso, que capitalismo significa exploração ou que a maioria dos professores universitários é liberal porque os conservadores são burros demais para ensinar. E se alguém reclamar sobre isso, essa reclamação será indeferida imediatamente.

E com razão. Afinal, a universidade está comprometida com a liberdade acadêmica. É da faculdade a "liberdade e obrigação [...] [de] discutir e perseguir o assunto com franqueza e integridade por parte do corpo docente, mesmo quando o assunto requer consideração de tópicos que podem ser politicamente, socialmente ou cientificamente controversos [...] (um) docente [...] não estará sujeito a censura ou punição pela universidade [...] com base no fato de o docente ter expressado opiniões ou pontos de vista controversos, impopulares ou contrários às atitudes da Universidade [...] ou da comunidade".

Nada disso se aplica a professores que discordam de visões socialistas, estatistas ou culturalmente de esquerda, no entanto, como eu descobriria.

Em março de 2004, durante uma palestra de 75 minutos na minha classe "Money and Banking", sobre preferência temporal, juros e capital, apresentei inúmeros exemplos destinados a ilustrar o conceito de preferência temporal (ou na terminologia do sociólogo Edward Banfield, de "orientação para o presente e para o futuro"). Como um breve exemplo, eu me referi aos homossexuais como um grupo que, por tipicamente não terem filhos, tenderiam a ter um menor grau de preferência temporal, sendo mais orientados para o presente. Também notei – assim como muitos outros estudiosos – que J. M. Keynes, cujas teorias econômicas foram tema de algumas palestras vindouras, tinha sido homossexual, e que isso pode ser útil ao considerar sua recomendação de política econômica de curto prazo, e seu famoso ditado "a longo prazo estamos todos mortos".

Durante minha palestra, nenhuma questão foi levantada. (Você pode ouvir a mesma palestra, dada algum tempo depois, em "Mises.org"). No entanto, dois dias depois, uma queixa informal foi apresentada por um aluno junto ao "comissário" de ação afirmativa da universidade. O estudante alegou que ele, como homossexual, tinha acabado por "sentir-se mal" pela minha palestra. Com base nessa "evidência", o comissário, que, como eu descobriria apenas algumas semanas depois, era um ex-clérigo que se tornara ativista gay "certificado", me ligou em casa para me informar que encerraria minha turma se eu continuasse fazendo essas observações.

Concordei em encontrar o comissário em meu escritório, pensando que isso acabaria com as coisas rapidamente. O aluno seria informado sobre a natureza de uma universidade e da liberdade acadêmica, incluindo seu direito de perguntar e desafiar seu professor. Em vez disso, o comissário me deu uma palestra sobre o que, e como, eu iria ensinar em minhas aulas. Expliquei-lhe a diferença entre um professor e um burocrata, e que ele estava ultrapassando seus limites, mas sem sucesso. No entanto, como o estudante alegara falsamente que minhas observações tinham sido sobre "todos" os homossexuais, concordei em explicar a diferença entre as declarações "todos" e "maioria" durante minha próxima aula.

Na minha próxima palestra, expliquei que, quando digo que os italianos comem mais espaguete do que os alemães, por exemplo, isso não significa que todo italiano coma mais espaguete do que qualquer alemão. Isso significa que, em média, os italianos comem mais espaguete do que os alemães.

Após isso, o aluno apresentou uma queixa "formal". Eu não levei os sentimentos dele a sério. Ele se sentiu "magoado de novo"; e como ele havia aprendido com o comissário, sentir-se mal duas vezes constituía um "ambiente de aprendizagem hostil" (uma ofensa que não é definida no estatuto da universidade). A partir de então, o comissário tornou seu o caso do aluno. Toda pretensão de agir como um mediador neutro foi abandonada, e ele se tornou um promotor.

Em abril, recebi a ordem de comparecer perante uma comissão administrativa reunida pelo comissário para provar minha declaração. Isso foi uma clara violação das regras da universidade: não apenas não há provisão para qualquer "esquadrão da verdade", mas, como burocratas, os membros do comitê eram totalmente desqualificados para tal tarefa.

No entanto, eu ingenuamente forneci as provas solicitadas. Meu pedido para ter a reunião gravada foi negado. Durante a audiência – que foi conduzida num estilo reminiscente dos interrogatórios de acadêmicos politicamente suspeitos em países comunistas ou na Alemanha nazista –, essencialmente, apenas o comissário falou.

Meu repetitivo pedido de ouvir testemunhas foi negado. Um estudante, recomendado pelo queixoso, foi mais tarde entrevistado secretamente, mas porque o seu depoimento contradizia o que o comissário queria ouvir, foi suprimido. Além disso, em sua acusação, que eu não veria até novembro, o comissário referiu-se a uma queixa estudantil anterior não relacionada, mas suprimiu a informação de que essa queixa havia sido descartada sem mérito, o que, na verdade, resultou em um constrangimento para a administração da universidade.

As provas fornecidas foram deixadas de lado, porque algumas delas também teriam aparecido em sites anti-gays que eu nunca havia visitado. De fato, tudo o que eu ou qualquer outra pessoa dissesse era irrelevante, porque o comissário já havia encontrado "prova" de minha hostilidade em meus escritos.

HANS HOPPE E A INSUSTENTÁVEL DEFESA DO ESTADO

Em meu livro Democracy, The God That Failed, eu não apenas defendo o direito à discriminação como implícito no direito à propriedade privada, mas também enfatizo a necessidade de discriminação na manutenção de uma sociedade livre, e explico sua importância como um fator civilizador. Em particular, o livro também contém algumas frases sobre a importância, sob circunstâncias claramente declaradas, de discriminar os comunistas, os democratas e os defensores habituais de estilos de vida alternativos, não familiares, incluindo os homossexuais.

Por exemplo, na página 218, escrevi "em um convênio concluído entre proprietários e inquilinos da comunidade com o propósito de proteger sua propriedade privada, [...] ninguém tem permissão para defender ideias contrárias ao próprio propósito da aliança [...] tal como a democracia e o comunismo". "Da mesma forma, em uma aliança fundada com o propósito de proteger a família e os parentes, não pode haver tolerância em relação àqueles que promovem habitualmente estilos de vida incompatíveis com esse objetivo. [...] [os violadores] terão que ser removidos fisicamente da sociedade".

Em seu contexto apropriado, essas declarações não são mais ofensivas do que dizer que a Igreja Católica deve excomungar aqueles que violam seus preceitos fundamentais, ou que uma colônia nudista deveria expulsar aqueles que insistem em usar roupas de banho. No entanto, se você tirar as declarações do contexto e omitir a condição: em um convênio [...] então elas parecem defender uma violação de direitos.

Meu elogio à discriminação era parte de um ataque frontal contra o que às vezes é chamado de libertarianismo de esquerda – contra a política que iguala liberdade com libertinagem, multiculturalismo e os chamados direitos civis em oposição à existência e à imposição de direitos de propriedade privada. Em retaliação, para me desacreditar como um "fascista", um "racista", um "intolerante" etc., o bloco de difamação libertário de esquerda rotineiramente distorceu meus pontos de vista citando as passagens acima fora de contexto.

O comissário descobriu essas "citações" e voila! Fui considerado culpado da acusação. (Caracteristicamente, após contestação, o comissário se mostrou incapaz – também durante uma segunda audiência, seis meses depois – de citar em qual página as citações alegadas aparecem).

A acusação, recomendando uma carta de repreenda e a perda do pagamento de uma semana, foi encaminhada ao meu decano, que não a aceitou nem rejeitou, mas enviou-a ao reitor. Depois de esperar por mais de 5 meses, o reitor agiu da mesma forma.

Em novembro, ele instruiu o oficial do código da universidade – que havia sido membro do primeiro comitê de inquisição –, a enviar-me a acusação, formar outra comissão e ordenar que eu comparecesse a um segundo julgamento. O comitê era composto pelo decano das ciências naturais, o reitor adjunto da faculdade de hotelaria, um professor de biologia e o presidente do governo estudantil. O oficial de código serviu como secretário e o comissário como promotor. Eu estava acompanhado por um advogado, em resposta ao qual a universidade também enviou um advogado. Nenhum membro da comissão tinha conhecimento de economia.

O pedido do meu advogado para ter a reunião gravada ou ter um repórter presente foi negado. Depois que o aluno explicou sobre seus sentimentos feridos, meu advogado perguntou onde no código estava definido o que era um "ambiente de aprendizagem hostil". Nem o oficial de código nem o advogado da universidade puderam responder à pergunta porque não existe tal definição.

Li as passagens anteriormente citadas a respeito da liberdade acadêmica e argumentei que meus direitos, contratualmente reconhecidos, haviam sido violados. Eu havia falado sobre o meu tema, e além disso não era obrigado a "provar" nada. De fato, minha afirmação era severamente "controversa", mas totalmente razoável à luz da minha evidência aduzida. Mais uma vez, solicitei que os alunos fossem entrevistados sobre minha suposta "hostilidade", mas novamente o pedido foi ignorado. Eu ofereci várias cartas de estudantes escritas a meu favor, mas elas não foram admitidas como prova.

Os membros do comitê apresentaram nenhuma ou poucas questões; apenas o reitor contribuiu com algumas pedras preciosas de exatidão política. A maior parte do tempo foi ocupada pelo comissário. Nesse meio tempo, ele reuniu informações sobre mim e minha proeminência, e chegou à conclusão de que, se pudesse me silenciar, poderia silenciar qualquer um. Ele realizou um discurso inflamado contra mim que, no julgamento do meu advogado, teria conseguido expulsá-lo de qualquer tribunal regular. Depois de reclamar por quase meia hora, até o advogado da universidade achou que fosse o suficiente e disse-lhe para "calar a boca", e quando ele continuou, o advogado advertiu o presidente da comissão para interrompê-lo.

Dois meses depois, no final de janeiro de 2005, o oficial do código telefonou para meu advogado para informá-lo de que a pessoa à frente do comitê havia confirmado o "ambiente hostil" da primeira comissão, e que recomendaria ao reitor uma carta de repreenda e confisco do meu próximo aumento por mérito. Disse também que poderia haver um pouco de espaço para negociação, mas que se eu não aceitasse a oferta, uma punição ainda mais severa, como até mesmo a rescisão do meu contrato estaria prestes a acontecer. O pedido do meu advogado para ver o relatório foi negado.

Eu rejeitei a oferta e fui colocado, até então, sob uma espécie de mordaça, quando finalmente comecei uma contraofensiva. Fui colocado em contato com a União Americana pelas Liberdades Civis (ACLU) de Nevada, e apesar de nossas opiniões políticas serem polos à parte, a ACLU, e sua eterna honra a princípios, foi suficientemente forte para assumir o meu caso de professor "direitista". Além disso, um proeminente advogado local ofereceu seus serviços e, em poucos dias, a máquina de relações públicas do Instituto Mises iniciou seu trabalho em meu nome.

Primeiro, a ACLU enviou uma "carta de demanda", solicitando o fim imediato do processo, ou a universidade seria levada ao tribunal, foi aí que as notícias locais sobre o caso apareceram, e cartas de protesto e telefonemas irritados começaram a chegar à universidade.

Como primeiro resultado, em 9 de fevereiro, o reitor me enviou uma "carta de instrução não disciplinar" – muito longe de uma represensão e punição monetária. Mas se esta carta foi enviada para acalmar as coisas, o oposto ocorreu. As "instruções" estavam em contradição patente com os estatutos sobre a liberdade acadêmica, como até um idiota poderia reconhecer. Qualquer que seja a reputação acadêmica que o reitor pudesse ter tido antes, a carta fez com que ele parecesse um tolo invejoso.

Um caso local evoluiu para uma situação nacional e até mesmo internacional, e uma onda de protestos se transformou em uma inundação. A universidade teve um desastre de relações públicas em suas mãos. Apenas dez dias depois, quase exatamente um ano após o início do caso, o presidente da universidade, por ordem do chanceler de todo o sistema universitário, retirou oficialmente todas as acusações contra mim.

Esse foi um momento de grande triunfo pessoal, mas algumas coisas ficaram por fazer: a universidade não se desculpou comigo, nenhuma forma de restituição foi oferecida por um ano perdido do meu trabalho, e ninguém foi responsabilizado na UNLV. Para conseguir isso, um processo seria necessário. Meus advogados concordaram que eu deveria prevalecer no tribunal, e que mais um ou dois anos da minha vida seriam perdidos. Mas isso me custaria muito. Então, as manifestações de apoio mundial em meu nome e as muitas cartas edificantes e comoventes foram minha satisfação.

Há muito tempo considero o movimento de correção política como uma ameaça a todo pensamento independente, e estou profundamente preocupado com o nível de autocensura na academia. Para neutralizar essa tendência, não deixei nenhum tabu político intocado em meu ensino. Eu acreditava que a América ainda estava livre o suficiente para que isso fosse possível, e eu assumi que minha relativa proeminência me ofereceria alguma proteção extra.

Quando me tornei vítima da polícia do pensamento, fiquei genuinamente surpreso, e agora receio que o meu caso tenha tido um efeito assustador sobre os acadêmicos menos estabelecidos. Ainda assim, minha esperança é de que minha luta e vitória final, mesmo que não possam fazer de um homem tímido, corajoso, encoraje aqueles com um espírito de luta a pegar os porretes.

Se eu cometi um erro, acredito que foi ser muito cooperativo e esperar demais para ir à ofensiva.

PROMOVENDO O LIBERTARIANISMO PELO MUNDO

Entre os anos de 2005 e 2009, Hoppe ocupou o cargo de editor do *Journal of Libertarian Studies*. Fundado no ano de 1977 por Murray N. Rothbard, o *Journal of Libertarian Studies* "*foi o principal local para o avanço do libertarianismo, do anarcocapitalismo, da sociedade individualista e do não-intervencionismo como primeiro princípio da teoria política e prática*" (Mises Institute, [s.d.]). Além de fundador, Rothbard também foi o editor-chefe do jornal até sua morte. Originalmente publicado pelo *Center for Libertarian Studies*, no ano de 2000 migrou para o *Mises Institute*. Em 2008, sua publicação passou a ser online, encerrando suas atividades no ano de 2010. Atualmente, o *Mises Institute* disponibiliza acesso *online* a todos os artigos já publicados, inclusive republicando artigos antigos.

Journal of Libertarian Studies, 1978.

Em maio de 2006, Hoppe fundou a organização internacional *The Property and Freedom Society* – PFS, com o objetivo de "*promover o 'austro-libertarianismo', filosofia econômica e social caracterizada de maneira mais proeminente durante o século XX pelo economista austríaco Ludwig von Mises, e seu estudante americano Murray N. Rothbard [...]*" (KINSELLA, 2009a). Tendo Hoppe como presidente, a PFS se reúne anualmente em sua sede, o luxuoso Karia Princess Hotel, na cidade de Bodrum, Turquia.

O hotel pertence à esposa de Hoppe, a também economista, Gülçin Imre Hoppe.

Gülçin Imre Hoppe,
durante palestra na PFS.

Na declaração inaugural da *Property and Freedom Society*, realizada em Bodrum, Turquia, em maio de 2006, foram apresentados os fundamentos da PFS:

> A *Property and Freedom Society* defende um radicalismo intelectual inflexível: em defesa da propriedade privada justamente adquirida, da liberdade de contratos, da liberdade de associação – que logicamente implica o direito de não se associar ou discriminar qualquer um nas relações pessoais e de negócios – e livre comércio incondicional. Condena o imperialismo e o militarismo e seus fomentadores, e defende a paz. Rejeita o positivismo, o relativismo e o igualitarismo, em qualquer de suas formas, seja de "resultado" ou "oportunidade", e tem uma repugnância sincera pela política e pelos políticos. Como tal, procura evitar qualquer associação com as políticas e proponentes do intervencionismo, o que Ludwig von Mises identificou, em 1946, como o erro fatal no plano das muitas tentativas anteriores e contemporâneas de intelectuais, alarmados pela crescente onda do socialismo e totalitarismo, de fundar um movimento ideológico antissocialista. Mises escreveu: "*O que esses intelectuais assustados não compreenderam era que todas as medidas de interferência do governo nos negócios que eles defendiam eram abortivas. [...] Não há meio termo. Ou os consumidores são supremos, ou o governo*".
>
> Como libertários culturalmente conservadores, estamos convencidos de que o processo de des-civilização atingiu novamente um ponto de crise e que é nosso dever moral e intelectual voltar a empreender um esforço sério para reconstruir uma sociedade livre, próspera e moral. É nossa crença enfática

que uma abordagem que abraça o radicalismo político intransigente é, no longo prazo, o caminho mais seguro para o nosso querido objetivo de um regime de liberdade individual e propriedade privada totalmente livres (KINSELLA, 2009a).

No centro, Hoppe discursa no encontro da PFS em 2018. No lado direito, fotos das reuniões dos anos 2010, 2011 e 2012. No lado direito, anos 2013, 2014 e 2015.

Também no ano de 2006, Hoppe recebeu o *Prêmio Gary G. Schlarbaum*, por sua "defesa vitalícia da liberdade" e, em 2009, recebeu o *Prêmio Franz Cuhel Memorial* da Universidade de Economia de Praga. Ainda em 2009, por ocasião de seu sexagésimo aniversário, Hoppe ganhou uma publicação comemorativa em sua homenagem, editada por Joerg Guido Huelsmann e Stephan Kinsella, intitulada de *Property, Freedom, & Society. Essays in Honor of Hans-Hermann Hoppe*. A obra foi "*apresentada ao professor Hoppe em cerimônia privada e uma bela recepção na casa de Rose Ann e do Juiz John Densonon, em 29 de julho de 2009, em Auburn, Alabama, durante o Mises University 2009.*" (KINSELLA, 2009b). Em 2015, Hoppe ganhou a "Medalha da Liberdade Murray N. Rothbard", em reconhecimento de sua liderança intelectual libertária significativa e abrangente. Além disso, Hoppe também é professor emérito de economia da UNLV, membro sênior do Instituto Mises, e membro vitalício da *Royal Horticultural Society*.

Cerimônia de lançamento do livro *Property, Freedom, & Society. Essays in Honor of Hans-Hermann Hoppe*, em 29 de julho de 2009.

Encontro de gala do 35º aniversário do *Mises Institute*, no Hilton Midtown Manhattan, Nova York, em 7 de outubro de 2017. Fotografia de: Gage Skidmore.

Atualmente, Hoppe reside em Istambul, na Turquia, com sua esposa Gülçin. Após sua aposentadoria da UNLV em 2008, Hoppe vem se dedicando a difundir o libertarianismo em todo o mundo, por meio de palestras, entrevistas, participação em eventos e encontros diversos ligados à causa libertaria etc., afirmando que, "*durante a última década, sob a sábia e estrita orientação de minha adorável esposa Gülçin, também fiz grandes progressos em combinar radicalismo intelectual intransigente com a amabilidade pessoal [...]*" (HOPPE, 2017).

Em 2011 Hoppe esteve no Brasil participando do *II Seminário de Economia Austríaca*, realizado pelo *Instituto Mises Brasil* durante os dias 9 e 10 de abril, em Porto Alegre. No *Site* do evento, consta a seguinte descrição a respeito da participação de Hoppe:

> O quarto palestrante foi o inigualável Hans-Hermann Hoppe. Como esperado, a palestra foi brilhante. Exímio – e inigualável – na arte de construir argumentações de modo cartesiano, Hoppe explicou minuciosamente – partindo de um exemplo básico de Robinson Crusoé em sua ilha e chegando até o atual arranjo da sociedade moderna – por que uma sociedade de leis estatais é boa apenas para os indivíduos que estão incrustados na máquina burocrática, sendo consequentemente um péssimo arranjo para os indivíduos que fazem parte do setor produtivo da sociedade.
>
> [...]
>
> Hoppe discorreu com desenvoltura e segurança sobre temas como monopólio estatal judicial, agências de segurança privadas e o papel das seguradoras em um arranjo social sem Estado, o qual ele chama de "ordem natural" ou "sociedade de leis privadas". Na sessão de perguntas e respostas, Hoppe pontificou sobre questões da atualidade, como o porte de armas, e comentou o recente massacre em Realengo, no Rio de Janeiro. Uma sociedade só é genuinamente livre quando seus cidadãos podem se armar. Cidadãos desarmados são alvos fáceis tanto de bandidos quanto de seus governos, os quais podem mais facilmente implantar medidas totalitárias, sem nenhuma contrarreação da população. Uma verdadeira aula de civilização (EQUIPE IMB, 2011).

HANS HOPPE E A INSUSTENTÁVEL DEFESA DO ESTADO

Palestra de Hoppe no *II Seminário de Economia Austríaca*, em 9 de abril de 2011.

HANS-HERMANN HOPPE E O LIBERTARIANISMO

Além de dezenas de artigos, Hoppe é autor de vários livros, escritos em alemão e em inglês, e traduzidos em diversos idiomas. Por ser impossível elencar neste espaço toda a sua produção bibliográfica, destacamos as seguintes obras, já traduzidas para o português:

Uma Teoria do socialismo e do capitalismo (1989 – no Brasil, 2013). Originalmente publicada em 1989, nessa obra:

O professor Hoppe apresenta a tese de que só é possível existir dois arquétipos econômicos: socialismo e capitalismo. Todos os outros sistemas são combinações desses dois tipos. Ele define o modelo capitalista como a absoluta proteção da propriedade privada, da livre associação e da troca — sem exceções. Quaisquer desvios desse ideal são espécies de socialismo, onde ocorrem propriedade pública e interferências no comércio. Como parte da estrutura do socialismo, ele distingue as versões de esquerda e de direita. O socialismo "conservador" apoia intensas regulamentações, controles comportamentais, protecionismo e nacionalismo. A versão "esquerdista" tende mais ao apoio da estatização e da redistribuição. As consequências do socialismo variam de acordo com seu grau e tipo, mas têm similaridades: alto custo, desperdício de recursos e baixo crescimento. Esse tratado é uma proeza intelectual (INSTITUTO LUDWING VON MISES BRASIL, 2013b).

A Ciência Econômica e o Método Austríaco (1995 – no Brasil, 2010).

A defesa definitiva das fundamentações metodológicas da Escola Austríaca de economia. Hoppe contrapõe o ponto de vista praxeológico — a economia enquanto uma ciência puramente dedutiva — ao positivismo, ao mesmo tempo em que aborda as críticas contrárias à posição austríaca. Hans-Hermann Hoppe apoia sua argumentação na ideia kantiana da proposição "sintética a *priori*", expandindo assim o escopo da parte metodológica contida na obra *Ação Humana*, de Mises. Hoppe é o metodologista mais proeminente da Escola Austríaca, e mostra aqui toda sua força. Ele combina uma explanação científica rigorosa com uma fenomenal e apaixonada retórica. Essas palestras deixaram os estudantes estupefatos quando foram apresentadas pela primeira vez na Mises University. Posteriormente foram transformadas nessa monografia, que desde então se tornou material essencial da pedagogia austríaca" (INSTITUTO LUDWING VON MISES BRASIL, 2010).

HANS HOPPE E A INSUSTENTÁVEL DEFESA DO ESTADO

Democracia, o Deus que Falhou (2001 – no Brasil, 2014).

O núcleo desse livro consiste em uma análise sistemática da transformação histórica — da monarquia à democracia — pela qual o Ocidente passou. Revisionista por natureza, esse livro chega à conclusão de que a monarquia é um mal menor do que a democracia, mas aponta a existência de problemas em ambos. A sua metodologia é axiomático-dedutiva, permitindo-se, assim, a derivação de teoremas econômicos e sociológicos a serem aplicados na interpretação dos eventos históricos. Hoppe desconstrói a crença liberal-clássica na possibilidade do governo limitado e conclama por um alinhamento entre o conservadorismo e o libertarianismo, pois os vê como aliados naturais almejando objetivos comuns. Ele defende que a provisão de serviços de defesa seja assumida por companhias de seguro atuando em um mercado livre, e descreve o florescimento da lei privada entre as seguradoras concorrentes. Um capítulo fascinante acerca da preferência temporal explica o progresso da civilização como sendo fruto da diminuição da preferência temporal enquanto a estrutura do capital é construída, e explana sobre como a interação entre as pessoas pode diminuir a preferência temporal de todos, realizando paralelos interessantes com a Lei da Associação ricardiana. Por focar-se nesse tema, o autor se habilita a interpretar muitos fenômenos históricos — tais como os níveis crescentes de crime, a degeneração dos padrões de conduta e moralidade e o surgimento do megaestado. Ao enfatizar as deficiências da monarquia e da democracia, o autor demonstra o quanto esses sistemas são inferiores a uma ordem natural baseada na propriedade privada. *Democracia, o Deus que falhou* será de grande valia para acadêmicos e estudantes de história, economia política e filosofia política (INSTITUTO LUDWING VON MISES BRASIL, 2014).

BREVES LIÇÕES | DENNYS GARCIA XAVIER

O que deve ser feito (2013 – Nova tradução da LVM em 2019).

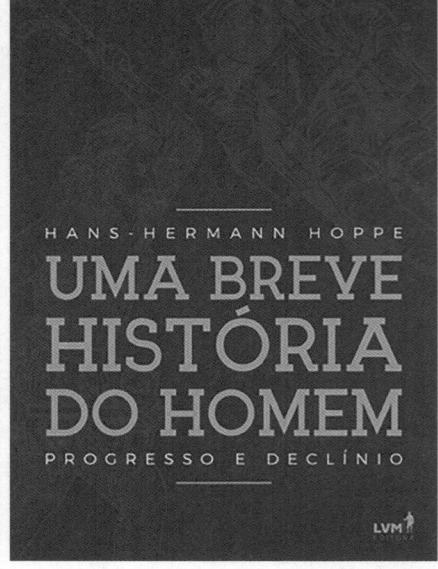

Uma breve história do homem: progresso e declínio (2018).

Em *O que deve ser feito*, Hans-Hermann Hoppe faz uma dissecação da natureza do Estado democrático moderno e apresenta uma estratégia para uma revolução libertária de baixo para cima. Hoppe começa com o exame da natureza do Estado, definindo-o como "*um monopolista territorial da defesa e da aplicação da lei e da ordem financiado compulsoriamente*". Como qualquer monopólio, o monopólio da aplicação da lei também gera preços mais altos e piora na qualidade dos serviços. Por que essa situação é tolerada? Os Estados democráticos modernos, num grau muito mais elevado que as monarquias e os Estados principescos de antigamente, são vistos como morais e necessários, mesmo diante de inúmeras evidências contrárias. Os cidadãos dos Estados democráticos consideram que lei e ordem são o que o Estado determina que sejam, e isto resultou em um longo período de centralização e consolidação do poder dos Estados. Como os libertários podem lutar contra essa tendência? HHH oferece um programa capaz de pavimentar a estrada rumo a uma nova sociedade livre" (INSTITUTO LUDWING VON MISES BRASIL, 2013a).

Uma breve história do homem: progresso e declínio (2018).

Usando seu conhecimento vasto e as reflexões da Escola Austríaca de Economia, Hans-Hermann Hoppe aborda ao longo de *Uma breve história do homem* duas questões principais: qual a origem da família e da propriedade privada? Como a Revolução Industrial teve início? Os leitores verão que o desenvolvimento do direito à propriedade assegurado e o livre-mercado foram essenciais para o progresso da humanidade. A pergunta a ser feita em relação ao nosso tempo é: esses conceitos continuarão a evoluir, beneficiando toda a humanidade, ou o Estado será capaz de frustrar essa evolução?" (Llewellyn H. Rockwell, Jr. – Fundador e CEO do Ludwig von Mises Institute).

CONTRA A DEMOCRACIA E EM DEFESA DA PROPRIEDADE PRIVADA: A POLÊMICA DEFESA DO LIBERTARIANISMO DE HOPPE

Autor prolífico, Hoppe tem como característica comum em todas as suas obras a defesa da propriedade privada. Crítico feroz da democracia e de qualquer política igualitária ou distributiva, Hoppe gera polêmica mesmo entre os intelectuais libertários e defensores do mercado de livre regulamentação. Isso ocorre porque ele é defensor não de um Estado mínimo, mas de nenhum Estado. As relações, segundo Hoppe, deveriam ser regidas pelo direito privado, devendo se abolir o direito público. Bem ao seu modo polêmico, em decorrência de sua intransigente defesa da liberdade, Hoppe também defende que o pleno exercício do arbítrio individual inclui até mesmo o direito a discriminar e de remover fisicamente qualquer indivíduo, ou grupo de indivíduos, conforme os interesses de uma determinada associação ou comunidade privada. No trecho a seguir, Hoppe explica esse ponto:

> *DICTA&CONTRADICTA*: Dado que comunidades libertárias poderiam banir livremente qualquer um que discordasse de alguma opinião, num mundo libertário haveria mais ou menos liberdade de discussão intelectual em comparação ao nosso? E em comparação a um mundo composto de monarquias tradicionais?

HOPPE: A propriedade privada dá a seu dono o direito de discriminar: de excluir ou incluir outros em sua propriedade e de determinar as condições de entrada e inclusão. Tanto a inclusão quanto a exclusão têm seus custos e benefícios para o proprietário, os quais ele pesa na hora de tomar uma decisão. De qualquer maneira, a decisão do proprietário é motivada por sua razão e pelo seu interesse por sua propriedade. Seu pensamento pode calhar de estar certo e ele atinge seu objetivo, ou pode calhar de estar errado, mas de qualquer modo, sua decisão é uma decisão pensada.

Assim, alguém que fundasse e desenvolvesse uma comunidade privada, provavelmente não discriminaria e excluiria com base numa mera diferença de opinião. Se o fizesse, provavelmente não atrairia mais inquilinos do que o séquito de um guru. Usualmente, a discriminação é baseada em diferenças de conduta, expressão e aparência, no que as pessoas fazem e como agem em público, na língua, religião, etnia, costumes, classe social etc. O proprietário discrimina para atingir um alto grau de homogeneidade de conduta em sua comunidade e assim evitar ou reduzir tensões e conflitos intracomunitários — no jargão econômico: para reduzir os custos de transação. E ele o faz na expectativa de que sua decisão seja boa para sua propriedade e sua comunidade.

Em todo o caso, num mundo libertário haveria de fato muito mais discriminação do que no atual mundo estatista, que é caracterizado por inúmeras leis antidiscriminação e, consequentemente, por uma integração forçada e onipresente. Em particular, quaisquer que fossem os outros critérios usados para inclusão ou exclusão, em um mundo libertário nenhum dono de comunidade privada iria tolerar – e deixar de discriminar — ativistas comunistas ou socialistas em sua propriedade. Como inimigos da própria instituição em que a comunidade se funda, eles seriam excluídos ou expulsos — mas seriam, é claro, livres para estabelecer sua própria comuna comunista, kibbutzim ou qualquer outro "estilo de vida experimental" que imaginassem.

Em suma, e para responder finalmente à sua pergunta, um mundo libertário seria caracterizado por uma variedade muito maior de comunidades diferentes, mas que, internamente, seriam relativamente homogêneas. Consequentemente, o espectro, a diversidade e o vigor da discussão intelectual provavelmente ultrapassariam de longe qualquer experiência presente ou passada (HOPPE, 2013).

Argumento também aprofundado em sua obra, *Democracia, o Deus que Falhou*:

> Assim que os membros maduros da sociedade habitualmente expressam aceitação dos sentimentos igualitaristas ou até mesmo os defendem – seja na forma de democracia (governo da maioria), seja na forma de comunismo –, torna-se essencial que outros membros – em especial, as elites sociais naturais – estejam preparados para agir de forma decisiva; e, no caso de a inconformidade continuar, eles devem excluir e, em última instância, expulsar esses membros da sociedade. Em um pacto celebrado entre o titular e os inquilinos da comunidade com a finalidade de proteger as suas propriedades privadas, não há algo como um direito de livre (ilimitada) expressão, nem mesmo um direito de expressão ilimitada na própria propriedade de um inquilino. É possível dizer inúmeras coisas e promover qualquer ideia sob este sol; mas, naturalmente, não é lícito a ninguém defender ideias contrárias à própria finalidade do pacto de preservação e de proteção da propriedade privada (ideias como a democracia e o comunismo). Não pode haver tolerância para com os democratas e os comunistas em uma ordem social libertária. Eles terão de ser fisicamente separados e expulsos da sociedade. Da mesma forma, em uma aliança fundada com a finalidade de proteger a família e os clãs, não pode haver tolerância para com aqueles que habitualmente promovem estilos de vida incompatíveis com esse objetivo. Eles – os defensores de estilos de vida alternativos, avessos à família e a tudo que é centrado no parentesco (como, por exemplo, o hedonismo, o parasitismo, o culto da natureza e do meio ambiente, a homossexualidade ou o comunismo) – terão de ser também removidos fisicamente da sociedade para que se preserve a ordem libertária (HOPPE, 2014, p. 254).

Como se vê, Hoppe digladia com argumentação afiada e com a firme convicção de que, estabelecidas as premissas, as conclusões são forçosamente dadas, pouco importando o véu de politicamente correto que recobre boa parte das relações humanas atualmente. Uma postura que costuma cobrar alto preço de quem a sustenta, como vimos aqui.

Hoppe, entretanto, avança com determinação, inclusive na relação com outros grandes nomes da liberdade:

AKKURT: Em alguns de seus trabalhos, você aponta que Hayek enfatiza o papel do conhecimento ao ignorar ou negligenciar a propriedade privada. Você acha que Hayek deliberadamente ignorou e insuficientemente enfatizou o lugar-chave que a propriedade privada ocupa? Você poderia dar aos nossos leitores uma breve descrição de sua percepção de propriedade e conhecimento em uma economia empreendedora?

HOPPE: Hayek sempre se interessou por psicologia desde que era estudante. Ele escreveu um livro interessante sobre isso (*The Sensory Order* [1952]). Isso pode explicar sua ênfase especial no conhecimento e sua relativa negligência relativa à propriedade. Por exemplo, Hayek escreveu o famoso artigo sobre o "*Uso do Conhecimento na Sociedade*". Mises nunca escreveria um artigo sob tal título. Seu título seria "*Uso da Propriedade na Sociedade*". No célebre debate sobre o cálculo, Hayek costumava dar a impressão de que o principal problema do socialismo era a "incapacidade" de centralizar em uma única mente (planejador central) todo o conhecimento existente, disperso nas cabeças de indivíduos separados.

Ao que eu ressalto, no entanto, de acordo com Mises, é o fato de que o problema básico do socialismo é o problema da centralização (concentração) da multiplicidade de propriedades fisicamente dispersas e privadas na posse de um único órgão (Estado socialista). Essa concentração de todas as propriedades em uma única mão impossibilita o cálculo econômico. Porque, onde há apenas um dono de bens de capital, não há compra nem venda desses bens e, portanto, não há preços de bens de capital e o cálculo monetário é impossível.

AKKURT: Professor Hoppe, vamos passar para assuntos mais políticos. Qual sua opinião como libertário sobre a intervenção americana no Iraque? Você acha que os eventos que começaram em 11 de setembro se tornaram uma infeliz mudança para o pensamento libertário?

HOPPE: Libertários sempre souberam que as crises, e especialmente as guerras, são boas para o Estado e ruins para a liberdade. Sob o disfarce de circunstâncias extraordinárias, o poder do Estado é fortalecido e a liberdade dos indivíduos é limitada [...]. Houve também os chamados libertários, filiados a várias organizações em homenagem à romancista Ayn Rand, que apoiaram entusiasticamente a guerra no Iraque e exigiram que os EUA "libertassem" todo o mundo muçulmano. A posição verdadeiramente libertária é diferente. Libertários não são pacifistas. No entanto, na opinião deles, a violência é justificada apenas para fins de defesa, não para o ataque, e certamente os EUA não agiram em defesa própria contra o ataque do Iraque. É verdade que Saddam Hussein era um "homem mau". No entanto, isso não faz da invasão e ocupação americana do Iraque um ato de libertação. Se A liberta B, que é refém de C, é um ato de libertação. No entanto, não é um ato de libertação quando A liberta B das mãos de C para tomar o próprio B como refém (HOPPE, 2004).

Hoppe, definitivamente, explora como poucos os limites de um conceito tão caro quanto incompreendido por todos nós: a liberdade.

HANS-HERMANN HOPPE E O LIBERTARIANISMO: OUTRAS FONTES

Além das inúmeras obras e artigos escritos pelo nosso autor, é possível conhecer mais a respeito da teoria social anarcocapitalista e da filosofia política libertária defendida pela Escola Austríaca por meio de diversos vídeos gravados a partir de suas entrevistas e palestras. Há também uma enorme quantidade de textos escritos por Hoppe e por defensores do libertarianismo disponíveis na *internet*. Eis alguns dos mais importantes atualmente disponíveis:

Sites (em inglês)

- *Site* pessoal de Hoppe – http://www.hanshoppe.com/
- *Property and Freedom Society* (PFS) – http://propertyandfreedom.org/
- *Mises Institute* – https://mises.org/
- *Site* pessoal de Lew Rockwell (outro grande defensor do libertarianismo) – https://www.lewrockwell.com/

Sites (em português)

- Mises Brasil – https://mises.org.br/
- Instituto Rothbard – https://rothbardbrasil.com/
- Instituto Liberal – https://www.institutoliberal.org.br/
- Bunker Libertário – https://bunkerlibertario.com/

BIBLIOGRAFIA

EQUIPE IMB. (2011). Notas sobre o II Seminário de Escola Austríaca do IMB. Mises Brasil. Itaim Bibi, São Paulo, 18/abr/2011. Disponível em: <http://www.mises.org.br/Article.aspx?id=955>. Acesso em 24/dez/2018.

HOPPE, Hans-Hermann. (2014). *Mises Institute*. Auburn, Alabama – EUA. 20/jun/2014. Disponível em: <https://mises.org/profile/hans-hermann-hoppe>. Acesso em 17/dez/2018.

HOPPE, H. H. (2017). "Coming of Age with Murray". *In*: *Mises Institute*'s 35th Anniversary Celebration. Nova York, 7 out. 2017. *Mises Institute*. Auburn, Alabama – EUA. Disponível em: <https://mises.org/library/coming-age-murray-0>. Acesso em 17/dez/2018.

HOPPE, H. H. (2008). *Democracia, o Deus que Falhou*. Mises Brasil. Itaim Bibi, São Paulo, 24/ago/2008. Disponível em: <https://www.mises.org.br/Article.aspx?id=139>. Acesso em 30/dez/2018.

HOPPE, H. H. (2014). *Democracia, o Deus que Falhou*. Tradução Marcelo Werlang de Assis. São Paulo: Instituto Ludwig von Mises Brasil, 2014.

HOPPE, H. H. (2013). Entrevista com Hans-Hermann Hoppe. *Dicta & Contradicta*, nº 10, *In*: Mises Brasil, Itaim Bibi, São Paulo. 15/jul/2013. Entrevista concedida a Joel Pinheiro da Fonseca. Disponível em: <https://www.mises.org.br/Article.aspx?id=1646> Acesso em 30/dez/2018.

HOPPE, H. H. (2004). "Hoppe: Ekonomia, filozofia i polityka", 9/abr/2004. Entrevista concedida a Emrah Akkurt. Disponível em: <http://libertarianin.org/hoppe-ekonomia-filozofia-i-polityka-wywiad/>. Acesso em 16/dez/2018.

HOPPE, H. H. (2005). *My Battle With The Thought Police. Mises Institute*. Auburn, Alabama – EUA, 12/abr/2005. Disponível em: <https://mises.org/library/my-battle-thought-police>. Acesso em 29/dez/2018.

INSTITUTO LUDWING VON MISES BRASIL. (2010). *A Ciência Econômica e o Método Austríaco*, Mises Brasil. Itaim Bibi, São Paulo. Disponível em: <http://www.mises.org.br/Product.aspx?id=31>. Acesso em 25/dez/2018.

INSTITUTO LUDWING VON MISES BRASIL. (2014). *Democracia, o Deus que Falhou*, Mises Brasil. Itaim Bibi, São Paulo, 2014. Disponível em: <http://www.mises.org.br/Product.aspx?id=84>. Acesso em 25/dez/2018.

INSTITUTO LUDWING VON MISES BRASIL. (2013). *O que deve ser feito*, Mises Brasil. Itaim Bibi, São Paulo. Disponível em: <http://www.mises.org.br/Product.aspx?id=77>. Acesso em 25/dez/2018a.

INSTITUTO LUDWING VON MISES BRASIL. (2013). *Uma teoria do socialismo e do capitalismo*, Mises Brasil. Itaim Bibi, São Paulo. Disponível em: <http://www.mises.org.br/Product.aspx?id=68>. Acesso em 25/dez/2018b.

KINSELLA, S. (2009a). "Pictures from Hoppe Festschrift Presentation Ceremony". 1/ago/2009. Disponível em: <http://stephankinsella.com/2009/08/pictures-from-hoppe-festschrift-presentation-ceremony/>. Acesso em 24/dez/2018b.

_____. (2009b). "*The Property and Freedom Society: History and Principles*". 20/jul/2009. Disponível em: <http://propertyandfreedom.org/about/>. Acesso em 23/dez/2018a.

LEAKE, E. (2005). "Former student pushes for action against professor". *Las Vegas Sun*. 1/mar/2005. Disponível em: <https://lasvegassun.com/news/2005/mar/01/former-student-pushes-for-action-against-professor/>. Acesso em 24/dez/2018.

MISES INSTITUTE. *The Journal of Libertarian Studies*. s/d. Auburn, Alabama – EUA. Disponível em: <https://mises.org/library/journal-libertarian-studies>. Acesso em 24/dez/2018.

PAPINEAU, D. (ED.). (2013). *Filosofia*. Tradução Maria da Anunciação Rodrigues, Eliana Rocha. São Paulo: Publifolha.

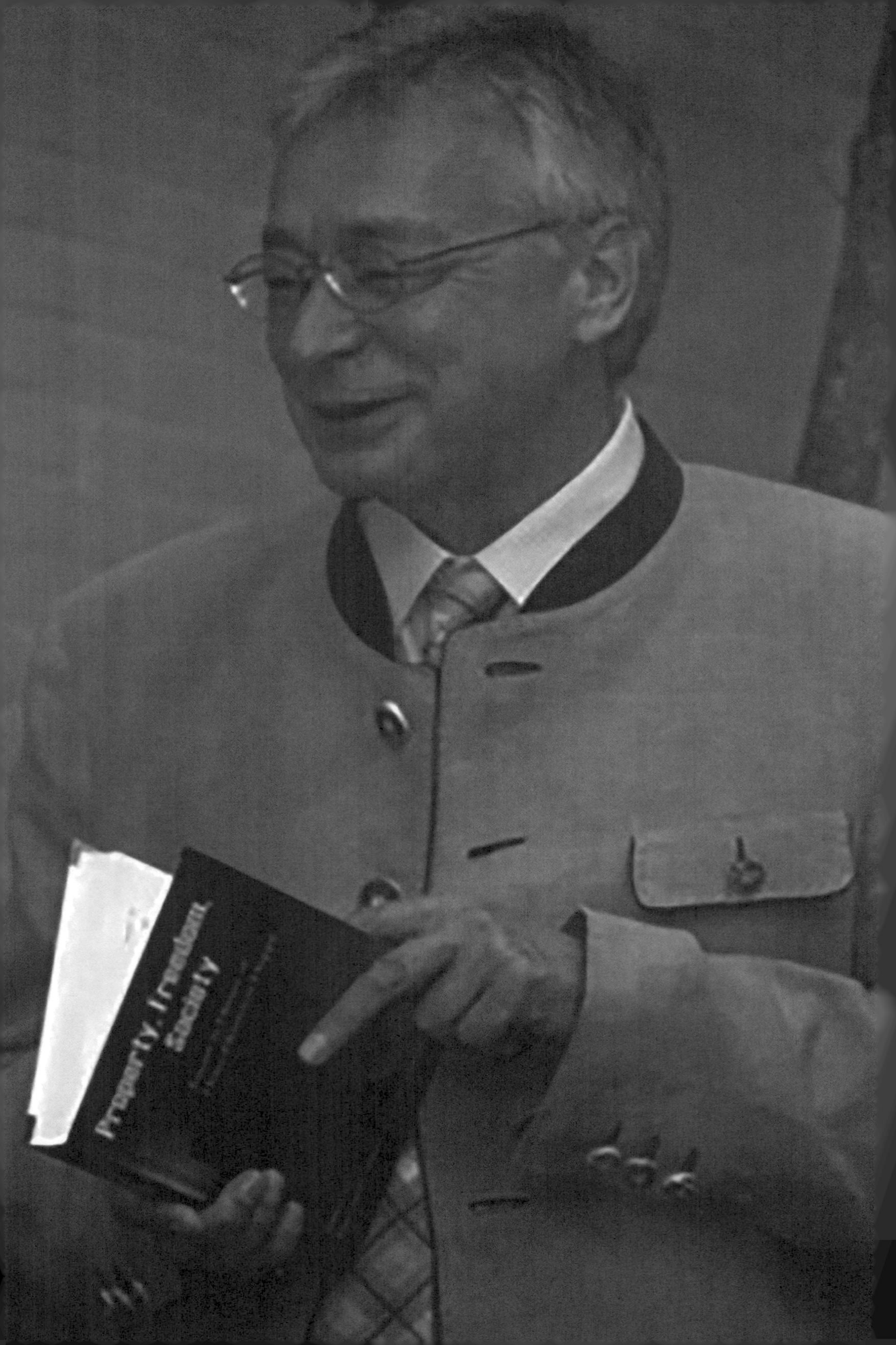
Property
Society

CAPÍTULO 2

CONCEITOS FUNDAMENTAIS DA FILOSOFIA DE HOPPE

Dennys Garcia Xavier

INTRODUÇÃO

Se você aprecia posições diplomáticas – temperadas com o politicamente correto – que tendem a amenizar o peso das palavras e das análises, evite Hoppe. Estamos diante de um autor que sabe bem o percurso que deseja cumprir e que, então, não guarda munição para defender suas meditadas convicções. De fato, logo na introdução de um dos seus mais importantes livros, *Uma teoria do socialismo e do capitalismo*, ele alega de modo emblemático (HOPPE, 2013b, p. 15):

> O presente estudo sobre economia, política e a moral do socialismo e do capitalismo é um tratado sistemático sobre teoria política. Com escopo interdisciplinar, este livro discutirá

os problemas centrais da economia política e da filosofia política, ou seja, como organizar a sociedade para promover a produção de riqueza e erradicar a pobreza, e como planejá-la de forma a transformá-la numa ordem social justa.

Hoppe não argumenta com meias palavras, como se vê. E seu propósito não tem nada de simplório ou corriqueiro. Fala-se aqui de traçar um plano geral, pluridimensional – econômico, político, filosófico –, que promova não apenas o fim da pobreza, mas que instaure ordem social ajustada (segundo modelo não convencional, claro[13]). Convenhamos, não é pouca coisa. No entanto, antes que acusemos o nosso autor de arrogância imprópria ou messiânica, devo dizer que Hoppe está plenamente preparado para dar andamento ao seu objetivo, e isso, por dois motivos fundamentais:

1º) Seu pano de fundo especulativo é essencialmente lógico-racional. Seu arcabouço argumentativo é apaixonado, mas não é passional (e, então, não é contaminado pelo flerte com a cegueira ideológica e pelo desequilíbrio na distribuição dos termos). Se você quiser combater a sua filosofia, terá que fazê-lo no âmbito circunscrito por ele, o espaço do *logos*, da narrativa ancorada na razão;

---

[13] "Por que existe a sociedade? Por que as pessoas cooperam? Por que existe cooperação pacífica ao invés de guerra permanente entre os seres humanos? Os austríacos, em particular os misesianos, enfatizam o fato de que não precisamos admitir a existência de coisas como empatia ou amor entre as pessoas para explicar isso. Interesse próprio – ou seja, preferir mais ao invés de menos – é totalmente suficiente para explicar esse fenômeno de cooperação. Os homens cooperam porque são capazes de reconhecer que a produção sob a divisão do trabalho é mais produtiva do que no isolamento autossuficiente. Apenas imagine se não mais tivéssemos a divisão do trabalho, e você imediatamente consegue perceber que nos tornaríamos extremamente pobres e a maior parte da humanidade iria imediatamente se extinguir [...]. O que isso quer dizer é simplesmente que a cooperação pacífica entre seres humanos é um fenômeno perfeitamente natural e que ressurge constantemente; e então, a partir dessa cooperação, igualmente de forma natural e igualmente motivada pelo interesse próprio, surge a formação de capital, e o dinheiro – o meio de troca – e então a divisão do trabalho acaba por se espalhar por todo o mundo, e do mesmo modo o dinheiro – o dinheiro mercadoria – também se torna um dinheiro mercadoria usado por todo o mundo. Os padrões de vida em termos materiais se elevam de forma geral para todos, e estabelecida sobre padrões de vida materiais mais altos, uma superestrutura ainda mais elaborada de bens não materiais, isto é, a civilização – ciência, artes, literatura etc. – pode ser desenvolvida e mantida" (HOPPE, 2013a, p. 9-10).

2º) Ele traz consigo, não saberia dizer se consciente ou inconscientemente, um tipo de inteligência articulada, muito apreciada já pelos gregos antigos, que tende a colocar cada coisa em seu devido lugar, segundo uma estrutura de pensamento não reduzida ao "ou... ou..." (estrutura binária de pensamento), mas elevada ao "e... e...", mais complexa e rica.

Ilustram esses pontos as próprias palavras de Hoppe:

> [...] deve ficar claro que somente através de uma teoria econômica ou moral, que não deriva da experiência, mas parte de uma afirmação logicamente incontestável (que é algo muito diferente de um "axioma postulado arbitrariamente") e provém de um caminho puramente dedutivo (talvez usando alguma hipótese empírica explicitamente introduzida, além de uma hipótese empiricamente testável) com resultados logicamente inatacáveis (e que, portanto, não necessitam de qualquer teste empírico), se tornará possível organizar ou interpretar um conjunto caótico e excessivamente complexo de fatos isolados e desconectados ou de opiniões sobre a realidade social para formar um verdadeiro e coerente sistema conceitual moral e econômico (HOPPE, 2013b, p. 15).

A estratégia hoppeana, então, resta devidamente esclarecida: não lançar simplesmente uma proposta teórica de explicação de mundo, apartada da realidade concreta e da dinâmica das coisas como são, mas pensá-la lógica e racionalmente, ancorada em teste empírico que ateste a sua validade no terreno em que efetivamente se desenrolam as aventuras humanas. Uma teoria forte, sim. Mas não meramente uma teoria, uma filosofia sem respaldo concreto. Aqui se entreve nitidamente o ponto "2" que registrei acima: não é um modo de proceder "ou" teórico "ou" empírico. Ele é teórico "e" empírico, na medida necessária de tal articulação[14].

A metodologia do nosso autor, então, tende a cortar fora tolices especulativas como faca quente corta a manteiga e a deixar mais transparentes no corpo da sua obra alguns fatores históricos

---

14 Talvez se faça sentir aqui um sopro de influência do mestre da Escola Austríaca, Ludwig von Mises. Sobre essa relação entre a construção de uma teoria forte e da possibilidade de verificação efetiva da sua plausibilidade concreta, ver MISES, 2010, p. 58. Ver também o excelente texto de Hoppe (2010) no qual ele traça defesa de Mises: *A ciência econômica e o método austríaco*.

frequentemente desconsiderados ou subvalorizados pela literatura "tradicional"[15] (como, por exemplo, o fato de o socialismo não ser, como muitos pensam, uma invenção do marxismo no século XIX, mas um fenômeno bem mais antigo, enquanto "intervenção institucionalizada ou uma agressão contra a propriedade privada e contra os direitos de propriedade privada"; e, na outra margem do rio, o capitalismo como "sistema social baseado no reconhecimento explícito da propriedade privada e das trocas contratuais entre proprietários privados, sem qualquer tipo de agressão").

Mas antes de oferecermos ao leitor uma visão algo mais detalhada sobre aqueles elementos, coube a mim dar a conhecer algumas "ferramentas" conceituais importantes para Hoppe, sem as quais as páginas que virão poderão ser mal interpretadas. Para seguir um plano argumentativo, recorrerei em maior medida à primeira e brilhante parte do já citado *Uma teoria do socialismo e do capitalismo*: uma espécie de "dicionário" hoppeano de termos essenciais. Vamos em frente.

1 - GRAUS DIVERSOS DE SOCIALISMO E DE CAPITALISMO

Muitos de nós já nos deparamos com concepções e conceitos grosseiros de socialismo e capitalismo: infelizmente, não apenas em redes sociais, onde podemos encontrar um pouco de tudo, do que presta e do que não presta, mas também entre círculos de gente estudada e mesmo em corredores e salas de aulas de universidades. Com muita frequência, por exemplo, a direita e os liberais brasileiros são atacados com a alegação de que, neste país, "socialismo não existe", de que, então, estariam a combater fantasmas criados por suas férteis imaginações. Por outro lado, alguns representantes mais exaltados do anti-esquerdismo teimam em afirmar estarmos sob os auspícios do mais aparelhado dos regimes socialistas, todos ancorados na foice e no martelo e por aí vai. Para Hoppe, ambos erram. São escravos do que chamei acima de estrutura de pensamento "ou... ou"/binário: uma leitura de mundo rasteira, redutivista, típica de inteligências menos privilegiadas. De fato, um olhar mais cuidadoso sobre as

---

[15] Muitas vezes tomada por psicologia ideologizante em termos quase patológicos de tão obscurantistas e falseadores da realidade.

definições hoppeanas de capitalismo e marxismo/socialismo deve nos fazer perceber um óbvio nem sempre tão óbvio assim: socialismo e capitalismo se manifestam em graus diversos nas nações do globo e, portanto, é pouco prudente (ou mesmo errado!) nos referirmos a eles num dado regime estatal como coisas, por assim dizer, excludentes ou sem qualquer gradação/matiz. Eis a lição de Hoppe (2013b, p. 16):

> [...] devem, portanto, existir vários graus e tipos de socialismo e de capitalismo, ou seja, diferentes níveis em que os direitos de propriedade privada são respeitados ou ignorados. As sociedades não são puramente capitalistas ou socialistas. De fato, todas as sociedades existentes são socialistas em alguma medida (até os Estados Unidos, que são certamente uma sociedade relativamente mais capitalista do que a maioria, é, como ficará evidente, incrivelmente socialista e têm, de forma gradual e ao longo do tempo, se tornado ainda mais).

Aqui começamos a fazer ciência de nível, quando buscamos colocar as coisas em seus devidos lugares, segundo uma metodologia que dê conta da inerente complexidade do real. Explicações simplórias e ingênuas para realidades não simplórias devem ser evitadas a todo custo por quem pensa segundo parâmetros racionais minimamente aceitáveis.

O leitor de Hoppe, então, deve aprender desde já esta primeira e importantíssima lição: para ele, o grau de interferência que um regime exerce sobre a população em geral nos direitos de propriedade explica a sua riqueza (ou pobreza) total: "*Quanto mais socialista um país, mais prejudicado será o processo de produção de nova riqueza e a manutenção daquela existente, e mais pobre esse país continuará a sê-lo ou se tornará*" (HOPPE, 2013b, p. 16-17).

Mas atenção aqui! Quando avançamos com comparações entre países, temos que levar em consideração aspectos histórico-evolutivos subjetivos que evidentemente não ficam fora do cálculo. O próprio Hoppe chama a nossa atenção para o fato de poderem existir sociedades atualmente mais capitalistas do que outras e, ainda assim, relativamente mais pobres. Claro: o grau de socialismo é inversamente proporcional à riqueza da sociedade (mais socialismo, menos riqueza). Ponto. Quanto à comparação entre nações, acrescente-se à análise: história de "escolhas" da nação (guerras, modelo de trabalho), pestes, modo desastres naturais, características sociopsicológicas do seu povo, hábitos predominantes entre outros. Aliás, sobre o papel nocivo de política estatizante, muitas vezes travestida de comportamentos culturalmente aceitos, esclarece Hoppe:

> Com o Estado se tornando o árbitro supremo para todos os casos de conflito, inclusive para aqueles em que ele próprio esteja envolvido, ele essencialmente se transforma no proprietário supremo de todas as propriedades. Em princípio, ele pode provocar um conflito com um empreendedor e em seguida decidir judicialmente contra ele, expropriando-o de sua propriedade e tornando a si próprio (ou alguém de sua preferência) o novo dono da propriedade física deste empreendedor. Ou, caso ele não queira ir tão longe assim, ele pode criar leis ou regulamentações que envolvam apenas uma expropriação parcial. Ele pode restringir o uso que o empreendedor pode fazer de sua propriedade física. Ele pode especificar certas coisas que o empreendedor não mais tem a permissão de fazer com sua propriedade. O Estado não pode aumentar a qualidade e a quantidade da propriedade real, mas ele pode redistribuí-la como julgar mais adequado. Ele pode reduzir a propriedade real à disposição dos empreendedores ou ele pode limitar a extensão do controle que os empreendedores podem exercer sobre a própria propriedade; e ele pode, com isso, aumentar a sua propriedade (ou a de seus aliados) e aumentar a extensão do controle sobre as coisas físicas existentes.
>
> A propriedade dos empreendedores, portanto, é deles apenas nominalmente. Ela é meramente concedida a eles pelo Estado, e só vai existir enquanto o Estado julgar conveniente. Caso ele mude de ideia, e decida assumir o controle, a propriedade passará a ser sua *de facto*. Uma espada de Dâmocles está constantemente suspensa sobre a cabeça dos empreendedores. A consecução de projetos empreendedores baseia-se na pressuposição de que determinados recursos físicos, bem como suas capacidades, existem e estão à disposição dos empreendedores; e todas as especulações empreendedoras sobre o valor futuro dos bens que serão produzidos baseiam-se na ideia de que há de fato este estoque de recursos físicos disponível. Porém, essas suposições quanto à disponibilidade de recursos físicos podem se revelar incorretas a qualquer momento — e seus cálculos de valores, viciados —, bastando para isso que o Estado decida alterar suas atuais leis e regulamentações.

A existência de um Estado, portanto, intensifica as incertezas que os empreendedores têm de enfrentar, tornando o futuro menos previsível do que seria sem ele. Ao constatarem isso, várias pessoas que em outros contextos poderiam se tornar empreendedoras desistirão completamente da ideia. E vários empreendedores verão seus projetos totalmente frustrados — não porque não tivessem antecipado corretamente a demanda futura dos consumidores, mas porque o estoque de recursos físicos, dos quais seus projetos dependiam, foi alterado por alguma inesperada e não antecipada mudança nas leis e regulamentações estatais (HOPPE, 2011).

O que Hoppe quer deixar claro, portanto, é que toda forma de intervenção exterior na vida de uma dada sociedade implica ruído indesejado na natureza das coisas, com efeitos (de maior ou menor gravidade) para todos os que nela vivem (2013b, p. 17),

> [...] é importante explicar porquê, e de que maneira, cada intervenção, grande ou pequena, em qualquer lugar, lá ou aqui, produz um resultado específico de perturbação na estrutura social que um observador superficial e teoricamente despreparado, cego por uma consequência imediata "positiva" de uma intervenção específica, não consegue perceber. Porém, esse efeito negativo existe mesmo assim e, com certo atraso, vai causar problemas mais graves e em maior quantidade numa parte diferente do tecido social se comparado com aqueles inicialmente resolvidos pelo ato inicial de intervenção. Assim, por exemplo, os efeitos visíveis altamente positivos das políticas socialistas como "comidas baratas", "alugueis mais baixos", isto e aquilo "grátis", não são só coisas positivas suspensas no ar, desconectadas de todo o resto, mas são fenômenos que têm de ser pagos de alguma maneira [...].

Qualquer brasileiro deveria saber bem o que Hoppe quer dizer. É o célebre "barato que sai caro". A fome, a falta de moradia, a corrupção nos negócios públicos, as mortes nas filas de hospitais são exemplos evidentes do que causam as ingerências "salvadoras" do Estado na vida da população. A pretexto de se fazer política "inclusiva" ou "distributiva", a máquina pública interventora aniquila (em maior ou menor grau) o direito à propriedade e o ímpeto empreendedor, instaurando sim, sem dúvida, maior igualdade social: todos igualmente mais pobres. É o mito dos "benefícios" derivados da solidariedade forçada entre indivíduos que Hoppe ilustra bem ao comparar alemães orientais com ocidentais, claro, quando ainda separados pelo muro. Os alemães orientais costumavam se referir aos compatriotas do Ocidente como individualistas ou egoístas. Evidente! Quando, por causa da escassez do mais básico para a sobrevivência, você necessita do outro, qualquer ação individual é vista como danosa e inconveniente. "Na Alemanha Oriental, para realizar as tarefas cotidianas mais simples, como um conserto em casa, que em outros países exigiria não mais do que uma ligação telefônica, você é obrigado a confiar muito mais nas relações 'pessoais' (quando comparado com as relações comerciais impessoais)", lembra o nosso autor. Portanto, não é que o altruísmo ou a generosidade sejam vistos como valores positivos "em si". São mais, neste contexto, resultados naturalmente derivados de situação de penúria e de escassez. Logo, toda iniciativa individual, empreendedora e não "solidária" (nesse sentido) deve ser vista, num regime socialista, como "negativa", "incômoda" e a ser "desestimulada"[16].

1.1 - Tipos de intervenções

Para Hoppe, por via de consequência, temos basicamente quatro modos de intervenção por assim dizer "socialista" na vida de uma dada comunidade, todos, claro, com efeitos deletérios para todos nós (2013b, p. 18):

> 1º) "política marxista tradicional de nacionalização e de socialização dos meios de produção ou pela aquisição dos meios de produção dos proprietários privados";
>
> 2º) "política social-democrata revisionista de redistribuição igualitária de renda";
>
> 3º) "política de mentalidade conservadora que tenta preservar o *status quo* mediante regulações econômicas e do comportamento, além do controle de preços";
>
> 4º) "sistema de mentalidade tecnocraticamente pragmática, uma fragmentada engenharia social e econômica, e intervenções".

---

16 Sobre a hipocrisia do altruísmo, ver nosso outro livro dessa mesma coleção: *Ayn Rand e os delírios do altruísmo*.

Seria um erro, também aqui, tomá-las como momentos estanques e separados. As fronteiras que as separam são evidentemente porosas e, então, você poderá encontrar uma convivendo com outra (ou outras) em graus diversos. Em verdade, o complexo tecido social será invariavelmente composto por uma espécie de mistura daqueles modos, pois surgem como resultados de forças políticas heterogêneas que se impõem de formas não lineares no decorrer da história. Hoppe, no entanto, tomará o cuidado de estudá-los separadamente, isso por uma questão metodológica (sempre segundo abordagem sinérgica: teoria geral confrontada, aqui e ali, com realidade fática). Seu escopo será aquele de tirar o véu de fantasia que recobre o discurso socialista, de forte apelo emocional, supostamente "superior" sob todos os aspectos. Por isso mesmo, insistirá Hoppe em sua obra, não se deve atacar os modelos de intervenção/socialistas apenas sob viés econômico. A bem da verdade, demonstrar que gera empobrecimento, não riqueza, é apenas um dos pilares a serem destruídos de uma arquitetônica bem mais complexa. O discurso de propaganda que o envolve não deve ser subestimado – isso a despeito dos trágicos resultados que a sua implantação invariavelmente traz, sob o ponto de vista econômico – pois vem "envelopado" como arquétipo de uma moralidade de tipo superior, mais justa e ética, facilmente deglutida pelos mais desavisados. Sim, acreditar é sempre mais fácil do que saber, por isso há mais "crentes" – no sentido mais aberto de "pessoas que acreditam" – do que cientistas. Daí que o "parecer ser" do socialismo exerce uma força sedutora quase irresistível, elaborada para ser aprioristicamente "crível", desde que, claro, não submetida a testes um pouco mais elaborados da razão humana e da realidade tal como é.

Hoppe está, então, em busca do que denomina "regra de ouro", inspirada no imperativo categórico de Immanuel Kant, segundo a qual, para ser justa, uma norma deve ser geral e aplicável a cada pessoa de igual maneira. Isso porque, para ele, resta fartamente evidenciado que regimes interventores/socialistas têm como eixo de sustentação normas "particularistas" – injustas, portanto – do tipo "eu posso bater em você, mas a você não é permitido bater em mim": tudo maquiado, é claro, com as cores mais belas para que a agressão pura e simples seja vista como resultado generoso de solidariedade institucional. Também aqui, não obstante a sua reputação pública de modelo explorador e causador das maiores iniquidades, vence o capitalismo ("sistema social baseado justamente no reconhecimento da propriedade privada e nas relações contratuais entre proprietários privados"). Nesse sistema sim, encontra-se a "regra de ouro", universalizável, aplicável a todos de igual maneira: o que Hoppe chega mesmo a chamar de "pré-condição lógica" de qualquer tipo de justificação argumentativa (para ele é algo ilógico não pressupor, ainda que tacitamente, a validade das normas de propriedade próprias do capitalismo como veremos mais amplamente no decorrer do livro).

Desfeitas as ilusões ventiladas por modelos interventores – insisto, não apenas sob o aspecto econômico, mas também moral, político, cultural etc. – a existência do Estado é ferida de morte e, então, deve ser devidamente repensada (Hoppe, que não economiza nos termos de sua filosofia, chegará a sugerir que o Estado é fenômeno de relevância meramente "sociopsicológica", uma espécie de bengala virtual para os que teimam em crer em mentiras bem contadas).

2 - ALGUNS CONCEITOS-CHAVE DA INVESTIGAÇÃO HOPPEANA

Como já sugeri, é importante, para qualquer leitor de Hoppe, que nos apropriemos de alguns dos conceitos mais caros a ele. Apesar de estarem presentes em nosso cotidiano, são termos que frequentemente se prestam a equívocos basicamente por serem vistos como instintivamente compreendidos, quando, a bem da verdade, permanecem na mais sombria ignorância conceitual. Eis que

> [...] partir de definições imprecisas ou fictícias e construir uma rede complexa de pensamento sobre elas só pode conduzir a um desastre intelectual. Pois as imprecisões originais e as lacunas irão permear e distorcer tudo o que delas derivam (HOPPE, 2013b, p. 21).

Mas quais são esses conceitos-chave tão caros ao nosso autor e que, portanto, merecem correta definição? São vocábulos presentes na análise de qualquer espécie de ação humana e/ou de qualquer tipo de relacionamento interpessoal, diz Hoppe: *propriedade, contrato, agressão, capitalismo, socialismo*. Todos intuitivamente identificáveis, mas submetidos a um sem-número de leituras as mais absurdas e mesmo paradoxais. Vamos aos conceitos.

2.1 - Propriedade

O conceito de propriedade é, para Hoppe, balizador de todos os outros supracitados e, segundo o nosso autor, o mais fundamental dentro das ciências sociais.

> Na verdade, todos os outros conceitos a serem apresentados [...] – agressão, contrato, capitalismo e socialismo – são definíveis de acordo com a propriedade: agressão sendo agressão contra a propriedade, contrato sendo um relacionamento não-agressivo entre proprietários, socialismo sendo uma política institucionalizada de agressão contra a propriedade, e o capitalismo sendo uma política institucionalizada de reconhecimento da propriedade e do contratualismo (HOPPE, 2013b, p. 21).

E aqui entra um ponto fundamental da filosofia de Hoppe, sem o qual não conseguiremos compreender quase nada do que ele defende. O conceito de propriedade existe apenas em decorrência de uma *escassez de bens*. Sem a escassez, sem a falta de bens, não tem sentido falar em propriedade. Em outras palavras, num mundo em que tudo fosse "gratuito", abundante, totalmente à disposição de todos, seria inócuo/sem sentido evocar o conceito de propriedade, a não ser enquanto coisa fictícia. Se, por assim dizer, todos tivéssemos acesso irrestrito à água, por exemplo, sem qualquer ameaça de falta, presente ou futura, a atribuição de propriedade à água seria efetivamente supérflua. Eis, então, um conceito-chave para Hoppe: *propriedade é marca por antonomásia de escassez*, de falta. Apenas bens escassos podem ser motivo de conflito entre os homens e os direitos de propriedade têm por função primordial exatamente evitar o embate de todos contra todos por ela. Nas palavras de Hoppe:

> A propriedade é, dessa forma, um conceito normativo, concebido para tornar possível uma interação livre de conflitos pela estipulação de regras de conduta (normas) mútuas e vinculativas em relação aos recursos escassos (HOPPE, 2013b, p. 22).

Mas, notem bem: nosso autor não admite a hipótese de situação concreta sem qualquer forma de escassez e, então, sem conceito de propriedade. Para ilustrar o que alega, Hoppe evoca a célebre metáfora do Jardim do Éden, agora lida sob os auspícios não de inflexão religiosa, mas da sua filosofia[17]. Mesmo ali, num Jardim do Éden idealmente concebido, com tudo à disposição numa festiva superabundância, ainda assim, haveria um bem escasso: o corpo de cada um dos que lá vivem. Sim, o corpo do indivíduo é um bem escasso e, por isso mesmo, sua propriedade exclusiva, sobre a qual deve ter direito de propriedade (contando, então, com arcabouço normativo que o proteja de usos que não os autodeterminados). Ninguém deve poder impedir, por exemplo, ação individual que busque autoproteção ou condição mais satisfatória de vida (dentro, é claro, de padrões racionalmente estabelecidos). A argumentação de Hoppe é, também aqui, sobremaneira elucidativa:

> Na realidade, enquanto uma pessoa age, ou seja, enquanto uma pessoa tenta intencionalmente alterar um Estado de coisas que é subjetivamente percebido e avaliado como menos satisfatório para um Estado que parece mais recompensador, essa ação envolve necessariamente uma escolha relativa ao uso do corpo desse indivíduo. E escolher, preferindo uma coisa ou Estado a outro, significa, evidentemente, que nem tudo, que nem todos os prazeres e satisfações possíveis, podem ser desfrutados ao mesmo tempo, mas que algo considerado menos valioso deve ser preterido com a finalidade de obter alguma outra coisa considerada mais valiosa (HOPPE, 2013b, p. 23).

Em outras palavras, se retomarmos o exemplo que registrei acima, ninguém pode tomar toda a água disponível num paraíso o tempo todo. Em algum momento o indivíduo, com a sede saciada, busca comida, e, depois, outro bem, e outro, numa linha temporal sem fim determinado, visto que, mais à frente, volta a ter sede. Nem mesmo no fictício Jardim do Éden, com tudo à disposição, pode-se simultaneamente usufruir de todos os bens. Logo, indivíduos buscam, em momentos diversos, situações mais confortáveis relativamente às suas necessidades. Estamos, então, falando de atos volitivos, de atos de vontade que implicam ações sequenciais de alguém que dispõe de único corpo para satisfazer desejos e necessidades. Não dispomos de uma abundância de corpos – como "avatares" ou clones – que nos

---

17 Sobre uma leitura histórica da origem das relações sociais, ver o texto de Hoppe (2015) intitulado *A Short History of Man: Progress and Decline*.

permitam aproveitar tudo de uma só vez ou sempre. O meu corpo é bem escasso. O seu corpo é bem escasso. Com um tempo limitado de existência, a liberdade para escolher o que num dado momento se considera "melhor" é base de qualquer relação com essa e com outras propriedades. Assim, mesmo nesse Estado hipotético de "Jardim do Éden" devem-se estabelecer regulamentações mínimas de propriedade

> Eu, por exemplo, poderia querer usar meu corpo para desfrutar uma xícara de chá enquanto outra pessoa poderia querer começar um relacionamento amoroso com meu corpo, me impedindo assim de beber o chá e também reduzindo o tempo disponível para buscar meus próprios objetivos por meio deste corpo (HOPPE, 2013b, p. 24).

Que fique claro, entretanto, sem qualquer ingênua dependência do Estado para tanto:

> Se o Estado for proteger a propriedade utilizando uma polícia estatal, então ele terá de coercivamente coletar impostos. No entanto, impostos são expropriação. Desta maneira, o Estado paradoxalmente se transforma em um expropriador protetor da propriedade. Não faz sentido. Ademais, um Estado que quer manter a lei e a ordem, mas que pode ele próprio criar leis, será ao mesmo tempo um transgressor e um mantenedor da lei.
>
> E isso tem de ficar claro: o Estado não nos *defende*; ao contrário, o Estado nos *agride*, confisca nossa propriedade e a utiliza para se defender a *si próprio*. A definição padrão do Estado é essa: o Estado é uma agência caracterizada por duas feições exclusivas e logicamente conectadas entre si. Primeiro, o Estado é uma agência que exerce o monopólio compulsório da jurisdição de seu território; o Estado é o tomador supremo de decisões. Ou seja, o Estado é o árbitro e juiz supremo de todos os casos de conflito, incluindo aqueles conflitos que envolvem ele próprio e seus funcionários. Não há qualquer possibilidade de apelação que esteja acima e além do Estado. Segundo, o Estado é uma agência que exerce o monopólio territorial da tributação. Ou seja, é uma agência que pode determinar unilateralmente o preço que seus súditos devem pagar pelos seus serviços de juiz supremo. Baseando-se nesse arranjo institucional, você pode seguramente prever quais serão as consequências:

a) em vez de impedir e solucionar conflitos, alguém que tenha o monopólio da tomada suprema de decisões irá *gerar e provocar* conflitos com o intuito de resolvê-los em benefício próprio. Isto é, o Estado não reconhece e protege as leis existentes, mas as distorce e corrompe por meio da legislação. Contradição número um: o Estado é, como dito, um transgressor mantenedor das leis.

b) em vez de defender e proteger alguém ou alguma coisa, um monopolista da tributação irá invariavelmente se esforçar para *maximizar seus gastos com proteção e ao mesmo tempo minimizar a real produção* de proteção. Quanto mais dinheiro o Estado puder gastar e quanto menos ele tiver de trabalhar para obter esse dinheiro, melhor será a sua situação. Contradição número dois: o Estado é, como dito, um expropriador protetor da propriedade (HOPPE, 2014).

Mas, permaneçamos neste "estado de natureza" do Jardim do Éden proposto por Hoppe para avistarmos com maior nitidez a propriedade e seus derivados conceituais (contrato, agressão, socialismo, capitalismo).

2.2 - Contrato

Soa como absolutamente natural a ideia de posse do próprio corpo. Hoppe chama a atenção para o fato de ser praticamente impossível nos referirmos aos nossos corpos sem evocarmos expressões possessivas (indicativas de posse): meu corpo, seu corpo, o corpo dela etc. Estamos aqui diante de reconhecimento natural e, então, algo intuitivo do que é meu, seu, dele, delas e assim por diante. São títulos de propriedade privada de recursos escassos reconhecidos como tais por todos nós. De fato, insiste Hoppe, toda pessoa tem direito exclusivo de propriedade de seu corpo dentro dos limites de sua superfície. Qualquer um de nós deve poder usar o próprio corpo para o que considera ser melhor, mais benéfico ou próspero, seja para atingir objetivos imediatos ou mediatos, desde que tais ações ou usos dessa propriedade não criem obstáculos para que outros usufruam dos mesmos direitos, vale dizer, do controle do uso do próprio corpo. A posse dessa propriedade privada naturalmente reconhecida deve, então, ser completamente reconhecida, mesmo quando as decisões sobre ele impliquem a intervenção do outro. Explica-se: é minha a decisão de usarem o meu corpo em algum experimento médico/científico, ou como objeto de amor, ou para examiná-lo no hospital, tatuá-lo e mesmo danificá-lo ou matá-lo em última instância (insiste-se: desde que haja a minha concordância ou desejo). Estamos falando aqui de trocas contratuais:

> Elas são caracterizadas pelo fato de que um acordo sobre o uso dos recursos escassos é obtido, acordo este baseado no respeito mútuo e no reconhecimento de cada um e de todos os parceiros de troca sobre o domínio do controle exclusivo de seus respectivos corpos (HOPPE, 2013b, p. 25).

A troca contratual, então, supõe mútua vantagem entre os signatários, pois, caso contrário, não aconteceria. Ela deriva de um reconhecimento tácito ou manifesto da existência de uma propriedade privada que deve, necessariamente, ser reconhecida como tal.

2.3 - Agressão

No caso em que uma determinada ação causa dano/prejuízo imprevisto e não desejado ao proprietário do próprio corpo, temos uma agressão à propriedade. A agressão – lembrem-se, mesmo neste "Jardim do Éden" hipoteticamente concebido por Hoppe – pode ocorrer, segundo diversos modelos, desde uma relação sexual não-consentida até a ingestão forçada de determinado alimento (ou sua não ingestão: quem não se lembra de um certo estado brasileiro que, a pretexto de salvar vidas e lutar pela saúde dos seus, proibiu sal sobre a mesa dos restaurantes?). Notem que não estamos falando aqui de concordância subjetiva ou de agradar essa ou aquela visão de mundo. Tenho o direito de dependurar meu corpo em ganchos/anzóis ou comer quilos de sal por ano basicamente por achar prazeroso e ninguém tem absolutamente nada a ver com isso, pois tal ação não afeta o uso ou põe em risco a integridade do corpo alheio (vale dizer, a simples reprovação moral/subjetiva não atua no contrato do uso de propriedade privada).

2.4 - Socialismo/Capitalismo

Com base no que dissemos até aqui, o leitor já deve ter percebido com clareza que, com base numa teoria natural da propriedade, serão vistas como agressivas todas as reivindicações de uso do meu corpo que ofendam decisão pessoal e intransferível do que desejo para ele, segundo ato volitivo meu:

> Ninguém poderia considerar o meu corpo como sendo um produto de sua vontade da mesma forma como eu posso considerá-lo um produto da minha vontade; essa pretensão ao direito de determinar o uso desse recurso escasso que chamo de "meu corpo" seria uma reivindicação de não-usuários, de não-produtores, e estaria baseada exclusivamente na opinião subjetiva, ou seja, numa declaração meramente verbal de que as coisas deveriam ser dessa ou daquela forma (HOPPE, 2013b, p. 26).

É o velho e deletério mito do coletivismo e da vitimização a justificarem toda forma de intromissão na propriedade do indivíduo. "Você DEVE fazer isso para ajudar os mais necessitados", "você DEVE se submeter porque sabemos o que é melhor para todos", "você DEVE se dobrar em nome de um bem comum". *Flatus vocis*, diriam os bons filósofos: só palavras, sem qualquer respaldo na realidade das coisas. Você não "deve" nada que esteja em desconformidade com uma noção primacial de propriedade privada, essencialmente vinculada ao seu corpo. O direito de propriedade que surge do nada e tem como fundamento meramente um acerto verbal entre interessados no que é meu por natureza é pura agressão.

Suponhamos, então, que naquele regime idílico do Éden seja subitamente aplicado um regime agressivo de propriedade (2013b, p. 28):

> Considerando que, antes, cada pessoa era a proprietária exclusiva de seu corpo e poderia decidir se tornar um bêbado ou um filósofo, agora se instituiu um sistema no qual o direito da pessoa de determinar como usar o seu corpo é cerceado ou completamente eliminado, e este direito é, em parte ou totalmente, delegado a outra pessoa que não está naturalmente ligada ao respectivo corpo como seu produtor. Qual seria a consequência disso?

Bem, não é preciso lá muito esforço imaginativo, pois em larga medida vivemos tal realidade:

- os não-produtores passam a poder determinar os usos do meu corpo (segundo critérios subjetivos de tempo e/ou de domínio);
- os critérios de uso do corpo alheio se tornam flexíveis, para atender caprichos dos não-produtores;
- qualquer tentativa de retomada de critérios naturais/objetivos de propriedade é vista como coisa perigosa, a ser combatida.

No entanto, diz Hoppe, independentemente do nível de agressão sofrida pelo indivíduo, consequências drásticas derivam sempre da forma socialista/interventora.

A redução do investimento no capital humano, agora sujeito a todo tipo de intempérie normativa (um indivíduo que não pode mais decidir sobre si e sobre os seus atos atribui a si mesmo menor valor geral pois o elenco disponível de ações que lhe trazem prazer ou ganho foi fortemente limitado); a diminuição em ações de investimento de médio/longo prazo e favorecimento de ações de consumo, que reduzem o tempo de espera e prometem ganhos substancialmente menores. Em linguagem hoppeana, em suma, tal sistema leva a uma inclinação inevitável de transformar filósofos em bêbados, para ilustrarmos com exemplo citado acima.

Depois, de um ponto de vista menos econômico e mais social (ou, por assim dizer, psicológico), a introdução de um regime agressivo de propriedade (socialista) causa um desgaste comportamental derivado da percepção – em tudo verdadeira – de que as satisfações pessoais estão mais distantes do esforço individual e, por via de consequência, mais dependentes da instrumentalização ou exploração da propriedade alheia. O que, sob um prisma eminentemente natural, seria visto como uma intromissão indevida no bem privado do outro passa a ser visto como "direito" a ser alimentado pelo sistema: um enorme prejuízo (sob diversos aspectos) para qualquer espírito empreendedor.

Numa perspectiva hoppeana, em suma, o regime agressivo de propriedade é, não importa o grau de sua aplicação, sempre inferior ao regime capitalista de relações contratuais e respeito ao bem alheio. Os corpos são propriedades naturais de seus "donos" e nenhuma agressão não-consentida deve ser aceita. Qualquer outro recurso escasso assim o é na medida em que alguém dele se apropria em algum momento ("apropriação original") e, qualquer agressão não-consentida a bem originalmente apropriado – isto é, a bem anteriormente sem "dono" – deve igualmente ser rechaçada. Aqui, uma vez mais, temos ato decisório do proprietário como eixo definitivo de ação do que pode ou não pode ser feito com o seu bem particular (com uma única diferença: não se pode abdicar completamente de um corpo que naturalmente é seu, mas pode-se abdicar completamente de um bem originalmente apropriado). Hoppe chama o sistema natural de distribuição dos direitos de propriedade de "sistema puramente capitalista" ou "sistema puro de lei privada": sistema ancorado num processo de colaboração voluntária entre os envolvidos.

OBSERVAÇÕES CONCLUSIVAS

O leitor que me acompanhou até aqui deve se sentir agora preparado para avançar com o exame das páginas seguintes. Os próximos passos exploram mais a fundo elementos da sua filosofia e as diversas "gradações" que podemos entrever em regimes de agressão à propriedade privada, isto é, de controle arbitrário dos meios escassos (portanto, não amparado por cooperação/relação contratual com o usuário-proprietário). Você tem agora condições de perceber com mais detalhe em que medida Hoppe nos leva a meditar sobre sistemas que privilegiam pessoas improdutivas e punem as produtivas. Nós, brasileiros, nos reconheceremos facilmente na dinâmica do sistema interventor/socialista descrito por Hoppe. É triste, mas essencial para pavimentarmos caminhos seguros de mudanças. Aos poucos perceberemos que a "retribuição" estatal é infinitamente mais prejudicial quando comparada com o que poderíamos realizar livremente, sem a não-pactuada presença de agente agressor.

BIBLIOGRAFIA

HOPPE, H. H. *A ciência econômica e o método austríaco*. Tradução de Fernando Chiocca. São Paulo: Mises Brasil, 2010.

_____ . *A Short History of Man: Progress and Decline*. Auburn: *Mises Institute*, 2015.

_____ . "O capitalista em um ambiente livre e em um estatista". Discurso proferido em Zurique, Suíça, no dia 17 de setembro de 2011, em um simpósio promovido pela Edelweiss Holdimgs. Disponível em: https://www.mises.org.br/Article.aspx?id=1154. Acesso em 15/jan/2019.

_____ . "O que dever ser feito". Palestra proferida na conferência *A falência da política americana*, realizada pelo Instituto Mises em Newport Beach, Califórnia; dias 24 e 25 janeiro de 1997. Tradução de Fernando Chiocca. São Paulo: Mises Brasil, 2013a.

_____ . "Steuern sind Enteignung". Entrevista concedida à revista *WirtschaftsWoche* e publicada em 04 de janeiro de 2014. Trecho traduzido para o português disponível em: https://www.mises.org.br/Article.aspx?id=1795. Acesso em 10/jan/2019.

_____ . *Uma teoria do socialismo e do capitalismo*. 2ª ed. Tradução de Bruno Garschagen. São Paulo: Mises Brasil, 2013b.

MISES, L. V. A *Ação Humana*: um tratado de economia. São Paulo: Mises Brasil, 2010.

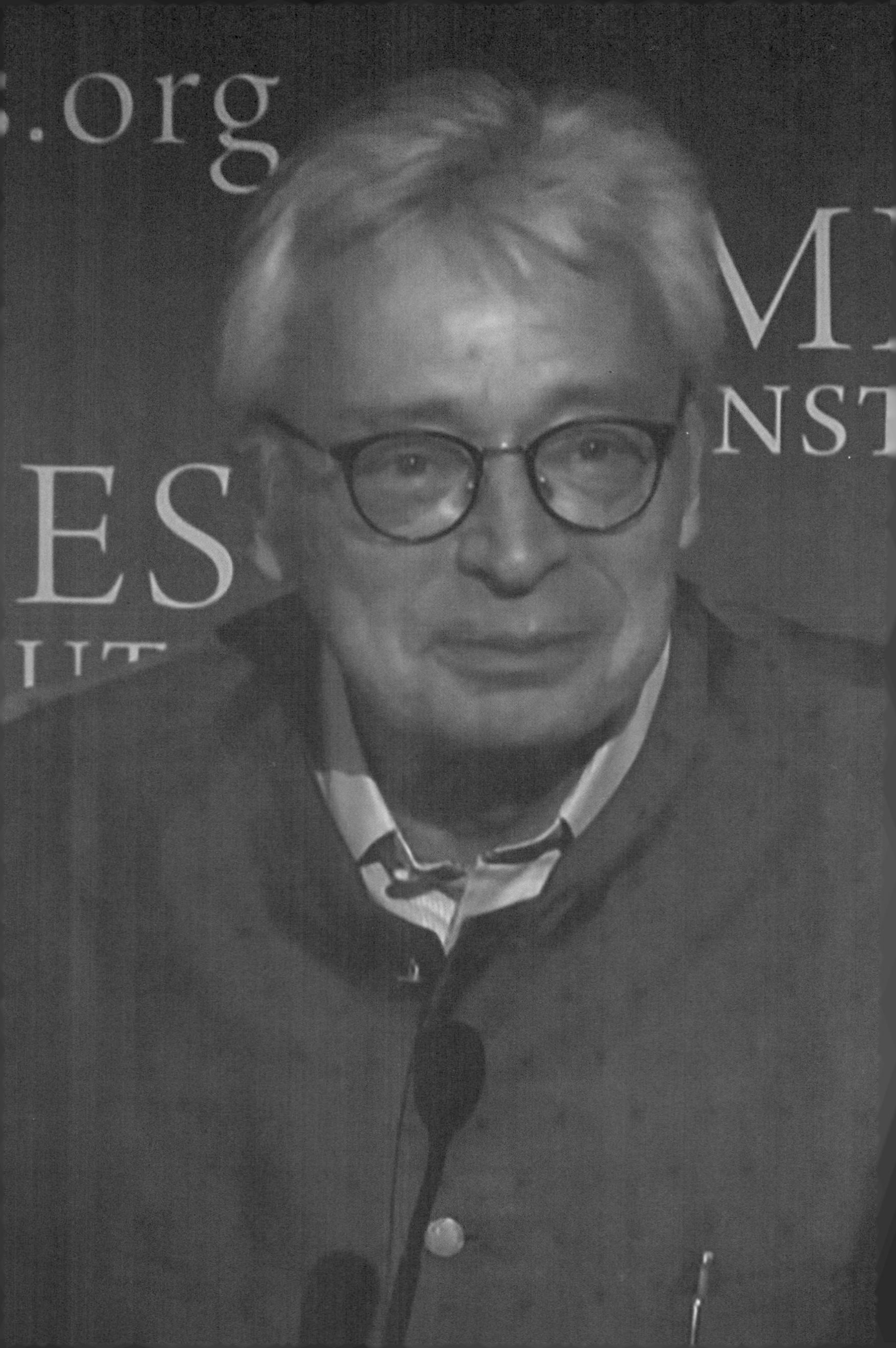

CAPÍTULO 3

DIREITO DE PROPRIEDADE NO SOCIALISMO AO ESTILO RUSSO, AO ESTILO SOCIAL-DEMOCRATA E AO ESTILO CONSERVADOR

Gabriel Oliveira de Aguiar Borges
Dennys Garcia Xavier

INTRODUÇÃO

Hoppe define assim o socialismo:

> Transferência de títulos de propriedade de pessoas que realmente utilizaram recursos escassos de alguma forma ou que os adquiriram contratualmente de pessoas que o fizeram anteriormente para terceiros, que nada fizeram com as coisas em questão e que nem as adquiriram formalmente por contrato (HOPPE, 2013, p. 33).

No presente texto, analisaremos, principalmente sob as lentes do Direito, três das formas de socialismo mais bem estudadas pelo autor, a saber: o socialismo ao estilo russo – que alguns autores entendem como "socialismo por excelência" –, o socialismo social-democrata e o socialismo do conservadorismo.

Primeiramente, retornaremos a um brevíssimo introito de cunho jurídico sobre o conceito de "propriedade" (em alguma medida entrevisto no capítulo anterior), importante para a adequada compreensão da matéria. Posteriormente, analisaremos as palavras de Hoppe sobre essas três formas de socialismo. De fato, o objetivo aqui é trazer ao leitor, de maneira breve e concisa, uma análise jurídica daquelas formas, especialmente confrontadas com os conceitos de liberdade e de propriedade, claro, no interior da arquitetônica conceitual desse grande expoente da Escola Austríaca de Economia.

1 - DA PROPRIEDADE

Como premissa, vale dizer que surgem direitos de propriedade a partir do momento em que qualquer recurso se torna escasso. De fato,

> Quando um recurso não é escasso, não haverá uma demanda por direitos de propriedade. Entretanto, à medida que a economia muda ou cresce, os recursos vão se tornando escassos e, eventualmente, a ausência de direitos de propriedade seguros leva à dissipação de rendas através da competição entre os agentes econômicos para se apropriar dos diversos retornos ao recurso. Essa situação gera incentivos para que surja uma demanda por direitos de propriedade seguros que eliminem essa dissipação (MUELLER; SZTAJN; ZYLBERSTAJN, 2005, p. 97).

A propriedade medieval se encontrava sustentada no feudo e na concessão do senhor feudal em favor do camponês nos contratos de suserania e vassalagem. Com o advento do feudalismo, a Europa Ocidental se vê dividida em vários pequenos senhorios e a economia se vê totalmente privada de trocas, vez que o comércio praticamente desaparece e o parcelamento da terra dificultava a mercantilização da propriedade e a própria prática comercial (GILISSEN, 2001, p. 189).

Com a queda do feudalismo e do absolutismo e com o advento do regime liberal, temos o Código Civil francês de 1804, que trazia a propriedade como fato econômico de utilização exclusiva da coisa. Hoje, temos que a propriedade é relação jurídica complexa formada entre o titular de um bem e a coletividade de pessoas, de forma que esse titular possa livremente passar o bem para outras pessoas, seja a título gratuito ou oneroso, e, ainda, a faculdade de usar, gozar e dispor da coisa, bem como o direito de reavê-la do poder de quem quer que injustamente a possua ou detenha, conforme art. 1.228, do Código Civil brasileiro de 2002. Não obstante tudo, o leitor poderá ver logo em seguida como o Direito brasileiro evidentemente nos insere num modo peculiar de socialismo, aos olhos de Hoppe.

2 - DO SOCIALISMO AO ESTILO RUSSO

Karl Marx entende que a socialização dos meios de produção é a pedra angular da teoria socialista, chave para a prosperidade e para um futuro melhor. Na Rússia e em países vizinhos – posteriormente, a União das Repúblicas Socialistas Soviéticas (URSS) –, a política de socialização dos meios de produção foi tão intensa que se tornou sua característica mais importante.

Colocando da forma ensinada por Max Weber, o socialismo russo é o "tipo ideal" de socialismo, vez que se chega a um tipo delineado por intermédio da intensificação de um ou vários aspectos, integrando uma representação conceitual que consiste na multiplicidade de fenômenos individuais difusos e distintos (WEBER, 1922, p. 191) e, realizando-se esse processo dentro da visão marxista do socialismo, se poderia, conforme Hoppe, entender o socialismo russo como o tipo por excelência de socialismo.

No socialismo da forma como foi instaurado na URSS, as regras de propriedade

> [...] são caracterizadas por dois aspectos complementares. Primeiro, ninguém possui os meios de produção socializados; eles são propriedades "sociais", o que significa dizer exatamente que a nenhuma pessoa, a nenhum grupo de pessoas, nem a todas elas juntas, é permitido adquiri-los ou vendê-los e manter privadamente as receitas de suas vendas. Seu uso não é determinado pela pessoa como se fosse proprietário, mas como

um zelador. Segundo, a nenhuma pessoa ou grupo de pessoas é permitido se envolver novamente num investimento privado e criar novos meios de produção privados. Elas não podem investir para converter em recursos produtivos os já existentes recursos não-produtivos, seja através de capital próprio poupado, seja pela congregação de recursos com outras pessoas ou pela combinação de ambas. O investimento só pode ser realizado pelos zeladores das coisas, nunca visando o lucro privado, mas sempre em nome da comunidade de zeladores (HOPPE, 2013, p. 35).

Ocorre que declarar que todas as pessoas serão proprietárias de tudo não resolve o "problema" do controle dos meios de produção, vez que continua cabendo aos "zeladores" determinar o que deve ser feito com esses meios de produção. Na prática, temos que a diferença entre uma economia de propriedade privada e uma economia socializada é apenas como determinar aqueles que prevalecerão em casos de discordância. No capitalismo, deve haver alguém que controla e outros que não o fazem, e, por essa razão, as diferenças reais entre as pessoas continuam a existir, mas a questão de qual opinião deve prevalecer é resolvida pela apropriação original e por contrato. Também no socialismo, as diferenças reais entre controladores e controlados, inevitavelmente, devem existir; somente no socialismo a posição daquele cuja opinião é vencedora não é determinada pelo usuário anterior ou por contrato, mas por meios políticos.

Ora, a realidade é que

> Existe uma escassez de uma infinidade de bens e que, consequentemente, o homem é pressionado por uma variedade de necessidades, e não são todas as que ele pode satisfazer ao mesmo tempo sem sacrificar a satisfação de outras necessidades; por isso, o homem deve escolher e orientar suas necessidades numa escala de preferências de acordo com o seu grau de urgência; também, mais especificamente, que nem o processo de apropriação original de recursos entendidos como escassos, nem o processo de produção dos novos e a manutenção dos antigos meios de produção, nem o processo de contratação, é isento de custos para o homem; que todas essas atividades exigem um tempo mínimo que poderia ser despendido de outra maneira, por exemplo, para atividades de lazer; e, além disso, não se deve esquecer que se trata de um mundo caracterizado

pela divisão do trabalho, o que significa que não estamos falando de um mundo de produtores autossuficientes, mas de um lugar onde a produção é realizada para um mercado de consumidores independentes (HOPPE, 2013, p. 38).

A partir daí, Hoppe encontra três consequências principais da socialização dos meios de produção.

A primeira consequência da instalação do regime socialista é uma que acontece em todas as formas de socialismo, em maior ou menor medida: a queda nas taxas de investimento. Ora, a partir do momento em que um país passa a priorizar o não-usuário, o não-produtor e o não-contratante dos meios de produção, aumenta-se o custo dos usuários, produtores e contratantes, de forma que estes perdem o interesse em exercer tais atividades, gerando prejuízos de toda ordem, especialmente na diminuição do uso, produção e contratação, ou a realização de tais atividades na clandestinidade ou nos chamados "mercados negros".

A segunda consequência é o desperdício dos meios de produção agora socializados, que passarão a satisfazer necessidades secundárias, ou até necessidade nenhuma, elevando seus custos. Socorremo-nos das palavras do próprio Hoppe para explicar:

> Devido ao fato de que os meios de produção não podem ser vendidos, ou vendê-los é muito difícil para o vendedor-zelador ou para o comprador privado, ou para ambos, inexistem preços de mercado para os meios de produção ou a formação dos preços é prejudicada ou mais dispendiosa. Mas, então, o produtor-zelador dos meios de produção socializados não pode mais estabelecer corretamente os atuais custos monetários envolvidos no uso dos recursos ou em fazer qualquer modificação na estrutura de produção. Nem pode comparar esses custos com o esperado ganho monetário das vendas. Em não sendo permitido receber quaisquer ofertas de outros indivíduos privados que possam ver uma forma alternativa de uso de alguns determinados meios de produção, ou em sendo impedido de receber tais ofertas, o zelador simplesmente não sabe o que ele está perdendo, quais são as oportunidades perdidas, e não é capaz de avaliar corretamente os custos monetários de reter os recursos. Ele está impedido de descobrir se sua forma de usá-los ou de alterar seu uso compensa em termos de retorno monetário, ou se os custos envolvidos são, na

verdade, mais elevados do que os rendimentos, podendo assim provocar uma queda absoluta no valor de produção dos bens de consumo. Ele também não pode verificar se a sua maneira de produzir para a demanda do consumidor é, realmente, a forma mais eficiente (se comparada com as possíveis formas alternativas) de satisfazer as necessidades mais urgentes dos consumidores, ou se necessidades menos urgentes estão sendo satisfeitas à custa de negligenciar as mais urgentes, dessa forma provocando, no mínimo, uma queda relativa no valor dos bens produzidos (HOPPE, 2013, p. 40).

A terceira consequência é o relativo empobrecimento causado pela socialização dos meios de produção.

A razão para isso, novamente, reside na posição peculiar do zelador quando comparada com a do proprietário privado. Um proprietário privado que tem o direito de vender os fatores de produção e manter privadamente as receitas em dinheiro, por causa disso, tenta evitar qualquer aumento na produção que ocorre às custas do valor do capital empregado. Seu objetivo é maximizar o valor dos produtos produzidos *mais* o valor dos recursos usados ao produzi-los, pois ele é o dono de ambos. Desse modo, ele vai parar de produzir quando o valor do produto marginal produzido for mais baixo do que a depreciação do capital usado para produzi-lo. Consequentemente, ele vai reduzir, por exemplo, os custos de depreciação envolvidos na produção em vez de se comprometer com o aumento da manutenção, caso anteveja aumentos futuros dos preços dos produtos produzidos e vice-versa. A situação do zelador, ou seja, a estrutura de incentivos que ele enfrenta, é muito diferente neste aspecto. Porque ele não pode vender os meios de produção, o seu incentivo para não produzir, e, assim, aplicar o capital empregado, às custas de uma redução excessiva no valor do capital, se não desaparece completamente, é, pelo menos, reduzido relativamente. Realmente, uma vez que o zelador também não pode, numa economia socializada, se apropriar de forma privada das receitas da venda de produtos, mas deve entregá-los à comunidade de zeladores em geral para serem usados ao seu critério, seu incentivo para produzir e vender os produtos também fica, *sob qualquer condição*, relativamente enfraquecido. É precisamente esse fato que explica a menor taxa de formação de capital (HOPPE, 2013, p. 41).

Essas três consequências também são sentidas no trabalho enquanto fator de produção.

Primeiramente, a limitação na oportunidade de os proprietários do fator trabalho se tornarem trabalhadores por conta própria resulta em menor investimento no capital humano. Além disso, ocorrerão várias alocações inadequadas de trabalho, vez que os proprietários do fator trabalho não poderão mais vender sua força produtora pelo valor mais alto possível, não se podendo mais determinar o custo monetário de se utilizar um dado fator trabalho, ou de combiná-lo com fatores complementares. Por fim, ocorre uma *super-utilização* do trabalho quando este não dá retorno ao trabalhador, mas à comunidade de zeladores, sendo que os zeladores acabam incentivados a complementar suas rendas privadas por meio da desvalorização do fator trabalho.

Aliás, essas consequências no fator trabalho levam o sistema socialista a ser ainda menos produtivo que o sistema escravista, vez que, neste, o senhor de escravos pode vendê-los, não tendo, assim, interesse em desvalorizar o trabalho de seu escravo[18].

Além dessas três consequências da socialização dos meios de produção, Hoppe encontra, ainda, uma quarta e última, qual seja: gera-se uma sociedade desinteressada em trabalhar e produzir, gerando verdadeiro problema de caráter.

> Se as pessoas têm interesse em determinar e, se possível, aumentar a sua renda, e se elas podem se deslocar de forma relativamente fácil do papel de produtor-usuário ou contratante para o de não-usuário, não-produtor ou não-contratante (hipótese cuja validade, na verdade, dificilmente pode ser contestada), dessa forma, reagindo ao deslocamento na estrutura de incentivos influenciada pela socialização, as pessoas irão se ocupar de forma crescente nas atividades improdutivas e não-contratuais e, à medida que o tempo passa, suas personalidades serão modificadas. A capacidade anterior de perceber e de antecipar situações de escassez, de aproveitar oportunidades produtivas, de estar ciente das possibilidades tecnológicas, de antecipar mudanças na demanda, de desenvolver estratégias de *marketing* e de identificar oportunidades de trocas mutuamente

---

18 Isso é muito bem explicado em REISMAN, George. *The Government Against the Economy*. Ottawa: Jameson Books, s.d. Disponível em: https://austrian-library.s3.amazonaws.com/books/George%20Reisman/Government%20Against%20the%20Economy.pdf (acesso em 02/jan/2018), p. 160 et. seq.; p. 180-182.

> vantajosas, em resumo, a habilidade de iniciar, de trabalhar e de atender às necessidades das pessoas será reduzida, se não completamente extinta. Os indivíduos se tornarão pessoas diferentes, com habilidades diferentes, e se subitamente a política fosse modificada e o capitalismo reintroduzido, não poderiam mais voltar aos seus antigos *eus* e reacender o velho espírito produtivo, mesmo que quisessem. Eles terão simplesmente esquecido como fazer e serão obrigados a reaprender, lentamente, com elevados custos psicológicos, tais como os altos custos que eles tiveram anteriormente para suprimir suas habilidades produtivas (HOPPE, 2013, p. 43).

Essas nefastas consequências do socialismo ao estilo russo foram efetivamente sentidas, não só na URSS, como em todo o bloco socialista.

De fato, embora a teoria não faça e não possa fazer um prognóstico preciso do quão drástico será o resultado do empobrecimento advindo de uma política de socialização, exceto que tal efeito será perceptível, certamente vale a pena mencionar que quando uma socialização quase completa foi efetivada na Rússia imediatamente após a Primeira Guerra Mundial, essa experiência custou, literalmente, milhões de vidas, e exigiu alguns anos depois, em 1921, uma mudança acentuada na política com a implementação da Nova Política Econômica (NPE), que reintroduziu elementos de propriedade privada para moderar os resultados desastrosos para níveis que se mostrariam toleráveis. De fato, mudanças repetidas na política fizeram a Rússia passar por experiências semelhantes por mais de uma vez.

E não foi só a Rússia quem sentiu essa catástrofe: em todo o bloco oriental socialista, houve verdadeiro flagelo econômico, destacando-se, aliás, a abissal diferença entre a Alemanha Ocidental, capitalista, e a Alemanha Oriental, socialista:

> Embora ambos os países apareçam bem dentro dos seus respectivos blocos (a Alemanha Ocidental tem o mais alto padrão de vida entre as maiores nações da Europa Ocidental e a Alemanha Oriental se orgulha de ser o país em melhor condição financeira do bloco Oriental), o padrão de vida na parte ocidental é muito mais alto e tornou-se relativamente maior ao longo do tempo, apesar da transferência de

consideráveis volumes de dinheiro dela para a parte oriental, tanto pelo governo quanto pelos cidadãos, e do aumento de políticas socialistas no Ocidente, o visitante que fosse da Alemanha Ocidental para a Oriental ficaria simplesmente chocado ao entrar num mundo quase completamente diferente e empobrecido (HOPPE, 2013, p. 46).

Esse é, em suma, o desenho catastrófico do socialismo ao estilo russo e suas nefastas consequências.

3 - DO SOCIALISMO AO ESTILO SOCIALDEMOCRATA

Poder-se-ia dizer que, na socialdemocracia, não existe socialismo, posto que há propriedade privada nessa forma velada de socialismo. Hoppe explica essa situação nos seguintes termos:

> A decepcionante experiência com o socialismo do tipo russo [...] levou a um declínio constante da popularidade do socialismo marxista ortodoxo e induziu a emergência e o desenvolvimento do moderno socialismo socialdemocrata [...]. Ambos os tipos de socialismo, sem dúvida, provêm das mesmas fontes ideológicas. Ambos são igualitários na motivação, pelo menos em teoria, e ambos têm, essencialmente, o mesmo objetivo final: a extinção do capitalismo enquanto sistema social baseado na propriedade privada e na fundação de uma nova sociedade caracterizada pela irmandade solidária e pela erradicação da escassez; uma sociedade na qual todo mundo é pago "de acordo com as suas necessidades" (HOPPE, 2013, p. 49).

Duas são as principais características do socialismo socialdemocrata.

A primeira é, conforme dito alhures, o fato de que essa forma de socialismo não proíbe a existência de propriedade privada dos meios de produção. *A priori*, é direito de todos a aquisição privada e a posse de meios de produção para vender, comprar ou produzir novos, locá-los por meio de acordo contratual ou mesmo presentear alguém com eles. Em contrapartida – e essa é a segunda característica –, o proprietário dos meios de produção não possui todos os rendimentos que podem resultar de seu uso e nenhum proprietário tem liberdade para decidir a parte da renda bruta da produção que será realocada em investimento ou destinada a consumo. Pelo contrário, parte da renda pertence, legalmente, à sociedade, devendo ser entregue a ela e, posteriormente, redistribuída entre as pessoas, seguindo regras de igualitarismo ou justiça distributiva.

Aqui, a usurpação da propriedade privada é realizada principalmente por meio de tributação. Tomando-se por base a lei brasileira, conceitua-se tributo como *"toda prestação pecuniária compulsória, em moeda ou cujo valor nela se possa exprimir, que não constitua sanção de ato ilícito, instituída em lei e cobrada mediante atividade administrativa plenamente vinculada"* (art. 3º do Código Tributário Nacional).

A partir do conceito trazido pela lei tributária brasileira, podemos concluir que, nesse sistema, o Estado institucionaliza a extorsão dos rendimentos para realizar essa "distribuição". Aliás, a lei penal brasileira conceitua o crime de extorsão como *"Constranger alguém, mediante violência ou grave ameaça, e com o intuito de obter para si ou para outrem indevida vantagem econômica, a fazer, tolerar que se faça ou deixar de fazer alguma coisa"* (art. 158 do Código Penal). Ou seja, a prática é criminosa, a não ser que o Estado a faça.

De fato, na lição de Hoppe,

> Vista a partir do ponto de vista da teoria natural da propriedade (a teoria que fundamenta o capitalismo), a adoção dessas regras significa que os direitos de propriedade natural têm sido violados agressivamente. De acordo com essa teoria da propriedade, devemos relembrar, o proprietário-usuário dos meios de produção pode fazer o que quiser com eles; e qualquer que seja o resultado de sua utilização, trata-se de sua própria renda privada, que ele pode usar de novo como desejar, contanto que não modifique a integridade física da propriedade de outra pessoa e conte exclusivamente com trocas contratuais. Da perspectiva da teoria natural da propriedade, não há dois processos separados – a produção da renda e, em seguida, depois de produzida, a sua distribuição. Há somente um processo: produzida a renda, ela é automaticamente distribuída; o produtor é o proprietário. Em comparação a essa perspectiva, o socialismo estilo socialdemocrata defende a expropriação parcial da propriedade natural através da redistribuição de parte da renda da produção à pessoa que, sejam quais forem os seus

méritos, definitivamente, não a produziu e, peremptoriamente, não tem qualquer obrigação contratual, e que, além disso, tem o direito de decidir unilateralmente, ou seja, sem ter que esperar pelo consentimento do produtor afetado, até quando essa expropriação parcial pode avançar (HOPPE, 2013, p. 54).

Ou seja, na prática, a diferença entre o socialismo russo e o socialdemocrata se encontra no grau de usurpação da propriedade privada pelo Estado. Sobre isso, interessante colacionar trecho do magistério de Murray Rothbard, no sentido de que:

> Todos os serviços, todas as atividades, podem ser oferecidos apenas de duas maneiras: pela liberdade ou pela coerção. O primeiro é o caminho do mercado; o último, do Estado. Se todos os serviços fossem organizados no mercado, o resultado seria um sistema de livre mercado total; se todos fossem organizados pelo Estado, o resultado seria o socialismo (ver a argumentação adiante). Portanto, todos os que não são completos socialistas devem ceder em alguma área para a atividade de mercado, e, uma vez que o fizerem, devem justificar o abandono da liberdade com base em algum princípio. Em uma sociedade onde a maioria das atividades é organizada no mercado, os defensores da atividade estatal devem justificar a renúncia do que eles mesmos outorgam à esfera do mercado (ROTHBARD, 2012, p. 181).

As consequências do socialismo socialdemocrata, assim como as da versão russa, levam a uma verdadeira hecatombe econômica.

4 - DO SOCIALISMO DO CONSERVADORISMO

Seguindo os estudos na obra de Hoppe, chega-se à afirmação de que também o conservadorismo é uma forma de socialismo feudal e absolutista. De fato, conforme lição de Murray Rothbard,

> A Velha Ordem foi, e ainda é, o grande e poderoso inimigo da liberdade; foi particularmente poderoso no passado, porque não existia então a ideia da inevitabilidade de sua derrocada. Quando consideramos que a Velha Ordem havia existido em seus fundamentos desde os primórdios da história – em todas as civilizações –, podemos dimensionar melhor ainda a glória e

a magnitude do triunfo obtido pela revolução liberal do século XVIII e de épocas próximas a ele (ROTHBARD, 2010, p. 15).

Nas palavras de Hoppe,

> Em termos gerais, a ordem social do feudalismo era caracterizada por um senhor feudal que reivindicava a propriedade de uma parte do território, incluindo todos os bens e recursos naturais, e, muito frequentemente, também de todos os homens que lá estavam, sem ter originariamente se apropriado deles através do uso ou do trabalho, e sem ter uma obrigação contratual com aquelas pessoas (HOPPE, 2013, p. 71).

Não é muito diferente das outras formas de socialismo. A diferença é que, aqui, os meios de produção não pertencem à sociedade – sendo geridos por zeladores – nem à iniciativa privada, tendo seus frutos usurpados pelo Estado para fins de suposta distribuição. Aqui, tudo pertence a um suserano que se vê investido no papel do Estado enquanto usurpador de propriedade privada, numa espécie historicamente modulada do "*o Estado sou eu*".

Após revoluções burguesas, o absolutismo caiu e surgiu o chamado Estado liberal. O conservadorismo aparece como resposta anti-igualitária e reacionária às mudanças que ocorreram no Estado liberal, endeusando o antigo sistema feudal e absolutista como ordeiro e estável. O objetivo do conservadorismo era barrar os avanços liberais e retornar todos às posições outrora ocupadas na sociedade: os nobres à nobreza, os vassalos à vassalagem, o clero à posição de destaque que ocupava etc. (Cf. HAYEK, 1983, p. 466 *et. seq.*).

A única diferença entre o conservadorismo e o socialismo socialdemocrata é de cunho meramente sociopsicológico:

> [...] ao favorecer diferentes padrões de distribuição, eles concedem privilégios a diferentes grupos de não-produtores. O socialismo redistributivo favorece particularmente os despossuídos no grupo dos não-produtores e prejudica os que têm alguma coisa no grupo dos produtores; e, consequentemente, tende a encontrar seus apoiadores sobretudo entre os primeiros e os seus inimigos entre os segundos. O conservadorismo concede vantagens especiais para aqueles que possuem algo e estão no grupo dos não-produtores e prejudica

particularmente os interesses dos despossuídos que estão entre as pessoas produtivas; e assim tende a encontrar seus apoiadores principalmente nas classes dos primeiros e espalha aflição, desespero e ressentimento entre os do segundo grupo de pessoas (HOPPE, 2013, p. 82).

Hoppe traz um exemplo real da abissal diferença entre países liberais e países conservadores: a comparação entre os Estados Unidos e a Europa Ocidental, que tem passado feudal que ainda deixa marcas nos dias de hoje. O padrão de vida nos Estados Unidos é mais alto, muito embora uma onda conservadora recente tenha feito com que o país perdesse parte do vigor econômico de outrora, e, além disso, o conservadorismo europeu favoreceu o aparecimento de regimes totalitários que levaram a verdadeiras desgraças econômicas no Velho Mundo.

CONSIDERAÇÕES À GUISA DE CONCLUSÃO

O que se pode concluir da análise da obra de Hoppe, com apoio em outros autores e em textos de lei, é que em toda forma de socialismo há a usurpação de propriedade privada, passando-a a alguém que não trabalhou para obtê-la. As grandes diferenças estão nas formas como essa usurpação é feita.

Ora, no socialismo russo, a propriedade é passada ao Estado, cabendo aos chamados "zeladores" definir o que será feito com os meios de produção, agora "socializados". Por sua vez, no socialismo socialdemocrata, o Estado, mediante tributos, usurpa parte dos rendimentos obtidos a partir da propriedade dos meios de produção, com vistas a realizar uma "redistribuição" da renda, transferindo os frutos do trabalho de outrem para alguém que não laborou. Já no conservadorismo, que é forma de socialismo cronologicamente anterior até mesmo ao marxismo, o que se almeja é a manutenção de um *status quo* ante em que a propriedade de tudo era usurpada por uma classe, cabendo aos demais se submeterem à vassalagem para que possam trabalhar e obter frutos de seu trabalho, ao passo que os demais, apenas por serem de uma classe privilegiada de suseranos, ficam com os frutos dos meios de produção sem ter trabalhado.

Pelo que se vê, em suma, o socialismo é, para Hoppe, insidioso, exatamente porque ganhar formas históricas diversas e quase sempre travestidas de iniciativas benéficas para a sociedade.

BIBLIOGRAFIA

BRASIL. Código Civil. Disponível em http://www.planalto.gov.br/ccivil_03/leis/2002/l10406.htm, acesso em 29/dez/2018.

BRASIL. Código Penal. Disponível em: http://www.planalto.gov.br/ccivil_03/decreto-lei/Del2848compilado.htm, acesso em 29/dez/2018.

BRASIL. Código Tributário Nacional. Disponível em: http://www.planalto.gov.br/ccivil_03/LEIS/L5172.htm, acesso em 29/dez/2018.

GILISSEN, John. *Introdução Histórica ao Direito*. Trad. A. M. Hespanha e L. M. Macaísta Maíheiros. 3ª ed. Lisboa: Fundação Calouste Gulbenkian, 2001.

HAYEK, Friedrich August von. *Os fundamentos da liberdade*. Trad. Anna Maria Capovilla e José Ítalo Stelle. São Paulo: Visão, 1983.

HOPPE, Hans-Hermann. *Uma teoria do socialismo e do capitalismo*. Trad. Bruno Garschagen. São Paulo: Instituto Ludwig von Mises Brasil, 2013.

MUELLER, Bernardo; SZTAJN, Rachel; ZYLBERSZTAJN, Décio. "Economia dos direitos de propriedade". *In*: *Direito e economia*. Rio de Janeiro: Elsevier, 2005.

REISMAN, George. *The Government Against the Economy*. Ottawa: Jameson Books, s.d. Disponível em: https://austrian-library.s3.amazonaws.com/books/George%20Reisman/Government%20Against%20the%20Economy.pdf, acesso em 26/out/2018.

ROTHBARD, Murray N. *Esquerda e direita: perspectivas para a liberdade*. Trad. Maria Luiza X. de A. Borges. São Paulo: Instituto Ludwig von Mises Brasil, 2010.

ROTHBARD, Murray N. *Governo e Mercado: a economia da intervenção estatal*. Trad. Márcia Xavier de Brito; Alessandra Lass. São Paulo: Instituto Ludwig von Mises Brasil, 2012.

WEBER, Max. *Gesammelte Aufsaetze zur Wissenschaftslehre*. Tübingen: Mohr, 1922.

CAPÍTULO 4

ANÁLISE ECONÔMICA, SOCIALISMO DE ENGENHARIA SOCIAL E SUSTENTABILIDADE DO DIREITO DE PROPRIEDADE

José Luiz de Moura Faleiros Júnior

INTRODUÇÃO

Em sua análise sobre o papel da investigação empírica – isto é, baseada na experiencia –, da análise econômica e das reivindicações do conhecimento na formulação de respostas às experiências observáveis, Hans-Hermann Hoppe procura descrever como ela (a investigação empírica) pode, no máximo, revelar as coisas da forma que são. Aqui, uma vez mais, estamos em meio à discussão posta já no primeiro capítulo como central para o nosso autor: a relação entre uma teoria explicativa da realidade, de um lado, e a tentativa de explicar a realidade nela mesma (portanto, sem uma teoria forte anterior), imersa nas experiências observáveis.

Ao longo de profundo texto, Hoppe procura averiguar, apresentar e explicar, com argumentos palatáveis, as elaborações e influências epistemológicas (isto é, relativas ao conhecimento) do método econômico da Escola Austríaca, conduzindo seu raciocínio às críticas que tece ao que denomina "socialismo de engenharia social".

Nesta análise, ainda serão expostas algumas das ideias de Hoppe acerca da ética capitalista na superação da tradicional abordagem positivista que se costuma implementar, particularmente, no tocante ao estudo do direito de propriedade.

Suas análises se iniciam pelo pensamento de base empírica-positivista e perpassam as características que lhe são próprias, inclusive sob o ângulo da análise econômica. Este é um capítulo que exigirá do nosso leitor maior atenção e algum esforço adicional, por conter elementos mais técnicos da reflexão de Hoppe. Sem mais delongas, portanto, com coragem redobrada, vamos a ele.

2 - BASE EMPÍRICA-POSITIVISTA E A FORMULAÇÃO CRÍTICA DO SOCIALISMO DE ENGENHARIA SOCIAL

A filosofia do empirismo é a vertente da epistemologia (teoria do conhecimento) caracterizada por ter sua base de racionalidade extraída das observações do mundo, de modo que o conhecimento sobre a realidade ocorre unicamente quando vem a ser possível verificá-lo e/ou falseá-lo por meio da experiência (experiência que, por sua vez, leva ao conhecimento de determinada causa). Tal afirmação implica dizer que nenhum resultado de análise social pode ser conhecido antes que a experiência seja testada empiricamente.

A base da investigação empírica dá a tônica do que Hans-Hermann Hoppe analisa quanto ao denominado "socialismo de engenharia social", apontando falibilidades àquilo que o pensamento socialista prometia ao pregar maior prosperidade econômica às pessoas do que o capitalismo; o que, empiricamente, como todos nós sabemos, se revelou falacioso.

Hoppe (HOPPE, 2013, p. 97) explica que a nacionalização ou socialização dos meios de produção implicaria inegável desperdício econômico, na medida em que a inexistência de preços para os fatores de produção e a eliminação da contabilidade de custos provocariam o colapso do socialismo de tipo russo. Por sua vez, vertentes como a social-democracia e o socialismo dito conservador resultaram em aumento expressivo dos custos de produção e ulterior declínio dos custos em comparação à não-produção e à produção no mercado-negro, implicando redução relativa da produção de riquezas. Tal como vimos no capítulo anterior, os três modos de socialismo são, de fato, insustentáveis na prática (ainda que em graus diversos).

Traçando um comparativo entre os padrões de vida nos países do leste-europeu e nos da Europa Ocidental, Hoppe observa que, naqueles, são significativamente mais baixos do que nestes, destacando-se um traço comum predominante concernente à socialização dos meios de produção, significativamente mais baixos onde há pior padrão de vida. E, a partir desse traço, aponta que:

> No entanto, o socialismo está muito vivo e muito bem, mesmo no Ocidente, onde o socialismo social-democrata e o conservadorismo permaneceram como ideologias poderosas. Como isso pôde acontecer? Um fator importante é que seus partidários abandonaram a ideia original de superioridade econômica do socialismo e recorreram a um argumento completamente diferente: o socialismo pode não ser economicamente superior, mas é moralmente preferível (HOPPE, 2013, p. 98).

Sem dúvida, a conotação moral indicada pelo autor como elemento suficiente para a preferibilidade do pensamento socialista – em detrimento do pensamento capitalista, em que pese o segundo propicie um maior padrão de vida em sociedade – se desvela a partir da junção de forças com o empirismo ou com o positivismo, propiciando a gênese do que o autor denomina "socialismo de engenharia social", que se difere do modelo marxista tradicional (mais racionalista e dedutivo, isto é, mais dependente de teses gerais e menos da experiencia verificável) e influenciado pelos pensamentos, dentre outros, de David Ricardo.

Na visão do autor,

> [a] manifesta e visível derrocada do socialismo em todo o Leste Europeu a partir do final da década de 1980 – depois de cerca de setenta anos de "experimentos sociais" – fornece uma triste

ilustração da validade da teoria econômica. O que a teoria que há muito tempo previu esse resultado, mostrando-o como inevitável, tem agora a dizer sobre como a Europa Oriental pode erguer-se mais rapidamente das ruínas do socialismo? Visto que a causa da sua miséria econômica, em última instância, é a propriedade coletiva dos fatores de produção, a solução e a chave para um futuro próspero estão na privatização. Como, porém, a propriedade socializada (estatizada) deve ser privatizada? (HOPPE, 2014, p. 158).

Além do exemplo que se tem do Leste Europeu, Hoppe (HOPPE, 2013, p. 99), reportando-se a Karl Popper, destaca o exemplo da Alemanha Ocidental, onde se desencadeou a chamada "engenharia social gradativa", que se operou de forma paulatina, sem a tomada abrupta da propriedade privada.

Em arremate, não se questiona o fato de o "socialismo de engenharia social", na visão de Hoppe, ser o pior possível dos sistemas de socialismo. Isso porque o engenheiro social é essencialmente ludibriado por uma metodologia empírica-positivista que norteia qualquer investigação a partir do conhecimento de resultados e pela realização de testes ou experiências, que, se muito, apenas contribuirão para definir o cenário de uma próxima intervenção. Em suma, se dependemos exclusivamente de uma investigação empírica que busque as causas dos fenômenos (fome, doenças, crises etc.), as maiores e mais bem elaboradas desculpas poderão ser inventadas para justificar uma próxima intervenção estatal!

Sem embargo, no percurso empírico, Hoppe tece esforços de compreensão relacionados à formulação de respostas às investigações causais relacionadas ao campo da ação, com o intuito de demonstrar suas leituras, para reafirmar o contraponto ao viés empírico-positivista.

2.1 - Sobre o fenômeno causal na análise empírica-positivista

A metodologia empírica foi estudada e defendida por grandes pensadores, sofrendo adaptações e algumas mudanças fundamentais até se consolidar mais fortemente a partir do "empirismo britânico", capitaneado por autores como David Hume. Mas, atualmente, como descreve Hoppe (HOPPE, 2013, p. 100-05), o empirismo-positivismo reivindica a existência apenas de proposições analíticas ou empíricas. Com efeito,

> [o]s três principais campos de construtos são: 1) linguagem e pensamento, 2) ações e 3) objetos fabricados, todos feitos pelo homem. Não iremos tratar aqui de objetos fabricados, mas apenas mencionar de passagem que a geometria euclidiana, por exemplo, pode ser concebida como normas ideais cujo uso não podemos evitar na construção de instrumentos de medição que possibilitam medições empíricas de espaço (HOPPE, 2013, p. 118).

Nesse tema da ação causal, o pensamento de Hoppe é desenvolvido a partir do objetivo de demonstrar que, na medida em que as ações são elementos realizados pelo homem, podem elas ser compreendidas em relação às suas regras de construção.
Explica-se:

> [o] empirismo afirma que as ações, tanto quanto outro fenômeno, podem e devem ser explicados mediante *hipóteses causais que podem ser confirmadas ou refutadas pela experiência.* Agora, se este for o caso, o empirismo seria então forçado a considerar que as causas que agem invariavelmente no tempo dizem respeito às ações existentes. Não se sabe com antecedência que determinado evento pode ser a causa de uma ação em particular – a experiência que teria que revelar isso (HOPPE, 2013, p. 111).

A investigação empírica, nos dizeres de Hoppe, perpassa pela necessidade de se conceber determinadas ações como fenômenos governados pelas *causas*, que agem no curso do tempo. Isto poderia representar certo risco, pois a investigação pode estar sendo baseada em premissas criadas pelos próprios investigadores, sendo falíveis e refutáveis, na exata medida em que "a metodologia empírica aplicada ao campo do conhecimento e da ação, que contém o conhecimento como seu ingrediente necessário, é simplesmente contraditória" (HOPPE, 2013, p. 112).

Hoppe ainda descreve como os atos intencionais são, por natureza, marcados pelo fato de um agente interferir diretamente em seu ambiente, modificando certas coisas ou as impedindo de mudar e, com isso, contribuindo para o desvio de seu curso causal natural, o que propicia as condicionantes para que se obtenha um resultado ou estado de coisas específico; na mesma medida, se determinada interferência não puder ser empreendida ativamente, poderá ocorrer, no plano causal, uma preparação antecipada para determinado resultado visualizado no tempo (HOPPE, 2013, p. 112-13).

Por suposto, "*como as ações podem ser realizadas em sequência por um agente, cada ação inclui fazer uma escolha*" (HOPPE, 2013, p. 116), deve-se assumir que o custo de uma ação é o preço a ser pago por se preferir um curso em detrimento de outro, e o resultado advindo dessa tomada de decisão, inexoravelmente, será sopesada a partir da atribuição de maior ou menor valor a um aspecto relativo às opções disponíveis. Em outras palavras, toda escolha tem o seu preço, que é exatamente o de não se poder levar o que ficou fora do que se escolheu. É nesse campo que se insere a relevância da análise econômica, com consequências sobre o próprio aspecto democrático:

> Em primeiro lugar, sob o socialismo, a propriedade dos bens de produção é atribuída a um grupo de indivíduos independentemente das ações ou inações anteriores dos membros desse grupo em relação a esses bens. Com efeito, a propriedade socialista favorece os não apropriadores, os não produtores e os não contratantes e coloca em desvantagem os apropriadores, os produtores e os contratantes. Assim, haverá menos apropriação original de recursos naturais cuja escassez é percebida; haverá menos produção de novos fatores de produção; haverá menos manutenção dos fatores de produção já existentes; e haverá, por fim, menos contratação; pois todas essas atividades envolvem custos. Sob o regime de propriedade coletiva, o custo de realizá-las é aumentado, e o custo de não realizá-las, diminuído.
>
> Em segundo lugar, uma vez que, sob o socialismo, os meios de produção não podem ser vendidos, não existem preços de mercado para os fatores de produção. Sem tais preços, a contabilidade de custos é impossível. As receitas não podem ser comparadas com as despesas; e é impossível verificar se o uso de um fator de produção para uma finalidade específica é economicamente viável ou conduz a um desperdício de recursos escassos em projetos com pouca ou nenhuma importância para

os consumidores. Em função de não lhe ser permitido receber ofertas de indivíduos particulares que possam perceber uma forma alternativa de utilizar um determinado meio de produção, o administrador socialista dos bens de capital não sabe quais são as oportunidades que ele está perdendo. Em consequência disso, ocorrerá uma permanente má alocação dos fatores de produção (HOPPE, 2014, p. 156).

Tudo isso se mostra claro na exata medida em que as regras de propriedade do socialismo de engenharia social são demonstradas. Contudo, impõe-se a averiguação do papel da análise econômica, em caráter prévio, para, ulteriormente, se analisar as regras relacionadas à propriedade no que diz respeito ao papel do socialismo e das suas interferências nefastas no campo prático.

Partindo dessa premissa, tem duas proposições estritamente relacionadas: (i) na primeira, Hoppe destaca que, caso a proposição não possa ser verificada e falseada empiricamente, ela recebe a classificação de conhecimento analítico, que se limita a palavras, sinais e regras, implicando posição empirista completamente duvidosa e que sequer possa ser considerada "conhecimento" (HOPPE, 2013, p. 99); (ii) a segunda premissa empirista é uma aplicação da primeira, isto é, o método de análise sobre a causalidade, que visa explicar ou prever causalmente um fenômeno a partir do silogismo "se A, então B", ou, caso seja possibilitada comparação e medição, "se um aumento (ou diminuição) de A, então haverá um aumento (ou diminuição) de B". (HOPPE, 2013, p. 100).

2.2 - Análise econômica e o "valor" na aferição da ética capitalista

Destacando o viés econômico como essencial à deliberação sobre os custos de determinada ação causal, Hoppe descreve o papel do lucro na aferição dos prejuízos decorrentes de um ou outro curso causal. Para o autor, o *"custo de uma ação é o preço que deve ser pago por preferir um curso de ação a outro, e isso equivale ao valor fixado ao objetivo"* (HOPPE, 2013, p. 116).

Nessa linha, os entrelaçamentos entre a ação e suas consequências se decompõem de categorias específicas, como valores, fins, meios, escolhas, preferências, custos, lucros e perdas. Todas essas variáveis são inerentes ao próprio conceito de ação e é nesse campo que a análise econômica ganha corpo.

O pensamento empirista-positivista, nos dizeres de Hoppe, implica considerar que quaisquer reivindicações *a priori* são meros sinais arbitrários, por estipulações e definições não-científicas, que não dizem nada sobre a realidade. Por esse exato motivo, sistemas de sinais poderiam ter conotações empíricas, isto é, conter informações sobre a realidade caso uma interpretação empírica seja correlacionada a símbolos, pois, para o empirismo, não existe uma diferença categoricamente fundamental entre explicação teórica e explicação histórica.

Na visão de Hoppe, não há como se questionar o fato de que, para muitos, o padrão de vida é um dos aspectos mais relevantes para a avaliação de uma sociedade e, a partir disso, conclui que não se pode questionar que há razões e evidências empíricas para a tese de que o socialismo *"não é inteiramente baseado na 'teoria natural da propriedade"* (HOPPE, 2013, p. 123).

É inegável que grande parte dos trabalhos sobre o "direito de propriedade" se desenvolvem sob a ótica positivista, com nítida influência dos pensamentos do jurista austríaco Hans Kelsen (1998, p. 13), cujo trabalho pretendeu emprestar à disciplina jurídica certa dose de "pureza", isolando-o de concepções psicológicas e sociológicas.

Kelsen aduz que carecem de força científica os conceitos de direito que estejam contaminados com algum tipo de conteúdo político, e, pois, que busquem carregar para a conceituação do estudo jurídico qualquer tipo de princípio de organização social considerado mais adequado para o estudioso, e, visando romper tal paradigma, o autor prega a delimitação de "um mínimo determinado de liberdade pessoal ou a possibilidade de propriedade privada". (KELSEN, 1998, p. 14). Isso porque o resultado de uma definição dessa natureza representaria o impedimento de que eventuais ordens sociais totalitárias (como as da Rússia de Stalin, da Itália de Mussolini e da Alemanha de Hitler) fossem reconhecidas como ordens jurídicas.

A partir desse entendimento, o positivismo (especialmente o jurídico), na visão kelseniana, não enxerga a possibilidade de justificação racional de quaisquer direitos como forma de justiça e, por óbvio, não a enxerga em relação ao direito de propriedade – carecendo, pois, de justificação ética.

Como contraponto, o pensamento de Hoppe se apresenta como um amálgama capaz de atribuir ao direito de propriedade uma amplitude protetiva adequada, indicando que há pessoas que não atribuem o mesmo valor à riqueza econômica e que qualificam outros fatores como mais elevados, o que tornou férteis alguns campos para a proliferação do pensamento socialista, fomentado pela oportunidade de

> [...] silenciosamente esquecer a sua reivindicação original de ser capaz de trazer mais prosperidade à humanidade e, em vez disso, recorrer à afirmação completamente diferente, mas ainda assim mais inspiradora, de que embora o socialismo possa não ser a chave para a prosperidade, significaria justiça, equidade e moralidade (todos termos usados aqui como sinônimos). E ainda pode argumentar que uma compensação entre eficiência e justiça, uma troca de "menos riqueza" por "mais justiça", é justificada, uma vez que justiça e equidade são fundamentalmente mais valiosas do que riqueza econômica (HOPPE, 2013, p. 123).

Partindo de duas premissas, quais sejam, a afirmação dos defensores do socialismo marxista e dos social-democratas, e, ainda, mas em menor grau, pelos adeptos do socialismo conservador, de que é possível formular um argumento em prol do socialismo com lastro no valor moral de seus princípios e, ademais, a afirmação do socialismo empírico de que as afirmações de cariz normativo, por não se relacionarem unicamente aos fatos e nem simplesmente declararem uma definição verbal, e, portanto, não serem afirmações analíticas e nem empíricas, não são verdadeiras afirmações, ao menos não do ponto de vista cognitivo.

Hoppe descreve como todo tipo de aferição que envolva o direito de propriedade decorre de uma análise de custo-benefício e de alinhamento entre o objetivo do executor de determinada ação e os meios por ele empregados para se atingir tal objetivo. Isso porque, na hipótese de o trabalho executado pelo agente não se alinhar, em si, ao objetivo de seu curso de ação, os custos de execução do trabalho que se lhe possa imputar serão inquestionavelmente maiores, pois tanto maior será, para o agente, a demanda de esforço e de iniciativa para a realização do trabalho.

Nos dizeres de Hoppe (HOPPE, 2013, p. 118), com isso, "não se pode garantir por mais tempo que esses meios sejam realmente empregados na produção daqueles bens considerados como sendo mais altamente valiosos pelos agentes no início de seus esforços produtivos". Dessa maneira, ter-se-á uma redução da produção que retornará o raciocínio empreendido ao ponto de origem: a engenharia social do socialismo.

2.3 - O socialismo e a ideia de "valor"

Aplicando a lógica dedutivista, Hoppe conclui que, se os valores da propriedade devem ser protegidos, ter-se-ia que admitir a prática de agressões físicas contra pessoas; mas, se isto decorrer do mero fato de que as fronteiras de uma pessoa (objetivas, por suposto), enquanto elementares de seu domínio de controle exclusivo, são fronteiras físicas (não apenas imaginadas no plano subjetivo), nas quais todo mundo pode concordar sobre qualquer coisa de forma independente, o simples fato de as fronteiras protegidas da propriedade serem objetivas, ou seja, estabelecidas e reconhecidas como previamente fixadas por qualquer acordo convencional, implicaria algum grau de argumentação e, possivelmente, de acordo entre as unidades independentes de tomada de decisão (HOPPE, 2013, p. 137).

Em simples linhas, não se cogitaria de nenhum grau de argumentação sobre o que quer que fosse, a menos que, antes, "sua existência como unidade física independente fosse reconhecida", e, para Hoppe, não faria sentido qualquer cogitação argumentativa favorável a um sistema de propriedade que define fronteiras de propriedade segundo uma avaliação subjetiva porque "ser capaz de formular esse argumento pressupõe que, ao contrário do que diz a teoria, deve-se, de fato, ser uma unidade fisicamente independente a fazê-lo" (HOPPE, 2013, p. 137). E é nesse ponto que reside a falibilidade valorativa do socialismo, que o torna insustentável:

> A situação não é menos terrível para o socialismo quando nos voltamos para a segunda especificação essencial das regras da teoria natural da propriedade. As normas fundamentais do capitalismo foram caracterizadas não apenas pelo fato de que a propriedade e a agressão fossem definidas em termos físicos; não era menos importante que, além disso, a propriedade fosse

definida como propriedade privada individualizada e que o significado da apropriação original – o que evidentemente significa fazer uma distinção entre o antes e o depois –, fosse especificada. É com essa especificação adicional que o socialismo também entra em conflito. Em vez de reconhecer a importância vital da distinção do antes-depois para decidir entre as reivindicações de propriedade conflitantes, o socialismo propõe normas que, na verdade, consideram que a prioridade é irrelevante para se tomar uma decisão e que os retardatários têm tanto direito à propriedade quanto os que chegam primeiro. Claramente, essa ideia está presente quando o socialismo social-democrata, por exemplo, faz com que os proprietários naturais da riqueza e/ou seus herdeiros paguem um imposto que os desafortunados retardatários devem ser capazes de consumir. Essa ideia também está presente, por exemplo, quando o proprietário de um recurso natural é obrigado a reduzir (ou aumentar) a sua exploração atual em benefício da posteridade. Em ambos os casos, só faz sentido fazê-lo quando se considera que a pessoa que acumula primeiro a riqueza ou que usa primeiro os recursos naturais, comete, desse modo, uma agressão contra alguns retardatários. Se não fizeram nada de errado, os retardatários não poderiam fazer essa reivindicação contra os proprietários naturais e os seus herdeiros (HOPPE, 2013, p. 137-38).

Basicamente, o autor indaga sobre quais são os equívocos inerentes à ideia de supressão da distinção entre "antes" e "depois" como parâmetros moralmente irrelevantes, pois, primeiramente, Hoppe expõe o seguinte raciocínio: se os retardatários, isto é, os indivíduos que não se utilizaram dos escassos bens disponíveis, tivessem realmente os mesmos direitos a tais bens quanto os que chegaram primeiro, ou seja, aqueles que deles fizeram uso, então, literalmente, *"ninguém seria autorizado a fazer coisa alguma com o que quer que seja, como se fosse preciso ter todo o consentimento prévio dos retardatários para fazer seja lá o que se quisesse fazer"* (HOPPE, 2013, p. 138).

Por constatação lógica, o autor imputa à ética socialista adjetivação severa, reputando-a um *"fracasso completo"* (HOPPE, 2013, p. 139). Após perpassar por vários modais da ideologia socialista, como a social-democracia e o socialismo conservador, Hoppe é enfático ao concluir que, em todas as suas versões práticas, *"não é melhor do que uma regra que defenda coisas como 'eu posso bater em você, mas você não pode bater em mim', que, inclusive, não passa no teste da universalização"* (HOPPE, 2013, p. 139).

E o autor conclui, dizendo que, ao *"se adotar regras universais, o que basicamente significaria dizer que 'todo mundo pode bater em todo mundo', essas regras não poderiam ser afirmadas, de forma concebível, como universalmente aceitáveis por conta de suas próprias especificações materiais"* (HOPPE, 2013, p. 139).

3 - (IN)VALIDADE DA JUSTIFICAÇÃO DAS TEORIAS SOCIALISTAS DA PROPRIEDADE

Frente a todas essas considerações, Hoppe arremata seu raciocínio concernente aos estudos de validade ética do capitalismo com o arremate, em contraponto, da invalidade das teorias de justificação do direito de propriedade para o socialismo.

Aduz o autor:

> Por qual razão, então, as teorias socialistas da propriedade de quaisquer tipos falham em serem justificáveis como válidas? Em primeiro lugar, deve-se observar que todas as versões realmente praticadas do socialismo e a maioria de seus modelos propostos teoricamente também não passariam pelo primeiro teste formal do princípio da universalização e, por este fato, fracassariam por si mesmas! Todas essas versões contêm normas dentro de seu enquadramento de regras legais que seguem a fórmula "algumas pessoas podem e algumas pessoas não podem". Porém, essas regras que especificam direitos ou obrigações diferentes para classes diferentes de pessoas não têm chance, por razões puramente formais, de serem aceitas como justas por cada participante potencial de uma argumentação. A não ser que a distinção feita entre classes diferentes de pessoas passe a ser aquela que é aceitável por ambos os lados como fundamentada na natureza das coisas, essas regras não seriam aceitáveis porque significariam que um grupo seria recompensado por privilégios legais às custas de discriminações complementares contra outro grupo. Por esse motivo, algumas pessoas, tanto aquelas que são autorizadas a fazer algo quanto aquelas que não são, poderiam não concordar que essas regras fossem justas. Uma vez que a maioria dos tipos de socialismo, a exemplo dos praticados e defendidos, dependem da imposição

de regras tais como "algumas pessoas têm a obrigação de pagar impostos e outras têm o direito de consumi-los", ou "algumas pessoas sabem o que é bom para você e estão autorizadas a ajudá-lo a conseguir essas supostas bênçãos, mesmo que você não as queira, mas você não está autorizado a saber o que é bom para elas e, consequentemente, ajudá-las", ou "algumas pessoas têm o direito de determinar quem tem muito de algo e quem tem pouco, e outros têm a obrigação de obedecer", ou, de forma ainda mais clara, "a indústria de computadores deve pagar para subsidiar os fazendeiros", "aqueles que têm filhos devem subsidiar os que não têm" etc., ou vice-versa, todas essas regras podem ser facilmente descartadas quanto a serem sérias candidatas à alegação de integrarem uma teoria de normas válidas na qualidade de normas de propriedade, porque todas elas indicam, pela sua própria formulação, que não são universalizáveis (HOPPE, 2013, p. 134).

A leitura do excerto permite constatar que, na visão de Hoppe, há duas especificações relacionadas às normas da "teoria natural da propriedade", e ao menos uma delas conflita frontalmente com a teoria socialista da propriedade. Para a ética capitalista, em um primeiro ponto, tem-se a definição da agressão como uma invasão da integridade física da propriedade de outrem, o que, ao revés, é visto pelo socialismo *"como uma invasão do valor ou da integridade física da propriedade de outrem"* (HOPPE, 2013, p. 135).

Para o socialismo conservador, que almejava preservar uma determinada distribuição de riqueza e de valores com nítida tentativa de modificação do controle social pela intervenção em preços, regulações e controles de comportamento, nota-se uma ingerência dos direitos de propriedade na viabilização desse escorço em relação ao valor das coisas, que deve ser considerado justificável, ao passo que, para Hoppe, *"mutatis mutandis, deve ser classificada como uma agressão injustificável"* (HOPPE, 2013, p. 135). E o autor ainda ressalta a reiteração desse comportamento pelo socialismo social-democrata, para o qual os direitos de propriedade em relação aos valores devem ser considerados como legítimos se admite, por exemplo, *"exigir uma compensação das pessoas cujas chances ou oportunidades afetam negativamente"* as do reivindicante (HOPPE, 2013, p. 135).

E o autor prossegue:

Por que é injustificável essa ideia de proteger o valor da propriedade? Em primeiro lugar, enquanto cada pessoa pode, pelo menos em princípio, ter o controle total sobre as mudanças que suas ações provocam ou não nas características físicas de algo e, consequentemente, também pode ter o controle total sobre se aquelas ações são ou não justificáveis, o controle sobre se as ações de terceiros afetam o valor da propriedade de outrem não fica com a pessoa que age, mas com as outras pessoas e suas avaliações subjetivas. Assim, ninguém poderia determinar *ex ante* se as suas ações seriam classificadas como justificáveis ou injustificáveis. Teria que, primeiro, interrogar toda a população para ter certeza de que as ações planejadas por alguém não modificariam as avaliações de outrem em relação à sua própria propriedade. E mesmo assim ninguém poderia agir até que fosse obtida uma concordância universal sobre quem supostamente faria o que e com o que, e quando. Claramente, diante de todos os problemas práticos envolvidos, já se estaria morto há muito tempo e ninguém argumentaria mais nada antes que isso tudo estivesse resolvido.

De qualquer sorte, o cariz decisivo desse raciocínio parte da postulação socialista de que a propriedade e a agressão não poderiam ser nem mesmo objetos de efetiva argumentação, uma vez que argumentar a favor de qualquer norma – de origem socialista ou não – implicaria considerar a existência de um conflito sobre o uso de alguns meios escassos, sob pena de, noutro contexto, simplesmente inexistir base para qualquer discussão.

No intuito de argumentar que existe uma saída para esses conflitos, alerta Hoppe, "*deve-se pressupor que as ações, para serem realizadas, devem ser autorizadas antes de qualquer acordo ou desacordo efetivo, pois se elas não forem permitidas, não se pode nem mesmo argumentar a respeito disso*" (HOPPE, 2013, p. 135-36).

Entretanto, deveria o socialismo cogitar da hipótese de que, se alguém está também apto a fazê-lo, isto somente se admitiria devido à existência de fronteiras objetivas ao direito de propriedade, ou seja, "*fronteiras que cada pessoa pode reconhecer por conta própria enquanto tais, sem ter que concordar antes com qualquer um no que se refere ao sistema de valores e de avaliações de terceiros*" (HOPPE, 2013, p. 136).

4 - LINGUAGEM, REFLEXÕES APRIORÍSTICAS, CONSTÂNCIA, TEMPO E AÇÃO

Ao se demonstrar a inviabilidade do empirismo no estudo das ações, haja vista as inegáveis contradições que tangenciam os modais propostos pelos defensores da vertente empirista-positivista, e, tecidas considerações específicas sobre o conhecimento apriorístico, não se pode deixar de notar que há pouco a ser observado sobre as ações, na exata medida em que as observações empíricas apenas denotam a existência de movimentos corporais, e não de intencionalidade; ainda, a metodologia empírica parece não se amoldar adequadamente às ações e; finalmente, as categorias da ação são, essencialmente, conhecidas *a priori*, impondo cognição dedutiva.

A partir da lógica dedutiva, se afasta a possibilidade de cognição apriorística sobre ações específicas, em que pese conhecimentos apriorísticos possam explicar seu funcionamento, uma vez que são ações e, portanto, ingovernáveis pelos parâmetros da causalidade estrita, atinente aos fenômenos naturais.

Não obstante, no pensamento de Hoppe, qualquer ação pressupõe a categoria da causalidade, incluindo uma invariável constância das causas eficientes no tempo, o que denota o importantíssimo princípio da constância (HOPPE, 2013, p. 106). Isso porque a causalidade, reputada verdadeira categoria da ação que denota e propicia o "agir intencionalmente" não afasta, por si só, a incidência causal, mas a pressupõe.

Hoppe analisa com clareza o quão significativo é o agir para a aferição, *a priori*, de um resultado *a posteriori*. Diante disso, a ambivalência entre causalidade e constância afastaria quaisquer razões para uma ação intencional.

A partir dessa ideia de que existem causas eficientes não subsumíveis ao critério temporal, e que sejam constantes e permitam a alguém projetar observações passadas relativas a eventos futuros, isso se revela como algo desassociado de uma base de observação, ou seja, enquanto a ação é uma interferência no curso natural para um resultado futuro, a causalidade é o elemento que viabiliza que, previamente ao agir, se projete um resultado futuro.

O "tempo" surge como fator implícito à própria causalidade e a distinção entre momentos ou eventos, considerados, para tais fins, como causas (se anteriores) ou efeitos (se posteriores), denota uma conotação temporal inerente ao conceito de ação (HOPPE, 2013, p. 114).

É insofismável, à luz das impostações trazidas por Hoppe, que as ações não podem ser tratadas como meros fenômenos da natureza, porquanto demonstrado que a ação é capaz de revelar uma realidade estruturada de forma causal, isto é, dissociada de uma causa precedente e não estruturada sob o prisma natural e essencialmente determinístico.

Hoppe é enfático em apontar para a existência de fatores outros – além da mera causalidade – que são tão relevantes quanto: conhecimento, intencionalidade e noção de tempo nas ações (essas, pressupondo valores). E, nesse campo, o pensamento do autor se alinha fortemente ao de Ludwig von Mises (2010, p. 76 *et seq*) no que diz respeito aos valores (*wertfrei*), que não podem ser conhecidos pela experiência prática, na medida em que não há como se falar de valores observáveis, objetivos, tampouco de "átomos de valores".

Assim, o mero fato de a causa de uma ação advir de um agente pressupõe e explicita a existência do valor propugnado por Hoppe e Mises, mas há outro aspecto peculiar a se considerar: a ação feita dentro da realidade de um objetivo precípuo descarta o valor atribuível aos demais desfechos. Noutros dizeres, ao se optar por agir de certa maneira, a fim de alcançar um objetivo A, demonstra-se que, ao menos em aferição perfunctória e apriorística, esse objetivo A é mais valorizado que os objetivo B, C, D etc., que estejam disponíveis no campo de ação do agente naquele determinado tempo.

Naturalmente, toda ação pressupõe a consideração de meios para o atingimento de um fim, pois demandam, mesmo que em nível mínimo, tempo e o implemento de meios, o que inclui a decisão de não interferir. Desse modo, se fins não demandassem meios, não se lhes usaria, uma vez que a aquisição de bens seria maior e não dependeria de outros bens. Desse modo, se "agir" significa transitar de um momento anterior (e com certo grau de satisfação), percorrendo um caminho adequado para atingir um resultado desejado almejando, *a posteriori*, maior grau de satisfação, a ação faz sentido, caso contrário, não se agiria!

Novamente apontando para as considerações de von Mises (2010, p. 79) a valoração dos fins permite concluir que também os meios têm valores em relação aos fins que tais meios são capazes de proporcionar, e as ações somente podem ser realizadas em sequência, a partir de processos decisionais. Noutros termos, cada ação impõe uma escolha e, paralelamente, várias renúncias.

Ao abdicar de outras ações plausíveis, tem-se um meio, direto ou indireto, para que uma ação (escolhida) seja realizada. E é justamente pelo fato de essas outras ações direcionadas a outros fins terem um valor atribuído a esses fins abdicados que esse valor delas dispensado se agrega ao "custo" da ação escolhida para ser realizada.

Na medida em que os próprios meios são dilapidados pela submissão ao processo de escolha da tomada de decisão, o desgaste gerado deve ser considerado no processo decisional e incluído nos custos da ação, pois os meios despendidos não estarão disponíveis para outros fins que se possa almejar (MISES, 2010, p. 170).

No nível valorativo, o grau de satisfação gerado pelo fim que se espera obter ao se decidir por um curso de ação é exatamente a expectativa de lucro. Ao agir, também se corre o risco do prejuízo (mesmo que potencial), pois, quando o fim buscado ao agir, pelo contrário da expectativa do agente, passa a representar um custo mais elevado do que o primariamente projetado, ocorre o prejuízo.

Sem dúvidas, ainda que toda ação vise, de certa forma, ao lucro, a limitação racional (propulsionada pelo próprio entrave empírico), além do fato de os valores serem subjetivos e de outros aspectos (como conhecimento, tempo etc.) poderem mudar, por diversos motivos, o desfecho antevisto ou erros na projeção inicial da expectativa sobre o grau de satisfação desejado podem ocorrer, e interpretar experiências, notadamente a partir do raciocínio hipotético que todo processo decisional implica, certamente demanda do agente uma bagagem cognitiva elevada.

Por esse motivo, a ação, na linha estreita do pensamento de Hoppe, deve ser estudada como um comportamento significativo direcionado para um propósito previamente almejado e alinhado ao grau de satisfação que se pretende obter, dentro de uma identificação estruturada categoricamente por meios e fins, e não por mera causalidade.

Se não é possível saber, *a priori*, quais são os valores, os custos ou mesmo os desfechos de determinado caminho percorrido no processo decisional, porquanto são todos esses conhecimentos tidos *a posteriori*, uma ação específica levada a efeito pelo agente deverá levar em consideração seu conhecimento empírico, sim, mas também sobre as ações de outros agentes, propiciando a interpretação com a ciência de seus limites de da falibilidade do pensamento empirista-positivista.

5 - CONSIDERAÇÕES FINAIS

Diante das reflexões apresentadas por Hoppe, nota-se que a problemática ínsita à dificuldade de que diversas interpretações possam ser dadas e falseadas conduz o empirismo a também deixar de se tornar uma epistemologia para se tornar simplesmente uma convenção verbal totalmente arbitrária.

Com bastante clareza, Hoppe demonstra que o empirismo passaria a ser desprovido de justificações racionais em suas reivindicações analíticas e empíricas, pois seus aspectos centrais seriam falseáveis e incapazes de traduzir qualquer sorte de aferição concreta e irrefutável da realidade.

Nesse campo, o empirismo se revela eivado de erros metodológicos para fins de análise sobre o conhecimento em geral, notadamente quando pautado em argumentos pautados nas aferições *a priori*. E, consequentemente, isto também revela que a relação entre a teoria e a história estaria equivocada, na medida em que elementos aprioristicos venham a ser acrescentados ao assunto.

Nesse passo, se houver uma declaração empírica que pressuponha a existência de conhecimento apriorístico, impor-se-á uma averiguação da própria metodologia empirista e, em um segundo teste, no afã de refutar ou validar determinada hipótese sobre um experimento prévio, presumir-se-á que certas causas constantes sejam invariáveis no espectro temporal, sob pena de outro experimento, em um momento diferente e completamente avulso ao primeiro, implicar a admissão de que é necessário o princípio da constância para que se possa pressupor que causas eficientes terão o mesmo efeito, independentemente do aspecto temporal e, por conseguinte, presumir-se-á que o acaso não é capaz de desempenhar qualquer função na forma como as coisas agem.

Entretanto, o princípio da constância indicado por Hoppe não é dado e nem refutado pela experiência, pois, caso se faça uso de experiências para refutá-lo, seria necessário provar a ausência de correlação entre um experimento duplicado e realizado em tempos e contextos diferentes, o que, pela própria falseabilidade, tornaria a constância um pressuposto inexorável da investigação proposta.

Por derradeiro, tendo em vista a constatação de que o conhecimento empírico pressupõe o princípio da constância no que diz respeito à realidade, o empirismo se mostrará desprovido de validade em suas principais pressuposições epistemológicas devido à falseabilidade da própria constância, que é dependente do conhecimento *a priori*.

Por isso, ao se buscar uma compreensão abrangente acerca das regras incidentes sobre o conceito de propriedade, "embora o socialismo de engenharia social permita, em tese, uma implementação gradual de seus objetivos sob um grau apenas moderado de intervenção nos direitos de propriedade dos proprietários naturais", tendo em vista que há gradação meramente relativa do cerceamento de seus direitos, a abolição da propriedade privada e a iniciativa produtiva individual se materializa a partir da ameaça de uma expropriação crescente ou total dos proprietários privados, o que deixa de diferenciar o socialismo de engenharia social do socialismo socialdemocrata ou mesmo do socialismo conservador.

BIBLIOGRAFIA

HOPPE, Hans-Hermann. *Uma teoria do socialismo e do capitalismo*. Trad. Bruno Garschagen. 2ª ed. São Paulo: Instituto Ludwig von Mises Brasil, 2013.

HOPPE, Hans-Hermann. *Democracia, o Deus que Falhou*. Trad. Marcelo Werlang de Assis. São Paulo: Instituto Ludwig von Mises Brasil, 2014.

KELSEN, Hans. *Teoria Geral do Direito e do Estado*. Trad. Luís Carlos Borges. 3ª ed. São Paulo: Martins Fontes, 1998.

MISES, Ludwig von. *Ação Humana*. Trad. Donald Stewart Jr. São Paulo: Instituto Ludwig Von Mises Brasil, 2010.

POPPER, Karl Raimund. *A Lógica da Pesquisa Científica*. Trad. Leonidas Hegenberg e Octanny Silveira da Mota. São Paulo: Cultrix, 2000.

Prof Dr Hans-
Hermann Hopp
Enemy of the State
www.HansHoppe.c

CAPÍTULO 5

O QUE DEVE SER FEITO, SEGUNDO HOPPE

Adriano de C. Paranaíba

INTRODUÇÃO

Se existe uma qualidade que tenho observado nos pensadores da Escola Austríaca é, sem sombra de dúvidas, a capacidade de se comunicar com diversos públicos. De fato, criamos um estereótipo de que, quanto mais os professores estudam e aprofundam em suas especificidades teóricas, mergulhados no tema de suas pesquisas, mas complexa se torna a comunicação de seus achados.

É assim que avançamos a cada dia mais na criação das "torres de marfim", um termo que é recorrente para explicar o mundo acadêmico: a referência está na pureza do marfim, combinado com uma distância superior e isolamento que uma torre proporciona ao seu habitante. No fundo, o que temos é uma formação de pensadores que criam um abismo com a discussão dos problemas do dia a dia da sociedade, tornando-se uma espécie de suprassumo de determinado conceito, mas que no fundo é uma válvula de escape para toda a arrogância que impera nos corredores das universidades.

Hans-Hermann Hoppe não foge à regra austríaca: mesmo tendo seu PhD em filosofia, sob orientação de Jürgen Habermas, expoente da Escola de Frankfurt, uma das principais correntes do marxismo ocidental, teve a humildade de reconhecer quão errado o marxismo e atravessou o oceano Atlântico para estudar com Murray Rothbard. Mais do que isso, buscou transmitir seu conhecimento com uma linguagem acessível, mesmo se tornando uma referência na Escola Austríaca, especialmente no libertarianismo. É isso que podemos observar quando lemos *O que deve ser feito*[19] (2019): domínio do conteúdo combinado com a didática de apresentá-lo ao leitor de diversos públicos.

Mais do que seguir a tradição libertária de postular que não precisamos de Estado e que a sociedade pode se estabelecer via cooperação entre indivíduos, neste pequeno volume, Hans-Hermann Hoppe apresenta sua estratégia, seu "plano de fuga" das garras estatais. Para tanto, faz um diagnóstico certeiro da doença estatal, e descreve sua perspectiva austro-libertária de como os regimes democráticos atuais agravam os danos com as sociais-democracias. Desta forma, consegue claramente apontar o que deve ser feito de forma prática e didática.

O DIAGNÓSTICO DE HOPPE

Primeiramente, é importante destacar que o título *O Que Deve Ser Feito* é uma provocação de Hans-Hermann Hoppe à obra *Que Fazer?* (1902), de Vladimir Lenin. Contudo, contrariando o planejamento proposto para a implantação da União Soviética, Hoppe dá sua receita pautada na derrocada de mitos que, muitas vezes, nos impedem de enxergar a possibilidade de um mundo sem o Estado.

O primeiro mito alvejado é a ilusão da necessidade de um Estado para que exista uma sociedade ordeira e harmoniosa. De fato, sociedade se forma como fruto de cooperação, e não da organização intervencionista, uma terceira pessoa que faz mediações necessárias para evitar o caos, no caso, o Estado. Nas palavras do

---
19 HOPPE, Hans-Hermann. *O que deve ser feito*. São Paulo: LVM Editora, 2019.

autor, "a cooperação pacífica entre seres humanos é um fenômeno perfeitamente natural e que ressurge constantemente".

Vamos pensar, por exemplo, nas associações e instituições religiosas que atuam auxiliando os mais pobres e miseráveis. Não existe programa de governo capaz de promover o que estas pessoas fazem, e mais: todo o recurso angariado é voluntário! O grande mote do Estado, neste quesito, é reduzir as desigualdades. Acredito que, quando falamos em desigualdade, nos remonta os ideais da Revolução Francesa de "liberdade, igualdade e fraternidade", inspirados na análise de Jean-Jacques Rousseau, sobre *A origem da desigualdade entre os homens*.

A redução de pobreza pode ter mais correlação causa–consequência com as outras duas metas da Revolução Francesa: liberdade e fraternidade. A liberdade, tanto em questões pessoais quanto econômicas, é o que garante a possibilidade de as pessoas saírem da condição de pobreza, e com o anseio de buscar uma condição melhor, serem livres para escolher as possibilidades disponíveis que garantam a satisfação das suas necessidades individuais. Ninguém quer ser igual ao vizinho ou o colega de trabalho! As pessoas querem ter o que atenda à subjetividade de suas necessidades. Um governo planejador jamais saberá a cor da camisa que deixa o cidadão "A" mais satisfeito, e quanto o cidadão "B" estaria disposto em abrir mão de um suculento filé, por um ingresso para ver o jogo de seu time do coração.

A última meta, fraternidade, parece ser a mais esquecida e acredito ser a peça que nos trouxe até aqui. Promover a igualdade coercivamente não traz mérito para ninguém! O desejo de compartilhar e ser solidário é um valor individual que deve ser cultivado, e não a retórica doutrinária de que é preciso tomar de uns em favor de outros. Essa doutrina – socialista – nos torna mais distantes da possibilidade de sermos uma sociedade que pense no bem comum, pois nos ensina a enxergar no outro o inimigo, motivados por uma falácia chamada "luta de classes". A luta de classes faz que as pessoas alimentem o sentimento de inveja, acreditando que uma distribuição igualitária e coercitiva não só pode ser a solução, como também é possível.

Ao longo da história, diversos líderes, embriagados por esta necessidade suprema de reduzir a desigualdade, para assim abolir a pobreza, obtiveram como resultado de seus experimentos sociais mais pobreza, fome e morte. É bom deixar claro que não estou sinalizando minha opinião sobre regimes socialistas, mas evidenciando fatos: mais de 100 milhões de vítimas de regimes socialistas são contabilizadas pelo *The Victims Communism Memorial Foundation*. Ou seja: foi criada uma relação equivocada de causa–consequência entre desigualdade e pobreza, e acreditar que o Estado pode intervir para balancear a distribuição de riqueza, é a maior falácia da história da humanidade.

Também, quando se fala em igualdade, confunde-se com o conceito de justiça. Todos queremos um mundo mais justo, e partimos do preceito de que igualdade seria o ponto chave, mas igualdade em que? Quem soube responder essa pergunta com maestria foi o dr. Martin Luther King Jr., que lutou pela igualdade dos direitos civis. É muito comum as pessoas acreditarem que ele promoveu uma luta racial nos anos de 1960, nos EUA, mas ele fez algo muito maior, e queria a igualdade de oportunidades entre brancos e negros. Não existem evidências que ele pediu cotas em escolas, mas sim, que todos tivessem o justo acesso à escola, e pelo mérito individual, que cada um que trilhasse seu caminho. Ademais, Rosa Parks, considerada a "mãe dos direitos civis", se recusou a ceder o seu lugar em um ônibus, em Montgomery, para um homem branco (algo obrigatório pelas leis segregacionistas), por acreditar que já havia conquistado aquele lugar no ônibus. Uma luta por justiça. E aqui, entramos no segundo mito que Hoppe derruba.

Por que a justiça deve ficar a cargo do Estado para que aconteça? É estranho ver que justiça e segurança são argumentos defendidos, até por liberais, que se deixam enganar pelo conceito de "Estado mínimo", algo que definitivamente é impossível de acontecer. Muitas pessoas se perdem no senso comum de que o Estado deve focar em "saúde, educação e segurança", sendo que a segurança ser monopólio estatal é a fonte de muitos problemas que temos que enfrentar no mundo atual.

Se olharmos o curso da história observamos que nenhuma sociedade se formou com processos democráticos. Surgiram como reinos, ou como Hoppe chama, de "Estados principescos", para depois de consolidados tornam-se Estados democráticos. Na verdade, surgem de processos revolucionários, com o estabelecimento da insegurança social do antigo gestor territorial, e em nome da manutenção da estabilidade decretam processos democráticos, mas o monopólio da segurança é mantido pelo novo governo.

É confuso perceber que se apropriam das estruturas de força coercitiva tal qual os regimes anteriores, democráticos ou não, tal qual uma dança de cadeiras. Contudo, o monopólio da segurança, que garante a existência estatal, é superiormente ineficaz à propriedade privada, por isso, a coerção e uso da força são tão recorrentes nas democracias para fragilizar a referência de indivíduos que a propriedade privada nos garante. Para resolver conflitos de ameaças territoriais, e garantir a segurança da população, o Estado sempre busca dominar o território de possíveis invasores, sempre à espreita. Em contrapartida, os cidadãos ficam reféns da segurança, pois não são capazes de compreender a complexidade dos interesses nacionais e são tratados como incapazes de defender sua própria propriedade. Desta forma, somos alienados de nossas propriedades privadas, que se tornam "território nacional".

Acredito que os invasores utilizam a mesma retórica sobre sua população, para garantir a necessidade da manutenção do aparelhamento bélico. Isso ficou claro durante a Guerra Fria, quando o investimento em armamento nuclear se fazia importante, com o único objetivo de ter um armamento superior aos arqui-inimigos. Não é por menos que observamos o desejo por formação de blocos econômicos, com o discurso de abrir fronteiras, mas como um paradoxo.

E o Estado vai se aparelhando com mais regulações e regras, normas e leis que nos transformam em reféns, ou pior: invertendo a lógica de quem serve a quem, pois a ideia é que o Estado servisse aos habitantes para trazer paz. Contudo, estes mesmos habitantes são potenciais infratores e precisam ser vigiados, fiscalizados diuturnamente, para que se evite que a desordem se alastre. Atualmente, vivemos o absurdo de que, o subsolo e tudo que está sob os nossos pés são propriedade estatal: se você achar petróleo na sua propriedade, aquilo será propriedade do governo. Até mesmo a água, é preciso que haja uma licença de direito de uso, pois tudo se transformou em algo do Estado! Cuidado! Se continuarmos nesse ritmo, seremos obrigados a pagar pelo ar que respiramos.

A inversão de valores surgiu justamente com o fim das monarquias, onde, em seus principados, existia claramente o conceito de propriedade privada. Não pretendo defender a monarquia em detrimento à democracia, mas é um fato evidente a existência de propriedade privada no primeiro. Já nas democracias, o conceito de função social da propriedade assume posição relevante nas demandas jurídicas em detrimento ao direito de seus proprietários.

> O Estado, que supostamente deveria nos proteger, na verdade nos deixou completamente indefesos. Ele rouba mais da metade dos rendimentos de seus súditos, para distribuir de acordo com o sentimento público, e não de acordo com princípios de justiça. Ele sujeita nossa propriedade a milhares de regulamentações arbitrárias e invasivas (HOPPE, 2017, p. 22).

Sobre a cobrança de impostos, sempre acreditei que o nome "imposto" já carregava em si uma explicação: algo imposto, uma cobrança obrigatória dos pagadores de impostos, independente se o que o Estado prometeu vai ser cumprido ou não. Isso me faz lembrar da Independência Americana e da Inconfidência Mineira. Esses dois fatos históricos, sendo o primeiro bem-sucedido e o segundo não, tem seu estopim na cobrança de impostos. Se Tiradentes topou ir para a forca por causa de um quinto de impostos cobrados pela Coroa Portuguesa, o que nosso herói faria se soubesse que atualmente pagamos quase um terço de nossa produção em impostos?

Novamente, enfrentamos o senso comum, que brada: "mas se tivéssemos retorno, tudo bem pagar os impostos!" Porém, adivinhe quem tem o monopólio da autoridade (justiça) e força (segurança) para cobrar do Estado? Bingo! O próprio Estado.

Se fosse possível premiar os impostos por categorias, assim como o Oscar e o Grammy fazem com os atores e cantores, respectivamente, tenho certeza que na categoria "Esquizofrênico", o Imposto de Renda do Brasil seria campeão imbatível e levaria a estatueta todos os anos. Antes de apresentar o que me levou a tal diagnóstico, é bom lembrar que, um imposto, que tem o carinhoso apelido de "mordida do leão", boa coisa não é.

Esquizofrenia pode ser diagnosticada por alguns sintomas: (i) Delírios (são crenças em fatos irreais que não têm base alguma na realidade); (ii) Alucinações (envolvem ver ou ouvir coisas que não existem) e; (iii) Pensamentos desorganizados (são aqueles que não fazem nexo). Por incrível que pareça, o Imposto de Renda apresenta todos estes.

Não bastasse um volume gigantesco de impostos que incidem sobre tudo que fazemos, produzimos e consumimos, o governo ainda acredita que tributar a renda faz algum sentido. Sua cobrança representa um dos maiores desserviços para o desenvolvimento econômico, visto que reduz a renda disponível para que consumidores consumam mais. Ora, se consumidores consomem menos com a cobrança do imposto de renda, menos teremos de dinheiro livre para os agentes econômicos – que são responsáveis pelo desenvolvimento econômico: empresas e famílias; isto é, menos dinheiro para gerar empregos e produzir bens. O interessante é que a justificativa do Estado é usar essa grana para incentivar e gerar desenvolvimento econômico com investimentos do governo. Ora, não precisa entender economia para ver que o *delírio do governo* é algo que agride, não só a teoria econômica, mas sim, o mínimo de bom senso.

Outro grande engodo do Imposto de Renda, vem de uma *alucinação*, uma fantasia de ser capaz de fazer "justiça social", cobrando uma alíquota (um percentual de imposto) maior de quem ganha mais. "Mas, as pessoas podem pedir restituição do Imposto de Renda" – diriam os defensores de tal abominável imposto felino. É aqui que a diagnose aponta para o sintoma de *pensamentos desorganizados*. A restituição é concedida na comprovação de alguns gastos, que foram feitos, principalmente, os que são direitos da Constituição e que o cidadão foi obrigado a buscar no mercado privado: educação, saúde, previdência. Só faltou segurança! Porém, existem tetos para estes valores restituíveis e, por fim, o cidadão paga para ter esses direitos – na iniciativa privada, e, continua pagando o imposto que irá financiar estes serviços, que as pessoas não têm acesso. Mais do que desorganizado, é algo muito confuso. Se as pessoas não pagassem impostos teriam mais renda disponível para poder comprar os serviços que tanto precisam, para garantir o verdadeiro bem-estar para elas e suas famílias. Da mesma forma que cobram altos tributos em produtos, como cigarros, na justificativa de desincentivar seu consumo, seria esta uma estratégia de desincentivar a renda? Talvez sim, pois é mais uma forma de nos tornar dependentes do Estado.

ESTRATÉGIA: DETER A DOENÇA ESTATAL

Dado que Hoppe consegue apontar os dois principais problemas do Estado, seja socialismo, seja social-democracia, a estratégia será justamente atacar de forma assertiva o fim do monopólio da proteção e da justiça. O processo existente nas atuais democracias é sempre colocar um novo governante no poder, independente do trabalho que foi feito para converter o anterior, ou seja: após longo processo de esforços dedicados na substituição de um governante, ou de um partido, não existem garantias da descontinuidade do recém-eleito, e existe sempre um mandato finito.

É interessante observar que, como sempre em uma eleição, acreditamos que a troca de um presidente será a solução, e nos esquecemos, por exemplo aqui no Brasil, que ele deverá enfrentar um Congresso Nacional, com quinhentos e treze deputados e oitenta e um senadores. Um esforço gigante para se dissipar em quatro anos seguintes. A estratégia é uma solução chamada "de baixo para cima". Quando pensamos em mudar quem está no poder, estamos pensando em uma estratégia "de cima para baixo". E esta tem os inconvenientes que o autor nos aponta. A proposta é uma "revolução de baixo para cima", que de revolução não tem nada.

Não é uma crítica ao autor em utilizar a palavra "revolução", mas como imaginamos uma. Pensamos justamente na luta por tirar tiranos do poder, correndo o risco de substituir *o persona*, e da tirania manter-se. Revolução que o autor fala é de rever nosso ideário e evoluir, em um sentido diferente do que nos é imposto. Uma revolução liberal-libertária deve ser descentralizada, visto que queremos dissolver um monopólio. Desta forma, de modos dispersos, em *fronts* mais regionais e locais, estará a verdadeira estratégia para vencermos o Estado na forma que assumiu.

É aqui que o papel de uma nova geração de intelectuais assume um papel importante. Hoppe aponta a importância da formação de centro de disseminação das ideias libertárias, formada por um quadro de pensadores desconectados da influência que a máquina estatal pode impor – pensadores livres para influenciar a formação desta revolução de baixo para cima, e destaca a importância do *Mises Institute* nos EUA.

Isso me faz pensar no sucesso que o libertarianismo está alcançando no Brasil. Em 2018, fui fazer uma apresentação no *Mises Institute* nos EUA e apresentei um dado que deixou os "gringos" maravilhados: o nome de Mises tem mais buscas no *Google* do que o de Keynes. Porém, isso só ocorre em um lugar do mundo – no Brasil. Veja que não ocorreu um movimento que fez os libertários unirem as mãos para gritar "Menos Marx, Mais Mises", ou "Imposto é Roubo", mas isso ocorreu de forma totalmente descentralizada, algo que somente a *internet* pôde tornar possível. Nunca me esquecerei de um colega de trabalho, um professor marxista, me chamar em um canto, e perguntar: "Adriano, de onde está surgindo esse monte de grupinhos falando de Mises?" A resposta foi a mesma que Hoppe daria – "é a revolução, mas não como você está pensando".

Um trabalho solitário de professores como Ubiratan Jorge Iorio, Fabio Barbieri e Antony Mueller, permitiram o surgimento do *Instituto Mises Brasil*, que, por sua vez, contribuiu para essa formação descentralizada no Brasil de um pensamento da Escola Austríaca, em uma dezena de institutos esparramados no território nacional. Hoje, o IMB é um instituto que influencia professores, profissionais liberais, empresários e políticos, sem pedir louros ou devoção: a aplicação das ideias de Ludwig von Mises, F. A. Hayek, Murray N. Rothbard e Hans-Hermann Hoppe para a independência do povo brasileiro – mas independência do cidadão brasileiro como indivíduo.

Quero adicionar aqui minha perspectiva, que permite uma proposição realista da possibilidade das pessoas organizarem a sociedade em uma construção de baixo para cima[20]. Na lógica da propriedade privada, autores como Robert Nelson[21] e Walter Block[22] argumentam sobre como as ruas, avenidas e calçadas podem ter sua construção e gestão direcionadas à iniciativa privada, tal qual um processo de privatização das ruas, como o ponto de partida de análise de Block (2009), que provoca uma reflexão sobre a condução da gestão dos bens públicos: "*Se o socialismo não funciona em Cuba, Coreia do Norte, Alemanha Oriental e União Soviética, por que seria possível supor que funcionaria nas rodovias de qualquer país ou nas ruas de suas cidades?*"[23].

Uma saída para os cidadãos seria identificar a parcela que cada um possui do sistema de ruas e avenidas, e assumir sua parcela na

---

20 Trecho retirado de: PARANAIBA, A. "Para Além das Privatizações". *MISES Interdisciplinary Journal of Philosophy, Law and Economics*, v. 3, n. 2, 2015.
21 NELSON, Robert H. *Privatizing the Neighborhood. The voluntary city: choice, community, and civil society*. University of Michigan, 2002.
22 BLOCK, W. *The Privatization of Roads and Highways: Human and Economic Factors*. Auburn: Ludwig von Mises Institute, 2009.
23 Tradução de: "If socialism cannot work in Cuba, North Korea, East Germany or the U.S.S.R., why should it be supposed it would function adequately on any nation's roads or its city's streets?" (BLOCK, 2009, p. 238).

manutenção do sistema. Isso abre a possibilidade de uma organização de indivíduos em uma cooperação não-governamental, em que os cidadãos de determinada região poderiam definir como manter suas ruas.

Quando abordamos a questão de organização de indivíduos é possível pensar na associação de vizinhança, ou associação de bairros, como uma alternativa de gestão dos bens públicos dentro da área desta vizinhança, ou bairro. Moroni[24] propõe um conceito de "comunidade contratual" na formação de associações de proprietários, conceito que vem sendo discutido há 20 anos nos EUA. Muito embora essa perspectiva da Escola Austríaca, de uma ação dos indivíduos sem intervenção governamental, possa transmitir insegurança na manutenção de uma civilidade ordeira, e, as regras mais óbvias podem ser leis positivas criadas por legislação, existem muitos outros tipos de regras que podem realmente ser guias mais importantes para a maior parte do comportamento[25]. Na verdade, dentro de grupos unidos, regras tendem a surgir como costumes ou normas, que não exigem codificação explícita ou ameaças coercivas[26].

CONCLUSÃO

O que o grande Hoppe nos ensina é que existem caminhos possíveis, e a organização de uma revolução libertária está nas mãos dos indivíduos. Acredito que o dia em que criarmos uma Central Única Libertária para se contrapor à CUT, estaremos fadados ao fracasso. Com certeza, os críticos, ansiosos pela derrocada, podem dizer que iremos demorar para alcançar as mudanças desejadas. Mas quem disse que estamos com pressa? Não queremos ganhar tempo, queremos liberdade definitiva. E para isso, não existem atalhos.

---

24 MORONI, S. *Towards a general theory of contractual communities: Neither necessarily gated, nor a form of privatization. Cities and private planning property rights, entrepreneurship and transaction costs*, 2014.
25 ELLICKSON, R. C. *Order Without Law: How Neighbors Settle Disputes*. Cambridge: Harvard University Press, 1991.
26 BENSON, Bruce L. *Are Roads Public Goods, Club Goods, Private Goods, or Common Pools?. Explorations in Public Sector Economics*, Springer: Cham, 2017.

BIBLIOGRAFIA

BENSON, Bruce L. *Are Roads Public Goods, Club Goods, Private Goods, or Common Pools?. Explorations in Public Sector Economics*, Springer: Cham, 2017.

BLOCK, W. *The Privatization of Roads and Highways: Human and Economic Factors.* Auburn: Ludwig von *Mises Institute*, 2009.

ELLICKSON, R. C. *Order Without Law: How Neighbors Settle Disputes.* Cambridge: Harvard University Press, 1991.

HOPPE, Hans-Hermann. *O que deve ser feito.* São Paulo: LVM Editora, 2017.

MORONI, S. *Towards a general theory of contractual communities: Neither necessarily gated, nor a form of privatization. Cities and private planning property rights, entrepreneurship and transaction costs*, 2014.

NELSON, Robert H. *Privatizing the Neighborhood. The voluntary city: choice, community, and civil society.* University of Michigan, 2002.

PARANAIBA, A. "Para Além das Privatizações". *MISES: Interdisciplinary Journal of Philosophy, Law and Economics*, v. 3, nº 2, 2015.

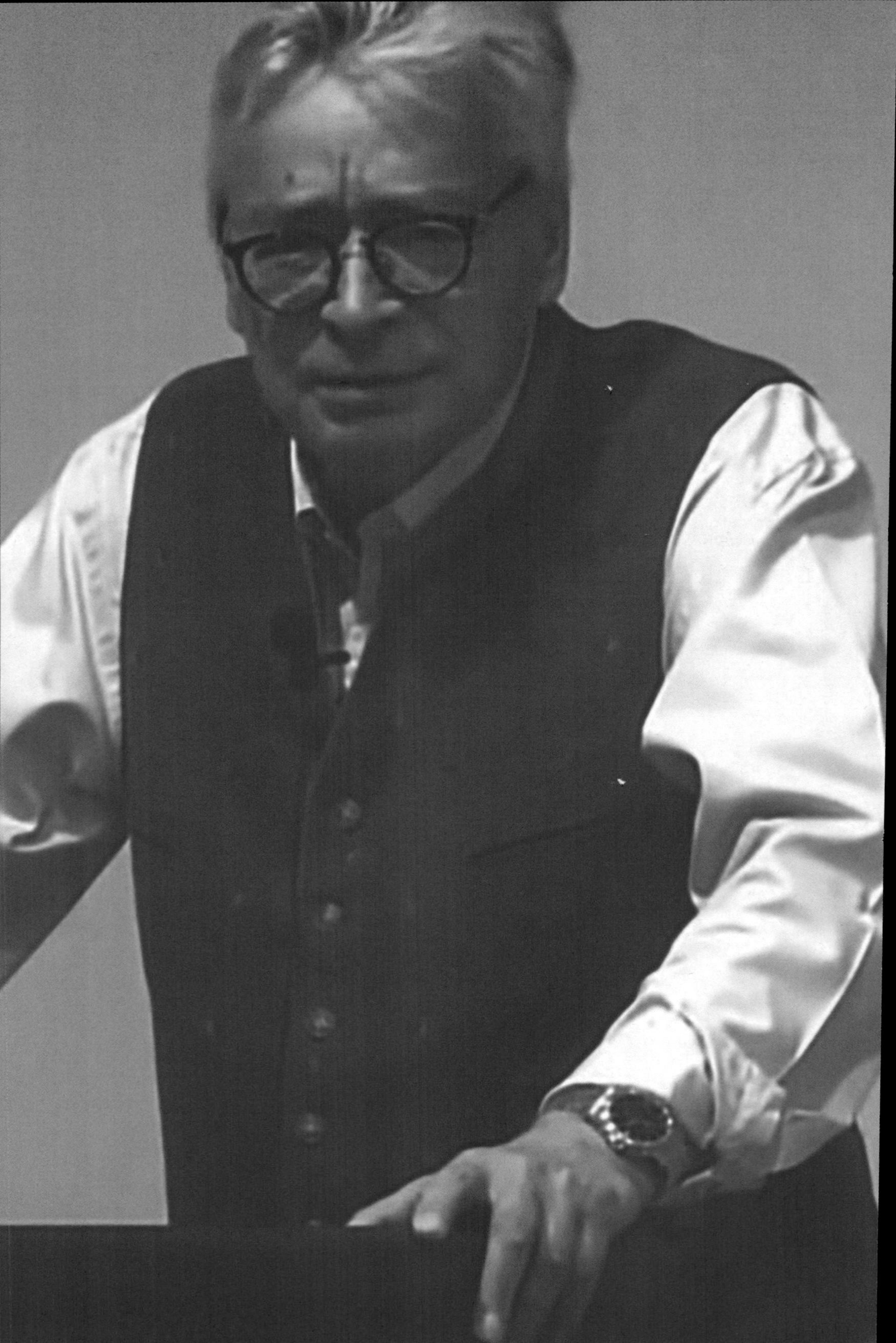

CAPÍTULO 6

REFLEXÕES SOBRE A TEORIA DO ESTADO À LUZ DOS FUNDAMENTOS SOCIOPSICOLÓGICOS DO SOCIALISMO

Dennys Garcia Xavier
José Luiz de Moura Faleiros Júnior

INTRODUÇÃO

Para viabilizar a instalação e a própria sobrevivência de um Estado socialista, diversos componentes estruturais devem se fazer presentes, e Hans-Hermann Hoppe os analisa de forma ampla ao longo de suas obras, sempre se reportando à análise crítica de elementares que nem sempre são facilmente perceptíveis. É nesse ponto que a própria teoria do Estado, que dá solidez à formatação dos Estados contemporâneos, passa a depender de aspectos de legitimação sociopsicológicos. Nesse contexto, Hoppe busca conceituar aqueles aspectos para, em seguida, listar alguns temas por ele reputados essenciais para a legitimação estatal.

Educação, comunicações, trânsito, segurança e outros aspectos, inclusive e especialmente o monopólio jurisdicional, são exemplos de afazeres de Estado que impedem a concorrência com particulares e, então, permitem a solidificação de um *status quo* determinante para um modelo de política interventora.

2 - OS FUNDAMENTOS SOCIOPSICOLÓGICOS DO SOCIALISMO

O pensamento de Hoppe, explicitado em suas digressões sobre os fundamentos sociopsicológicos do socialismo, parte da constatação de que o socialismo é reduzido a uma questão de significado meramente social-psicológico.

Hoppe lança a seguinte indagação:

> [...] uma vez que o socialismo foi definido como uma política institucionalizada de redistribuição de títulos de propriedade à revelia dos proprietários-usuários e contratantes, como é possível uma instituição que implementa a expropriação mais ou menos total dos proprietários naturais? (HOPPE, 2013, p. 141).

Se uma determinada instituição é autorizada a adquirir os títulos de propriedade de maneira diversa às convencionais (apropriação original ou contrato, que seriam, essas sim, legítimas dentro de uma relação natural de proprietários), Hoppe salienta que qualquer intervenção que se faça é capaz de gerar prejuízos a quem, originariamente, tenha se apropriado de algo; ainda, o autor deixa claro que, ao garantir e, eventualmente, incrementar renda em prol de alguns, reduz-se em detrimento de outros, o que fere diretamente qualquer relação contratual entre pessoas, na qual ninguém aufere qualquer tipo de vantagem às custas de outrem, mas em que todos lucram, caso contrário não haveria qualquer troca (HOPPE, 2013, p. 141-42).

Nos dizeres do autor:

Para garantir a sua própria existência, qualquer instituição que impõe uma teoria socialista da propriedade deve depender da ameaça contínua de violência. Qualquer instituição que ameaça as pessoas que estão relutantes em aceitar as apropriações não-contratuais de sua propriedade natural com agressão física, prisão, escravidão ou até mesmo morte, deve cumprir, se necessário, essas ameaças, a fim de continuar "digno de confiança" como o tipo de instituição que é. Uma vez que se está lidando com uma instituição – isto é, uma organização que desenvolve tais ações em bases regulares –, é quase auto-explicativo que ela se recuse a chamar de "agressão" às suas próprias práticas e, em vez disso, adote um nome diferente para essas ações com conotações neutras ou, provavelmente, até mesmo positivas. De fato, seus representantes não devem nem mesmo pensar que eles mesmo sejam agressores quando agem em nome dessa organização. No entanto, não são os nomes ou termos que importam aqui ou em outra parte, mas o que eles realmente significam (HOPPE, 2013, p. 142).

Evidentemente, não é de se esperar que se tenha, nesse caso, uma resistência simplória ao exercício da política indicada por Hoppe, na medida em que essa inclinação para resistir pode, é claro, ser mais ou menos intensa, e pode mudar ao longo do tempo sob vários pretextos e contextos, colocando em sério risco aquele que resiste. Nos dizeres do autor, "*[u]ma instituição que implementa o socialismo se alicerça, literalmente, na ameaça representada por um assassino em potencial contra pessoas inocentes*" (HOPPE, 2013, p. 143).

Em um sistema social baseado na teoria natural da propriedade, regido pelo sistema capitalista, qualquer um teria o direito de, a qualquer tempo, promover um "boicote" se, de fato, a pessoa que se apropriou dos bens os utilizasse antes que outro o fizesse ou que se desse a partir de contrato por um proprietário anterior. Nesse contexto, ainda que as pessoas ou determinada instituição pudessem ser afetadas por uma ação dessa natureza, seria necessário tolerância para que, a partir de uma oferta mais lucrativa, se conseguisse propiciar a desistência à intenção original.

No viés sociopsicológico do regime socialista, por outro lado, o Estado nada mais é que uma instituição erigida com impostos e uma interferência não-contratual que se entrelaça ao destino dos usos dos bens. Trocando em miúdos, nota-se uma relação umbilical entre socialismo e Estado, funcionando, inexoravelmente, por três vieses:

> (1) pela violência agressiva; (2) corrompendo as pessoas ao deixá-las ou, melhor, uma parte delas, usufruir das receitas coercivamente expropriadas dos proprietários naturais das coisas; e (3) corrompendo as pessoas ao deixá-las, ou uma parte delas, participar de uma política específica de expropriação a ser adotada (HOPPE, 2013, p. 142).

A questão da violência é posta por Hoppe como elemento inexorável da garantia de existência do próprio socialismo, pois é a partir da ameaça constante e contínua que se consegue impor a aceitação de apropriações não-contratuais – resultado de pacto entre as partes envolvidas – aos indivíduos. Isso se torna mais evidente na medida em que, conforme se disse anteriormente, a violência direcionada a vítimas inocentes constitui o próprio núcleo de existência do socialismo/Estado interventor.

O elemento corruptivo, por sua vez, também de evidente aspecto sociopsicológico, se materializaria na exata medida em que a relação do Estado com os proprietários originais de bens se dá de forma parasitária, com interferências não solicitadas que visam unicamente ao incremento do tamanho do Estado que, ao revés, promete propiciar a uma determinada parcela da população, participação direta na fruição das receitas coercitivamente expropriadas, gerando este efeito psicológico nefasto de controle (HOPPE, 2013, p. 145).

Nesse raciocínio, Hoppe é enfático em dizer que "*esses agentes do socialismo não fazem nada além de consumir a sua renda em seus próprios objetivos privados, então, as chances de crescimento do Estado e da disseminação do socialismo são, no mínimo, muito limitadas e restritas*" (HOPPE, 2013, p. 145). Por isso, o estabelecimento de "uma relação estável de exploração" acaba sendo propiciado pela expropriação coercitiva e pela capacidade que se tem de incutir o medo, através da violência e da ameaça contínua às vítimas desse modelo centralizador.

A partir disso, tem-se, ainda, o terceiro aspecto concernente ao funcionamento do Estado de cariz socialista: a dominação a partir da permissão de que as pessoas, ou parte delas, tenham direta participação na própria política expropriatória adotada, que conduz ao arremate de Hoppe:

Mas, baseado no raciocínio econômico dos capítulos anteriores, nós sabemos que um grau mais elevado de exploração dos proprietários naturais reduz necessariamente seu incentivo para trabalhar e produzir e, portanto, há um limite estreito para o nível no qual uma pessoa (ou grupo de pessoas) pode levar uma vida confortável com a renda coercivamente expropriada de outra pessoa (ou um grupo aproximadamente igual de pessoas), que teria que sustentar o seu estilo de vida através de seu trabalho (ou do deles). Portanto, para que os agentes do socialismo sejam capazes de levar uma vida confortável e prosperar, é fundamental que o número de sujeitos explorados seja consideravelmente maior e aumente proporcionalmente mais em comparação com a quantidade de representantes do próprio Estado. Com isso, porém, voltamos à questão de como poucos podem governar muitos (HOPPE, 2013, p. 145).

Eis que é possível constatar que o Estado dedica bastante tempo e esforços hercúleos à persuasão/convencimento da população. Claro, fundamentos sociopsicológicos nada mais são que matizes diversos pelos quais se difunde um modelo de pensamento ideológico capaz de propiciar a existência do Estado e o aumento de sua renda sob ângulos de dominação que pregam ser o socialismo um sistema econômico "superior" ou mais justo do que o capitalismo (HOPPE, 2013, p. 145-46).

Portanto, reitera-se que, percorrendo o raciocínio de Hoppe, o Estado é tido como a própria instituição que coloca o socialismo para funcionar, e ele ganha corpo e forma justamente por se assentar na agressão dirigida a diversas vítimas inocentes, ou por incutir nessas mesmas vítimas a ganância vocacionada à partilha de bens coercitivamente expropriados ou à participação direta nos mecanismos expropriatórios. Em outras palavras, o Estado nos agride na mesma medida em que nos faz acreditar que não há agressão, mas tão-somente partilha justa e honrada de patrimônio.

3 - AÇÕES ESTATAIS DE IMPACTO

Outro elemento de fundamental importância para o funcionamento do modelo estatal, nas palavras de Hoppe, parte dos contributos que o apoio público angaria através de ações que têm impactos tangíveis nítidos.

Para o autor, o Estado deve ostentar uma imagem que suplante a de um mero ente angariador de recursos financeiros. É preciso, segundo descreve Hoppe, que se tenha uma série de componentes positivos que possam ser projetados em prol da figura do ente estatal:

> Ou ele está envolvido como um agente de transferência de renda, ou seja, como uma organização que distribui renda monetária e não-monetária para B que anteriormente tirou de A sem o seu consentimento – naturalmente, depois de subtrair uma taxa de execução para o ato nunca gratuito dessa transferência – ou se envolve na produção de bens e serviços utilizando os meios expropriados anteriormente dos proprietários naturais e assim contribui com algo de valor para os usuários/compradores/consumidores desses bens. De ambas as formas, o Estado cria apoio para a sua função. Os beneficiários da transferência de rendas tanto quanto os usuários/consumidores dos bens e serviços estatais tornam-se dependentes em graus variados com a continuação de uma determinada política de Estado relativa às rendas atuais e à inclinação para resistir ao socialismo incorporado na regra estatal é, consequentemente, reduzida. Mas isso é somente a metade do cenário. As conquistas positivas do Estado não são realizadas simplesmente para fazer algo de bom para algumas pessoas como, por exemplo, quando alguém dá um presente a outra pessoa. Nem são realizadas apenas para obter pela troca uma renda tão alta quanto possível para a organização que as realiza, como quando uma instituição comum voltada para o lucro se envolve num negócio. Pelo contrário, são realizadas para garantir a existência e contribuir para o crescimento de uma instituição que é construída com base na violência agressiva. Como tal, as contribuições positivas que emanam do Estado devem servir a um objetivo estratégico. Elas devem ser projetadas para quebrar a resistência ou acrescentar apoio para a existência contínua do agressor como agressor (HOPPE, 2013, p. 147-48).

Trata-se de um proceder passível de falhas, uma vez que as decisões estatais relacionadas às medidas que melhor se ajustem aos seus objetivos estratégicos têm que se submeter a procedimentos decisionais antecipados e com certo grau de previsibilidade, ou seja, "*somente se for compreendido o objetivo estratégico peculiar das transferências estatais e da produção estatal quando comparado com as transferências ou produção privadas é que será possível explicar os típicos padrões estruturais recorrentes das ações do Estado*" (HOPPE, 2013, p. 148).

Isto traz, entretanto, os seguintes problemas:

    a) não faz sentido para um Estado proceder à exploração de cada indivíduo em igual medida, porquanto isso implicaria revolta e desatino contra a instituição devido ao espírito de solidariedade entre as vítimas da exploração;

    b) não faz sentido para um Estado conceder seus benefícios a todos, de forma igualitária e indiscriminada, pois, segundo Hoppe, se assim procedesse, as vítimas continuariam sendo vítimas, ainda que em menor grau, e menos recursos poderiam ser alocados e distribuídos.

Para o autor, o lema "dividir e governar" (*divide et impera*) é que deve ser o mote da política de atuação estatal. Em breves linhas, pode-se dizer que isso corresponderia ao objetivo global de tratar diferentemente pessoas diferentes a fim de contrabalancear interesses, ressentimento e apoio entre os indivíduos, permitindo à política uma base de sustentação lastreada no equilíbrio (HOPPE, 2013, p. 148). Estamos aqui, evidentemente, diante de um grande jogo de xadrez no qual cada peça é movida em nome de um objetivo: explorar com maior competência sem parecer fazê-lo.

Na mesma toada, para manter padrão estrutural deste formato, o Estado deve oferecer serviços tendo em vista sua incapacidade clara de produzir e ofertar tudo o que a população necessita, sob pena de incorrer em desfalques de rendimentos, uma vez que sua base de sustentação é dependente da apropriação que exerce sobre o arcabouço patrimonial de que dispõem os indivíduos, e "*o incentivo para produzir qualquer coisa no futuro desapareceria quase completamente num sistema de socialização de todos os aspectos*" (HOPPE, 2013, p. 148).

Significa dizer que os Estados, por via de consequência, em sua totalidade – ora com maior amplitude, ora com graus diferentes e menos consideráveis – sentiram a necessidade de concentrar o sistema educacional para administrar as instituições realizadoras das atividades de domínio intelectual e cultural "*dentro de uma estrutura pré-definida de orientações estabelecidas pelo Estado*" (HOPPE, 2013, p. 149).

E o autor arremata:

> Juntamente com um período continuamente prolongado de escolaridade obrigatória, isso dá ao Estado uma vantagem tremenda na concorrência entre diferentes ideologias pelas mentes das pessoas. A concorrência ideológica que pode constituir uma séria ameaça à regra estatal pode, desse modo, ser eliminada ou ter seu impacto consideravelmente reduzido, especialmente se o Estado enquanto incorporação do socialismo for bem sucedido em monopolizar o mercado de trabalho dos intelectuais ao tornar a licença estatal o pré-requisito para qualquer tipo de atividade sistemática de ensino (HOPPE, 2013, p. 149).

Nota-se uma indissociável relação entre domínio estatal e educação, sendo evidente, no pensamento de Hoppe, o indicativo da pertinência da permeabilidade ideológica nas instituições que consigam propagar, do ponto de vista sociopsicológico, a cadeia de fundamentos essenciais para a predominância estatal. Aqui resta claro que nenhum aluno "doutrinado" pelas estruturas psicológicas derivadas de ação estatizante se dirá "doutrinado", exatamente porque não terá, em geral, condições de se ver como tal.

Para além disso, a tangibilidade dos impactos de permeabilidade do domínio estatal perpassa, de forma evidente, pelo monopólio do dinheiro, que concentre em um banco central administrado pelo próprio Estado e alimentado por uma moeda todo o sistema monetário, ceifando a possibilidade de existência da livre atividade bancária (HOPPE, 2013, p. 149).

Medidas impopulares, tais como a elevação de impostos ou a desvalorização forçada da moeda, que servem como mecanismos de manipulação da economia de modo a gerar incremento de receitas ou equacionamento da própria dívida pública com estratégias singelas como a mera impressão de mais dinheiro – algo repudiável, embora simples, para quem detém o domínio de todo o sistema de confeção de tais papéis. Fato é que a dominação e até mesmo a própria sobrevivência do Estado dependem de modelagens estruturais que propiciem controle do sistema monetário (HOPPE, 2013, p. 150).

Merece breve menção, ainda, o controle do trânsito e das comunicações como vieses de perpetuação dos fundamentos sociopsicológicos do Estado, o que se constata pelos dizeres do próprio Hoppe:

> De fato, todos os Estados têm feito um grande esforço para controlar rios, o litoral e as rotas marítimas, as ruas e ferrovias, e, especialmente, o correio, o rádio, a televisão e os sistemas de telecomunicação. Cada dissidente em potencial é decisivamente reprimido em seus meios de movimentação e coordenação das ações dos indivíduos se esses elementos estiverem nas mãos ou sob a supervisão do Estado. O fato, bastante conhecido da história militar, de que o trânsito e os sistemas de comunicação são os primeiros postos a serem ocupados por qualquer Estado que ataca outro realça vivamente a sua importância estratégica central na imposição da regra do Estado sobre uma sociedade (HOPPE, 2013, p. 150-51).

Para além desses aspectos, destaca-se a provisão de segurança, por meio das polícias, das forças de defesa e da justiça, que são centrais para a delimitação do viés sociopsicológico aventado, merecendo maior esmiuçamento, em tópico próprio.

4 - FUNCIONAMENTO ESTATAL E OS PROVISIONAMENTOS RELATIVOS À IDEIA DE SEGURANÇA

O monopólio da segurança é intrínseco à existência (e à sobrevivência) do Estado por razões evidentes: segundo Hoppe, se proprietários privados dominassem este aspecto do funcionamento estrutural da sociedade, o Estado deixaria de deter a coerção, elemento fundamental para que se mantenha sem oposição relevante. Nesse contexto, a própria existência das Forças Armadas é um elemento fundamental de coerção que se revela imprescindível até mesmo para a dinâmica inter-relacional de Estados perante Estados. Com efeito, para que haja um controle sobre o desejo do Estado de exercer o seu domínio sobre a população e, desse modo, aumentar a receita da qual se apropriou mediante exploração, seria desastroso que um deles exercesse esse poder de coerção sobre os demais por deter meios bélicos de nítido impacto sociopsicológico, e os demais, não (HOPPE, 2013, p. 151).

No plano interno, a realidade não é outra, uma vez que a convivência do domínio estatal sobre as forças de segurança com outros participantes privados implicaria viés concorrencial indesejado com outras organizações armadas potencialmente perigosas para seus interesses, ao menos dentro do próprio território que passaria a controlar, pois o domínio exercido sobre a população deixaria de implicar os mesmos efeitos:

> A mera existência de uma agência de proteção privada, armada para realizar o seu trabalho de proteger as pessoas da agressão e contratando pessoas treinadas no uso dessas armas, constituiriam uma ameaça potencial para a política estatal contínua de violação dos direitos de propriedade das pessoas. Portanto, essas organizações, que certamente surgiriam no mercado com o desejo genuíno de ser protegido contra agressores, são zelosamente proibidas e o Estado usurpa para si essa função e a coloca sob seu controle monopolístico. Na verdade, em todos os lugares os Estados são altamente intencionados para proibir ou pelo menos controlar até a simples posse de armas por cidadãos privados – e a maioria dos Estados tem sido bem-sucedida nessa tarefa –, pois um homem armado é claramente mais do que uma ameaça a qualquer agressor do que um homem desarmado. Isso oferece muito menos risco para o Estado manter tudo pacificamente enquanto continua com seus atos de agressão, pois as armas que poderiam ser usadas para alvejar o tributador estão fora de alcance de todos, menos do próprio tributador (HOPPE, 2013, p. 151-152)!

Grande similitude se observa no que diz respeito à concentração estatal do sistema judicial, pois, se não há esse controle relativo à prestação jurisdicional, eventualmente o Estado teria a reputação de uma instituição injusta – o que, para Hoppe, obviamente, é o caso (ele É injusto). Entretanto, não é desejável, ao menos para os estatistas, que se ostente tal reputação, o que implica considerar que a difusão do poder jurisdicional do Estado com participantes privados (e não apenas com juízes ocupantes de cargos formalmente providos pela máquina interventora), corresponderia a uma perda de confiabilidade do aparato estatal, que "s*eria imediatamente exposto como um sistema de agressão legalizada fundado na violação do senso de justiça de quase todo mundo*" (HOPPE, 2013, p. 152).

Em aspectos centrais relativos ao direito público, a regulação das relações entre Estado e indivíduos privados seria diretamente afetada pelas perspectivas de aceitação geral de um sistema definido pela liberdade jurisdicional, com *"tribunais e juízes concorrentes e dependentes de um apoio financeiro intencional por parte da população"* (HOPPE, 2013, p. 152). Hoppe é enfático ao destacar que o fornecimento desses serviços essenciais e capazes de garantir tangibilidade à atuação pública é um dos mais vitais pontos de sustentação da máquina socialista. Segundo o autor, a importância dessas estruturas para a legitimação da atuação do Estado impede que ocorra a concorrência com participantes particulares, ou, em linhas mais específicas, separa o Estado do mercado, evitando o envolvimento de particulares nessas atuações consideradas vitais. Trocando em miúdos, *"isso não significa que o Estado é simplesmente um substituto do mercado"* (HOPPE, 2013, p. 152), pois o envolvimento dele, Estado, nesse tipo de atividade se dá em decorrência da importância estratégica dessas áreas de atividades que são consideradas essenciais e estratégicas para assegurar a existência prolongada do Estado como uma instituição privilegiada e construída com base na violência agressiva.

Essa ideia de domínio a partir do controle da opinião pública, para além da violência agressiva, realça um aspecto fundamental que induz à ideia de democracia analisada por Hoppe:

> Ela é a consequência da aceitação maciça, por parte da opinião pública, da ideia da democracia. Enquanto essa aceitação prevalecer, a catástrofe é inevitável, e não pode haver esperança de melhora mesmo após a sua concretização.
>
> Por outro lado, logo que a ideia da democracia for reconhecida como falsa e cruel – e as ideias podem, em princípio, ser modificadas quase instantaneamente –, a catástrofe pode, sim, ser evitada (HOPPE, 2014, p. 136).

Em resumo, a aparência convincente de efetividade da atuação estatal garante o poder por uma dominação que Hoppe atribui aos fundamentos sociopsicológicos, mas é nítido que, para que se tenha estabilidade e crescimento do Estado, é vital a estruturação de modais legiferantes e de tomada de decisões:

> O Estado, em comparação, enfrenta a tarefa inteiramente diferente de adotar uma estrutura de tomada de decisão que o permite aumentar ao máximo o seu rendimento coercivamente expropriado – dado o seu poder para ameaçar e subornar as

pessoas de forma a garantir apoio mediante a concessão de favores especiais (HOPPE, 2013, p. 153).

O escorço analítico de Hoppe no que guarda pertinência às estruturas tangíveis de emanação estatal passa, então, a diagnosticar um modelo adequado para a tomada de decisões: a presença de uma constituição democrática baseada na prevalência dos intuitos da maioria, em que a constatação da validade e da legitimidade de uma decisão implica a necessidade de que se tenha o processo democrático. Hoppe destaca que "*[a] propriedade privada é incompatível com a democracia – assim como ela é incompatível com qualquer outra forma de poder político*" (HOPPE, 2014, p. 139). Esse raciocínio é compartilhado por Murray Rothbard, a quem o próprio Hoppe se reporta para aduzir assertivamente que:

> Em vez da democracia, a justiça e a eficiência econômica exigem uma sociedade de propriedade privada pura e irrestrita – uma "anarquia da produção" em que ninguém manda em ninguém, em que todas as relações entre os produtores são voluntárias e, portanto, mutuamente benéficas (HOPPE, 2014, p. 139).

Os efeitos sociopsicológicos de um Estado e a tangibilidade das ações estatais propiciam, nesse caminhar, um diagnóstico mais preciso sobre as elementares básicas de formatação de uma estrutura democrática que propicie a permanência do Estado. Noutros termos, a violência é convertida em "força" e propicia a dominação a partir de uma relação que é aceita não apenas pelos governantes, mas também pela população, gerando um equilíbrio arquitetado para influenciar a estrutura da teoria do Estado de tal forma que aumente a exploração econômica ao seu nível mais elevado e que propicie a continuidade da dominação estatal.

5 - TEORIA DO ESTADO E A FORMATAÇÃO DE UMA DEMOCRACIA POR SEUS EFEITOS SOCIOPSICOLÓGICOS

Para uma democracia funcionar, uma vez que sua base fundamental é o respeito pela maioria, ter uma constituição é um ponto elementar para a criação de uma teoria do Estado. Ela é o elemento capaz de realmente tornar acessíveis todos os planos de controle e de permanência do poder em intervalos regulares, reduzindo ao máximo o atual desejo frustrado de poder por meio da perspectiva de um futuro melhor. Segundo Hoppe, de fato, ao contrário do mito popular, a adoção de uma constituição democrática não tem nada a ver com liberdade ou justiça. Isso é fácil de se constatar porque, a despeito da alternância no poder, a ideia da "violência agressiva" tão bem trabalhada por Hoppe é capaz de se materializar também sob véu democrático.

Por outro lado, destaca o autor que:

> Num sistema baseado na teoria natural da propriedade – sob o capitalismo –, a regra da maioria não desempenha, e não pode desempenhar, qualquer função (obviamente, à exceção do fato de que se for aceita, ninguém poderia aderir a uma associação, como um clube desportivo ou uma associação de defensores dos animais, adotando a regra da maioria cuja jurisdição é aceita deliberadamente pelos membros como obrigatória pela duração de sua associação). Nesse sistema, só são válidas as regras de apropriação original de bens através do uso ou da apropriação contratual de proprietários anteriores. Apropriação por decreto ou sem o consentimento do proprietário-usuário anterior independentemente se foi executada por um autocrata, uma minoria, contra uma maioria, ou por uma maioria contra uma minoria, é, sem exceção, um ato de violência agressiva. O que distingue uma democracia de uma autocracia, monarquia ou oligarquia não é que a democracia signifique liberdade enquanto os outros significam agressão. A diferença entre eles reside unicamente nas técnicas utilizadas para administrar, transformar e canalizar a resistência popular alimentada pelo desejo frustrado de poder. O autocrata não permite que a população influencie a política por qualquer meio regular formalizado, muito embora ele também deva prestar atenção à opinião pública a fim de firmar a sua existência. Portanto, um autocrata é caracterizado pela ausência de um mercado institucionalizado para potenciais detentores do poder. Por outro lado, uma democracia tem exatamente esse tipo de instituição (HOPPE, 2013, p. 155-156).

Para fixar as diretrizes dessa constatação, Hoppe pontua que o Estado deve, primeiramente, realizar a expropriação patrimonial pelos vieses já analisados nos capítulos anteriores, ceifando os proprietários naturais de seus bens para que suas contribuições lhe propiciem os meios de imposição dos fatores sociopsicológicos e, *a posteriori*, lhe forneçam as condições para a estruturação de processos de tomada de decisão centralizados ou descentralizados em estruturas de representação única ou com várias etapas, viabilizando a formatação do Estado como "uma instituição de agressão".

É a constatação conclusiva do autor:

> Para provocar o fim do estatismo e do socialismo, deve ser promovida nem mais nem menos do que uma mudança da opinião pública que levasse as pessoas a não utilizarem as saídas institucionais de participação política para satisfazer o desejo pelo poder, mas em vez disso, fazê-las eliminar qualquer desejo de poder, transformar a própria arma organizacional do Estado contra ele próprio e pressionar de forma intransigente pelo fim da tributação e da regulação dos proprietários naturais onde quer que e toda vez que houver uma chance de influenciar a política (HOPPE, 2013, p. 160-161).

6 - CONSIDERAÇÕES FINAIS

A título conclusivo, deve-se realçar o papel da estruturação social em torno de fontes de confiabilidade da população nos modelos decisionais implementados pelo Estado para que, em termos de legitimidade, se consiga transmitir a confiabilidade necessária para a aferição de condicionantes essenciais ao trato dos afazeres violentos do interventor. Em mesmo sentido, é imperioso reconhecer o papel de Hans-Hermann Hoppe no estudo dos fatores sociopsicológicos como elementos fundamentais para que modelos socialistas consigam se perpetuar no poder, independentemente das inescapáveis controvérsias geradas pela expropriação patrimonial que precisa realizar para garantir sua própria permanência. Com isso, dá-se especial destaque à importância do sistema de segurança pública e ao monopólio do poder jurisdicional na perpetração da meta, com maior relevância do que aspectos como comunicações, trânsito e até a própria educação.

Pode-se asseverar, por fim, que a instituição de fundamentos sociopsicológicos corporifica o Estado socialista, pois a sua existência, a posterior estabilidade e o esperado crescimento se assentam na agressão e no apoio público de sua agressão, que o Estado administra com eficiência, fazendo-o por políticas de discriminação popular e de participação direta na formulação da política em decorrência da concessão "*aos potenciais detentores do poder da oportunidade consoladora de adotar seus esquemas específicos de exploração em uma das mudanças políticas subsequentes*" (HOPPE, 2013, p. 163).

BIBLIOGRAFIA

HOPPE, Hans-Hermann. *Uma teoria do socialismo e do capitalismo*. Trad. Bruno Garschagen. 2ª ed. São Paulo: Instituto Ludwig von Mises Brasil, 2013.

HOPPE, Hans-Hermann. *Democracia, o Deus que falhou.* Trad. Marcelo Werlang de Assis. São Paulo: Instituto Ludwig von Mises Brasil, 2014.

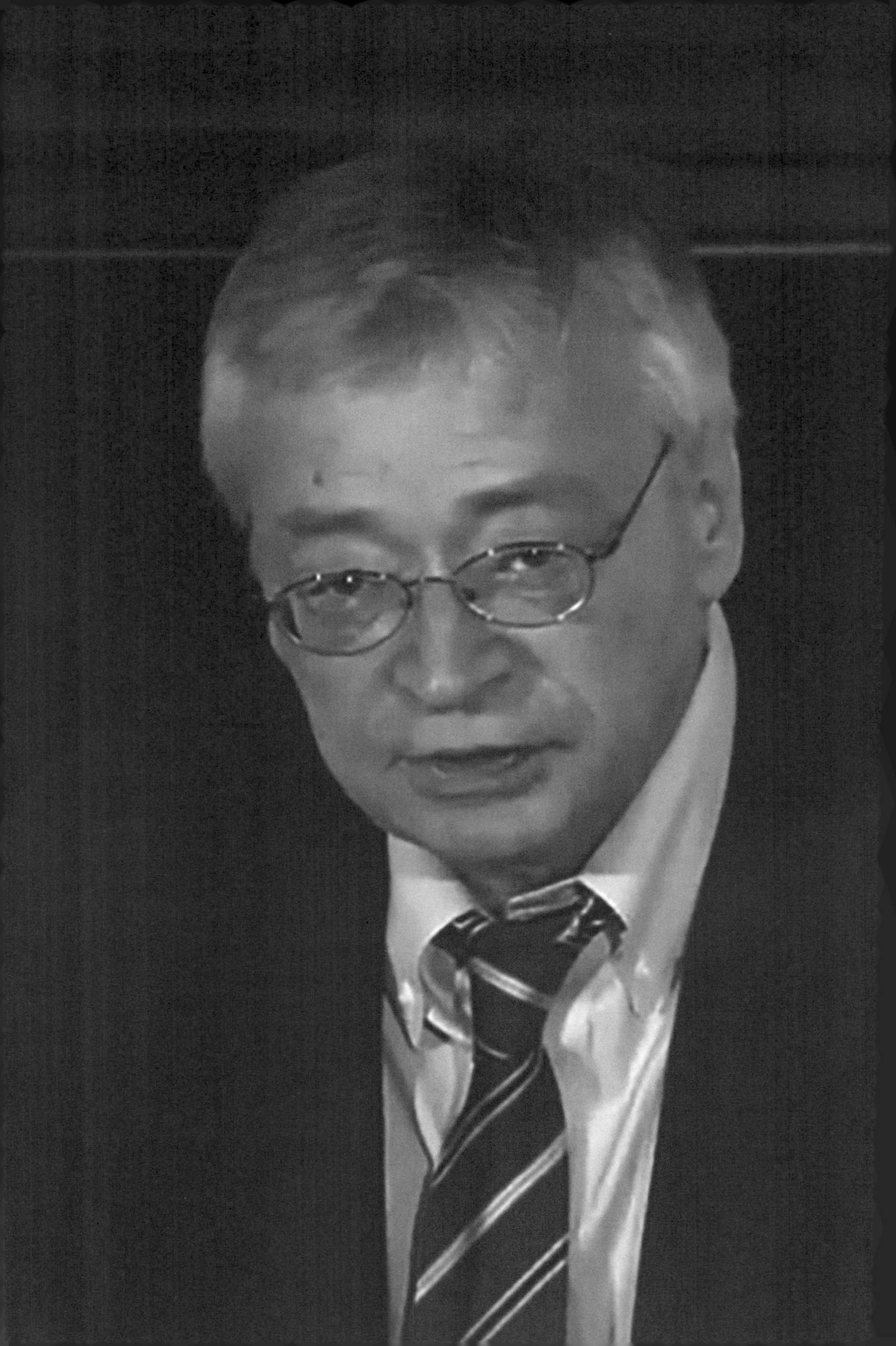

CAPÍTULO 7

CENTRALIZAÇÃO E SOCIALISMO: RELAÇÕES ENTRE A ATIVIDADE ESTATAL E O DESENVOLVIMENTO ECONÔMICO

João Paulo Silva Diamante
João Vitor Conti Parron

INTRODUÇÃO

Hoppe traça um paralelo importante entre os processos de centralização e descentralização política (atribuindo-se ao último, também, o termo "secessão"), buscando quebrar o falso estigma de que unidades políticas maiores implicariam grandes mercados e maior produção de riqueza, enquanto que a descentralização seria incontestavelmente maléfica.

    A centralização consiste no fenômeno de expansão territorial de uma unidade política; é todo processo que resulta no aumento dos domínios de determinada nação, geralmente oriundo da unificação ou incorporação de novos territórios. A secessão, por sua vez, é o processo inverso; ocorre nos casos em que parte de um grupo rompe com o todo, inaugurando uma unidade política menor e independente. Dito isso, o autor destacou os efeitos diretos e indiretos de cada processo, efetuando uma robusta defesa em favor da secessão. Ainda, arrematou sua argumentação sob a tese de que quanto maior a centralização, piores as políticas adotadas pelos governantes sob o ponto de vista da produção de riqueza e liberdade de seus governados, surgindo daí as perniciosas políticas aplicadas ao longo da história, a exemplo do regime socialista que eclodiu durante o século XX.

Por fim, o autor dissecou o modelo socialista de produção, esclarecendo, em fartos argumentos, como esse tipo de política, necessariamente, conduz a humanidade à pobreza, reforçando, ainda mais, os argumentos favoráveis à realização de secessões em grande escala.

1 - CENTRALIZAÇÃO E SECESSÃO

O traço marcante de um Estado é a exploração, que ocorre, nos arranjos atuais, de forma velada, especialmente por meio de tributações e regulações – tudo sob a justificativa de "proteger" os membros da sociedade. Fato é que o Estado institucionalizou a violação da propriedade privada (sempre rejeitada pelas organizações sociais), sendo que essa característica está arraigada em sua própria natureza. Reforçando essa ideia, o sociólogo alemão Franz Oppenheimer definiu o Estado como representante da "*sistematização do processo predatório sobre um determinado território*" (OPPENHEIMER, 1926, p. 24-27)[27]. No mesmo sentido, Murray Rothbard aduziu que o Estado "*providenciou um meio legal, ordeiro e sistemático para a violação da propriedade privada*" (ROTHBARD, 2012, p. 13), perpetuando-se

---

[27] A respeito das formas de obtenção de riqueza, discorre Oppenheimer: existem duas formas fundamentalmente opostas através das quais o homem, em necessidade, é impelido a obter os meios necessários para a satisfação dos seus desejos. São elas o trabalho e o furto, o próprio trabalho e a apropriação forçosa do trabalho dos outros. Eu proponho, na discussão que se segue, chamar ao trabalho próprio e à equivalente troca do trabalho próprio pelo trabalho dos outros, de "meio econômico" para a satisfação das necessidades enquanto a apropriação unilateral do trabalho dos outros será chamada de "meio político". O Estado é a organização dos meios políticos. Como tal, nenhum Estado pode existir enquanto os meios econômicos não criarem um definido número de objetos para a satisfação das necessidades, objetos que são passíveis de ser levados ou apropriados por roubo bélico.

no poder por meio das regulações que ele mesmo criou, beneficiando-se de um sistema que se retroalimenta.

É que o Estado, em si, não existe; é mera abstração. Na verdade, é composto por outras pessoas (governantes), e por meio delas impõe suas vontades. Logo, suas ações representam nada mais do que os interesses próprios desses agentes governamentais. Movidos por esses interesses, tais agentes praticaram, ao longo da história, uma exploração cada vez maior, tributando, em ritmo crescente, os membros de seu território. Contudo, em determinado momento, a exploração encontrou seu limite, pois já não era mais possível tributar aquele grupo em uma escala ainda maior[28]. Para continuar aumentando a exploração (objetivo contínuo de um Estado) seria necessário aumentar seu território para, com isto, angariar novos membros tributáveis, o que apenas seria possível mediante conflitos com outros Estados. Esses conflitos, por sua vez, têm uma característica especial e de suma importância para a compreensão do tema aqui tratado: as disputas entre unidades políticas são eliminatórias, ou seja, o Estado vencedor do conflito absorve o território vencido, ampliando seus domínios e fundindo as unidades políticas anteriormente existentes.

Esse movimento acarreta uma centralização política cada vez maior, pois os territórios deixam de ter um domínio menos amplo e mais diversificado para se tornarem unidades maiores e sob o mesmo mando político. Esse fenômeno, repetido ao longo da história, pode culminar na formação de poucos Estados com espaços geográficos maiores ou, em última análise, em um Estado único mundial[29].

A propósito, quase a totalidade dos países existentes apresenta um histórico de expansão e unificação, sendo que, hoje, a humanidade está mais perto do que nunca do estabelecimento de um governo global. Diante desse cenário, o autor passa a contestar as concepções

---

28 Embora a tributação não tenha um limite natural, podendo ser estendida *ad infinitum*, sabe-se que, em determinado ponto, seu aumento conduz a uma diminuição da arrecadação, pois, devido à quantidade de tributos, as pessoas simplesmente param de comerciar. É o chamado peso morto dos impostos. Além disso, impor tributações em escala infindável poderia gerar tamanha insatisfação nos governados que eles se rebelariam contra os poderosos. Por esses motivos é que se diz que tributação nesses casos encontrava um "limite de segurança" para os detentores do poder.
29 O que bem ilustra esse fato é o próprio cenário europeu de organização dos Estados, pois, se no início do século X havia milhares de unidades políticas independentes, atualmente existem apenas algumas dezenas delas, justamente por conta do fenômeno acima descrito (HOPPE, 2014, p. 143).

predefinidas pelo senso comum de que a centralização, de um modo geral, significaria algo positivo à vida das pessoas, à medida que a secessão, seria incontestavelmente prejudicial:

> Conforme a visão tradicional, a centralização é, de um modo geral, um movimento "bom" e progressista; a desintegração e a secessão, mesmo quando as vezes inevitáveis, representam um anacronismo. Supõe-se que as grandes unidades políticas – e, em última análise, um único governo mundial – implicam maiores mercados e, em virtude disso, maior riqueza. Como comprovação desse fato, argumenta-se que a prosperidade econômica aumentou drasticamente com o aumento da centralização. Contudo, em vez de refletir a realidade, essa visão ortodoxa, na verdade, apenas ilustra o fato de que a história é normalmente escrita pelos vencedores. Correlação ou coincidência temporal não comprovam o nexo de causalidade. Com efeito, a relação entre a prosperidade econômica e a centralização é muito diferente – e, de fato, praticamente o oposto – daquilo que a ortodoxia alega (HOPPE, 2014, p. 143).

Para a compreensão desse ponto, faz-se necessária a devida distinção entre os conceitos de integração política e integração econômica, haja vista se tratar de fenômenos completamente distintos.

Se, de um lado, a integração política trata da expansão do domínio territorial de um Estado, seguido pelo aumento de sua capacidade de expropriação dos particulares, a integração econômica, de outro lado, diz respeito à ampliação de participação dos membros de determinado grupo no comércio de forma geral, não se restringindo apenas ao seu território, mas também internacionalmente.

Neste sentido, percebe-se que são conceitos excludentes, pois, mediante a maior integração política (leia-se: aumento da exploração) as sociedades se tornam improdutivas, uma vez que passam a ser mais tributadas e reguladas, reduzindo-se a participação nos mercados e produção de riqueza interna. De outro lado, não há nenhuma relação existente entre o tamanho de um território e sua integração econômica. Em outras palavras, uma pequena unidade, que não tenha sido objeto de integrações políticas, ou seja, que não tenha sido expandida por se agregar a outras unidades, pode integrar-se economicamente, rompendo suas barreiras geográficas e comercializando com diversas outras nações. É o que ocorre atualmente com os países desenvolvidos que não desfrutam de grandes bases territoriais (Hong-Kong, Singapura, Suíça e Estônia são alguns exemplos bem-sucedidos deste fenômeno).

Conclui-se, pois, que a centralização, em si, não tem relação direta com o desenvolvimento de uma nação, podendo ser acompanhada tanto pelo progresso, quanto pelo retrocesso econômico. Em realidade, o que definirá seu futuro será se o governo irá tributar e regular o respectivo território ou não, sendo que, quanto menos o fizer, maior será a integração econômica e o consequente progresso.

Contudo, embora não haja relação direta entre tamanho territorial e desenvolvimento econômico, há uma importante relação indireta, como bem destaca o autor:

> Não é possível começar a existir um governo central dominando territórios – e, ainda menos, um único governo mundial – ab ovo. Ao invés disso, todas as instituições com o poder de tributar e de regular os donos de propriedades privadas devem começar pequenas. A pequenez, porém, promove a moderação. Um governo pequeno tem muitos concorrentes próximos; se ele tributar e regular os seus próprios súditos de forma visivelmente mais pesada do que os seus concorrentes, haverá a emigração da mão de obra e do capital, o que fará com que esse governo sofra uma correspondente perda de futuras receitas tributárias (HOPPE, 2014, p. 144).

Conclui-se, pois, que diante da existência de unidades políticas menores, há, naturalmente, uma maior quantidade delas. Assim, o governante de sua respectiva unidade, ciente de que nas proximidades de seu território existem outras formas de organização e convivência diferentes das suas, tem maior zelo em sua governança, pois eventuais falhas serão mais evidentes em virtude da facilidade de comparação com os grupos mais próximos. Assim, age com maior cautela e impõe menor tributação para que os membros da sociedade se mantenham satisfeitos com sua governança, afinal, uma vez insatisfeitos, se revoltariam contra o governo para derrubá-lo ou, simplesmente, emigrariam para outra unidade vizinha que adotasse uma política que mais promovesse o bem-estar. É a lógica da competição aplicada aos governos.

Desse modo, percebe-se que quanto mais descentralizada uma sociedade, maior a tendência de que seja aplicada uma política de liberdade econômica, para que sejam eliminados os riscos acima indicados.

Todavia, tal competição entre Estados naturalmente suscita conflitos, pois toda governança busca mais súditos tributáveis para que possa expandir seu processo natural e contínuo de exploração. Assim, um Estado entra em conflito com outro, na tentativa de dominar novos territórios e, o derrotado, inevitavelmente, desaparece como organização política, incorporando-se ao Estado vencedor.

Dentre todos os aspectos que podem contribuir para a vitória de um Estado nesse tipo de conflito, o determinante é, sem dúvidas, a quantidade de recursos econômicos que esse Estado possui, pois, quanto maior for, mais poderá subsidiar o conflito e obter sucesso na expansão de seus domínios. Ocorre que os Estados que mais possuem recursos econômicos são, justamente, aqueles que aplicam políticas de liberdade econômica, como mencionado anteriormente, pois atraem uma maior quantidade populacional (pela maior qualidade de vida) e, consequentemente, angariam mais recursos, locupletando-se neste processo. Logo, nota-se que os Estados que mais têm condições de acumular recursos e financiar conflitos contra seus vizinhos são os próprios Estados com políticas liberais. Não por coincidência, foram os que, ao longo da história, mais se beneficiaram destes confrontos, incorporando outros territórios e estendendo, cada vez mais, seus domínios[30]. Por essa razão, também, é que o processo de centralização foi sempre contínuo, em especial pela continuidade dos conflitos entre Estados, que acarretaram no sucesso das unidades com políticas de liberdade econômica, em detrimento das governanças não liberais.

Todo esse processo culmina na formação de unidades políticas cada vez maiores e mais centralizadas. Se a descentralização trazia os benefícios da concorrência entre as unidades políticas, como a maior cautela dos governantes e menor tributação, as organizações centralizadas (de grandes territórios) provocam efeitos diametralmente opostos.

---

[30] Alguns exemplos são a deflagração da Revolução Industrial na Inglaterra e França centralizadas, o amplo domínio da Europa Ocidental no século XIX em relação ao resto do mundo, e a ascensão dos Estados Unidos no século XX (HOPPE, 2014, p. 146).

Ao inexistir várias organizações sociais distintas nas redondezas e ser mais custosa a emigração para outros locais em que se possa adotar um estilo de vida mais produtivo, os governos aumentam suas ingerências sem maiores preocupações, pois sabem que se tornou mais difícil que a população manifeste sua insatisfação e possa lhe causar prejuízos. Se para qualquer lugar dentro de uma unidade política para qual o indivíduo emigre lhe for aplicada a mesma política regulatória e tributária, desaparecem seus incentivos para se deslocar em busca de condições melhores. De igual maneira, deixam de existir também os motivos para que os governantes ajam com alguma cautela, ou que observem, ao mínimo, os interesses de seus governados.

Dessa forma, removido esse grande obstáculo que os Estados enfrentavam, é deflagrada a expansão exponencial dos poderes governamentais. Nas palavras de Hoppe:

> Isso explica os acontecimentos do século XX: com a Primeira Guerra Mundial e, ainda mais, com Segunda Guerra Mundial, os Estados Unidos concretizaram a sua hegemonia sobre a Europa Ocidental, tornando-se o herdeiro dos seus vastos impérios coloniais. Um passo decisivo em direção à unificação global foi tomado com o estabelecimento de uma *Pax Americana*. E, de fato, ao longo de todo esse período, os EUA, a Europa Ocidental e a maior parte do resto do mundo sofreu um constante e dramático aumento do poder governamental, da tributação e da regulação expropriatória (HOPPE, 2014, p. 146).

Passando-se a tratar da secessão, propriamente dita, é possível conceituá-la, em linhas gerais, como uma mudança de controle sobre a riqueza nacional, que passa de um governo maior para um menor. Para Murray Rothbard a secessão é vista como uma decomposição desejável que favorece as oportunidades de escapar à intervenção do governo e aos conflitos de interesses, permitindo uma tendência de descentralização e de descentralização das decisões (ROTHBARD, 2002).

Deve-se destacar, de início, que não se pode atribuir à secessão, exclusivamente, a imediata melhora no cenário econômico, pois isso passa, necessariamente, pelas políticas que a nova unidade decidirá adotar, entretanto, está intrínseco a esse tipo de movimento um aumento de produtividade. Isso porque o novo grupo que se forma, ou seja, aquele que decide se separar da agremiação anterior, geralmente o faz por acreditar que está sendo explorado e que pode obter resultados melhores individualmente. Apenas esse fato já evidencia um forte indício de que unidades separadas tendem a apresentar um melhor desempenho geral em sua produção. Substitui-se, pois, a integração forçada por uma separação voluntária. Separação essa que promove, ainda, benefícios de ordem humanitária, como a mitigação de conflitos e a promoção de harmonia entre os povos membros da nova agremiação.

É que com uma separação voluntária, cada grupo se organiza da forma que achar mais conveniente e cada indivíduo pode optar por agremiar-se, ou não, com essa nova unidade, a depender de seu grau de identificação, o que, invariavelmente, conduz a sociedade a um estado de maior paz e harmonia.

Ademais, se houver organizações próximas que pratiquem usos e costumes que, de maneira geral, as conduzam a um estado de maior desenvolvimento, é natural que também outros grupos se apropriem desse direito consuetudinário e passem a adotar tais práticas bem-sucedidas. Contudo, diante de uma agremiação forçada, perde-se essa eficiente possibilidade de aprendizado com culturas limítrofes. Sobre esse aspecto, esclarece o autor:

> Sob a integração forçada, qualquer fracasso ou erro pode ser culpa de um grupo (ou uma cultura) "estrangeiro", e todo sucesso ou acerto pode ser reivindicado como próprio; assim, não há motivo para qualquer cultura aprender com outra. Sob um regime de "separados, mas iguais", é preciso enfrentar a realidade não só da diversidade cultural, mas também – e em especial – dos níveis visivelmente diferentes de progresso cultural. Se um povo separatista deseja melhorar ou manter a sua posição vis-à-vis outro povo concorrente, o aprendizado discriminativo auxiliará nessa empreitada. É preciso imitar, assimilar e, se possível, melhorar as habilidades, as práticas e as regras características das sociedades mais avançadas; e é necessário evitar os traços das sociedades menos avançadas. Ao invés de promover um nivelamento por baixo de culturas (com o é o caso da integração forçada), a secessão estimula um processo cooperativo de seleção (e de promoção) cultural (HOPPE, 2014, p. 147-48).

Sem prejuízo desses benefícios de ordem cultural, a secessão também é hábil em promover a integração econômica das sociedades, pois, como discorrido anteriormente, aumenta as possibilidades de emigração inter-regional e, ao fazê-lo, pressiona os governantes a adotarem práticas que agradem os seus governados, sob o risco de perder esses membros produtivos de sua sociedade para organizações vizinhas por meio da emigração, agora mais facilitada.

Com esses incentivos repassados aos governantes e, estando estes constantemente pressionados a adotar políticas que promovam a liberdade, diminui-se o seu poder de influência sobre a economia doméstica, que passa a ser controlada, em maior grau, pelos próprios membros daquela sociedade, atendendo-se, assim, mais as suas próprias necessidades e menos a dos governantes. Sucede-se, ainda, que, quanto menor a agremiação, menores serão suas possibilidades de comércio interno e, por óbvio, mais necessitarão de comercializar internacionalmente para a satisfação de suas necessidades.

Nesse sentido, exemplifica o autor:

> Um país do tamanho dos Estados Unidos, por exemplo, mesmo que tenha renunciado a todo comércio exterior, pode atingir comparativamente elevados padrões de vida desde que possua um irrestrito e desobstruído mercado interno de capital e de bens de consumo. Em contraste, se cidades ou províncias predominantemente sérvias se separarem da Croácia circundante e seguirem o mesmo protecionismo, o resultado, provavelmente, será desastroso (HOPPE, 2014, p. 149).

Todavia, isto só pode ser feito se sua respectiva unidade política assim permitir, ou seja, se dentro de suas regras for adotada uma política de liberdade comercial. Desse modo, quanto menor o país, maior será a pressão para que se adote o livre comércio em detrimento do protecionismo. Eis outro forte argumento em favor da secessão.

Todavia, a *contrario sensu*, quanto maiores as unidades políticas, ou seja, quanto mais tímidos forem os movimentos de secessão e quanto mais os territórios se integrarem, formando grandes nações, menor será essa pressão para adoção de políticas em favor da liberdade. Consequentemente, menor será o poder de influência dos cidadãos sobre as decisões dos governantes e maiores serão as ingerências dos governantes sobre as liberdades individuais.

Constata-se, portanto, que, embora as ações dos agentes governamentais sejam sempre baseadas, primeiramente, em seus próprios interesses, é incontestável que unidades políticas extensas diminuem ainda mais os incentivos para que os desejos dos cidadãos sejam minimamente observados, sendo a medida mais hábil à reversão desse cenário a secessão dos territórios, o tanto quanto for possível. Afinal, apenas assim é que podem ser prestigiados os interesses dos indivíduos, em detrimento das vontades dos governantes, promovendo-se o desenvolvimento dos povos.

Como não poderia ser diferente, toda essa fragilização dos direitos dos cidadãos e sujeição às vontades dos agentes políticos, resultou, ao longo da história, em diversas tentativas de domínio total do Estado sobre a economia desses territórios, notadamente em função das tentativas de imposição de um modelo econômico socialista.

Tal modelo apenas foi colocado em prática em nações centralizadas politicamente, justamente pela diminuição do poder de influência dos cidadãos sobre os atos do governo, conforme discorrido ao longo desse tópico.

Esse sistema, cuja principal característica o controle total dos meios de produção, causou imenso retrocesso social por onde passou, conforme será discorrido a seguir.

2 - RIQUEZA E SOCIALISMO: UMA CONTRADIÇÃO ECONÔMICA

A pobreza é o estado natural do homem e, desde os primórdios, à época dos caçadores e coletores, os indivíduos buscam majorar sua riqueza, para que possam viver mais e melhor, sempre visando amenizar sua condição de miserabilidade. É importante frisar, contudo, que riqueza não deve ser compreendida como um sinônimo de dinheiro, algo comum hoje em dia, razão da grande importância que a moeda representa para as economias. Tratando do assunto de acordo com o ensinamento de Smith, Hazlitt (2010, p. 163) eis que:

> O erro que mais se evidencia e, também, o mais antigo e persistente, sobre o qual repousa a atração da inflação, está em confundir "dinheiro" com riqueza. "Considerar a riqueza como dinheiro, ouro ou prata", escreveu Adam Smith há quase

dois séculos: "é uma noção popular que deriva, naturalmente, da dupla função da moeda, como instrumento de trocas e medidas do valor [...]. Para enriquecer é preciso ter moeda, e na linguagem comum, em resumo, riqueza e moeda são consideradas, sob certo aspecto, sinônimos.

E conclui conceituando o que é, de fato, riqueza:

> Mas a riqueza efetiva é formada daquilo que se produz e se consome: o alimento que comemos, as roupas que usamos, as casas em que vivemos, as estradas de ferro e de rodagem e automóveis, navios, aviões e fábricas, escolas, igrejas, teatros, pianos, pinturas e livros. É tão poderosa a ambiguidade verbal que confunde dinheiro com riqueza, no entanto, que mesmo os que, às vezes, reconhecem a confusão, nela resvalam no curso de seu raciocínio.

Portanto, a riqueza é oriunda do maior acesso aos bens e serviços que determinado indivíduo julga fundamental a lhe proporcionar conforto; em suma, é aumento de seu bem-estar geral. A humanidade prospera à medida em que consegue descobrir formas de aumentar sua riqueza, produzindo bens e serviços que lhe forneçam, de alguma forma, maior comodidade, facilitando a vida e tornando-a menos penosa. Conforme Hoppe descreve em *Uma breve história do Homem*, há cem mil anos o homem não tinha meios de abater grandes animais ou sequer de pescar, uma vez que ostentava armas simples, feitas apenas de madeiras, pedras e outros materiais locais (HOPPE, 2018, p. 28). Após cerca de cinquenta mil anos, porém, o homem aprendeu a sofisticar suas ferramentas, passando a utilizar, além da pedra e da madeira, ossos, galhadas, marfim, dentes e conchas, cujos materiais vinham de lugares mais distantes. As facas, anzóis, alfinetes, brocas e lâminas ficaram mais complexas e produzidas com maior habilidade, sendo que tais avanços permitiram a melhora na caça, pesca, construção de barcos e afins (HOPPE, 2018, p. 28). Posteriormente, o homem passou a dominar a agricultura e independer da regeneração da natureza, produzindo o próprio alimento e, assim, possibilitou que mais pessoas pudessem ter o suficiente para sua subsistência, evitando, ainda, guerra pelos poucos recursos naturais que antes eram insuficientes[31].

---

31 Hoppe destaca que, muito embora a Primeira e Segunda Guerra Mundial tenham produzido efeitos nefastos e dezenas de milhões de mortos, o homem primitivo

Vê-se, pois, que, de tempos em tempos, o homem encontra formas de aumentar suas riquezas, prosperando enquanto indivíduo. Do aprimoramento das armas de caça e domínio da agricultura, que ampliaram a quantidade de alimento disponíveis para consumo do homem, à Revolução Industrial do fim do século XVIII, com a utilização das máquinas a vapor na indústria e a denominada "Quarta Revolução Industrial", caracterizada pelo conjunto de tecnologias disruptivas como inteligência artificial, robótica, realidade aumentada, impressão 3D etc.

Sedimentadas essas premissas, deve-se questionar, então, como a riqueza seria criada e qual o arranjo político-econômico que melhor atenderia às condições para que isso fosse feito. Sobre esse ponto, o autor aduz que a riqueza somente pode ser criada (I) pela percepção dos bens ofertados pela própria natureza[32]; (II) por meio da produção de outros bens[33]; e (III) em virtude das trocas voluntárias realizadas entre os indivíduos (comércio)[34].

Em resumo, os atos de apropriação tornam algo que nenhum indivíduo deu importância em um bem capaz de gerar rendimentos; os atos de produção, por sua vez, transformam bens menos valiosos em bens mais valiosos e, por fim, as trocas voluntárias em um ambiente de mercado permitem o redirecionamento de bens de indivíduos que os atribuam menos valor a outros que atribuam mais, beneficiando ambas as partes (HOPPE, 2014, p. 155).

---

foi muito mais belicoso que o moderno, estimando-se que 30% de todos homens nas sociedades caçadoras e coletoras morreram de causas violentas. Citando as estimativas de Lawrence H. Keeley, uma sociedade tribal perdia cerca de 0,5% de sua população em combates todos os anos o que, aplicado ao século XX, representaria uma taxa de mortalidade de aproximadamente dois bilhões de pessoas, taxa substancialmente diversa da que se teve nesse último período, qual seja de centenas de milhões (HOPPE, 2018, p. 35).
32 A pedra e a madeira, apropriadas pelo caçador, elevam-lhe o bem-estar à medida que lhe permitem usá-las para abater um animal e dele se alimentar ou se defender de atacantes inimigos.
33 Utilizando os recursos naturais originalmente apropriados e neles trabalhando, pode-se criar algo que eleve o bem-estar daquele que o detém. Empregando a pedra e a madeira apropriados da natureza, pode-se fazer um machado, conseguindo, assim, caçar e se defender com mais precisão e menos tempo e esforço.
34 Quando duas pessoas realizam uma troca de bens entre si, significa que desejam em maior intensidade, concomitantemente, aquilo que outro ostenta (HOPPE, 2014, p. 155), logo, com a troca ambos os agentes ficam mais ricos, vez que saíram de um estado de menor conforto para um estado de maior conforto.

Contextualizando-se o momento histórico anterior às experiências socialistas, em um cenário pós Revolução Industrial, é certo que as economias eram fundadas, majoritariamente, em um sistema capitalista, erigido sobre as diretrizes da propriedade privada, divisão do trabalho e livre comércio, cujos conceitos merecem ser, brevemente, destacados.

A propriedade privada é o fundamento central do livre mercado, sendo um dos fundamentos para que a própria atividade comercial exista, afinal, aquele que não possui propriedade sobre um bem não pode dele dispor, trocando-o com terceiros. Por definição, é proprietário de algo o indivíduo que se apropria de um bem originalmente da natureza, produz ou o aprimora com seus esforços, ficando com o resultado obtido, ou, por fim, que o obtém por meio de uma relação contratual, sendo que, em ambas as hipóteses, é garantido que não seja esbulhado por terceiros no uso, gozo ou disposição desta sua propriedade. Apenas se respeitado este arranjo é que se faz possível que as relações comerciais existam e a sociedade prospere. Ainda, tal direito natural não apenas protege a liberdade individual, ao permitir que as pessoas escolham o sentido de sua vida, decidindo o que fazer com seus corpos e pertences, mas também propicia um ambiente favorável à divisão do trabalho e ao livre comércio.

Tendo em conta que cada indivíduo ostenta infindáveis peculiaridades em relação aos outros, a divisão do trabalho se mostra fundamental, pois, quando cada homem ou grupo de homens realiza(m) determinada tarefa na cadeia produtiva dos bens e serviços, eleva-se a produtividade e qualidade deles.

Nas palavras de Ludwig Von Mises (2010, p. 49):

> A sociedade humana é uma associação de pessoas que buscam a cooperação. Ao contrário da ação isolada dos indivíduos, a ação cooperada, na base do princípio da divisão do trabalho, traz a vantagem da maior produtividade. Se um determinado número de homens trabalha em colaboração, segundo o princípio da divisão de trabalho, esses homens produzirão (tudo o mais permanecendo constante) não apenas a quantidade do que teriam produzido, se trabalhassem como indivíduos autossuficientes, mas muito mais do que isso. Toda a civilização humana é alicerçada nesse fato. (G.n)

Havendo divisão do trabalho, cada indivíduo realiza um intercâmbio social no comércio, pondo à venda seus talentos e/ou produções para obter receitas dos consumidores para, então, permutar esses frutos do seu trabalho específico e adquirir o que deseja. Em termos práticos, cada indivíduo, ao invés de realizar diversas atividades distintas, se concentra em fazer aquilo que sabe de melhor e, com isso, se torna mais produtivo. Com o aumento de produtividade, pode demandar por mais bens e serviços do que antes, aumentando seu bem-estar.

É diante de tal quadro, em que os indivíduos podem utilizar e dispor de seus bens, colaborarem e trocarem entre si que se estabelece o regime de "livre comércio", ambiente favorável à potencialização da produção e comércio de bens e serviços, majorando, conforme as explicações de Hoppe, a riqueza dos indivíduos.

De modo inverso, porém, em um regime socialista, a propriedade dos bens de produção, ou seja, todos os bens utilizados para produzir bens e serviços, é atribuída a um grupo de pessoas por critérios governamentais, sem quaisquer relações com ações anteriores desse grupo quanto a tais bens (HOPPE, 2014, p. 156).

Melhor explicando, não é mais determinante o fator da ação individual no que diz respeito à propriedade. O pedaço de madeira e a pedra, por exemplo, não pertencerão ao indivíduo que neles vislumbrou alguma utilidade ou neles desejava trabalhar para aprimorá-los ou produzir algo novo. Da mesma forma, os bens de capital que anteriormente transitavam no comércio por meio da realização das trocas, feitas pelos indivíduos de acordo com suas preferências, passam a ser direcionados pelo Estado.

Forçoso reconhecer, portanto, tal como Hoppe evidencia, que o socialismo favorece os não apropriadores, não produtores e não contratantes, prejudicando os apropriadores, produtores e contratantes e provocando, por consequência, um ambiente em que há menos apropriação dos recursos naturais escassos; menos produção de novos fatores de produção, com consequente manutenção dos fatores já existentes e, ainda, menos trocas no mercado (HOPPE, 2014, p. 156).

Com tais reflexões é possível vislumbrar, desde já, uma primeira e forte objeção ao socialismo: ele desestimula as três – e únicas – formas pela qual a riqueza pode ser criada, conduzindo ao empobrecimento e barrando o crescimento do bem-estar social.

Muito além de tal argumento, compreendendo-se o que é o mercado e a função dos preços na economia, entender-se-á o chamado "problema do cálculo econômico no socialismo", constatado por Ludwig von Mises em 1920 e utilizado por Hoppe para robustecer sua argumentação antissocialista.

O mercado é um processo originado nas mais diversas ações e interações das pessoas sob o regime da divisão de trabalho aqui já comentado. Tais pessoas, ostentam preferências e desejos diversos, agindo com base neles, comprando, vendendo, trocando, poupando e trabalhando. Conforme essas preferências e desejos se modificam, intensificam ou abrandam, a situação do mercado se altera, adaptando-se a essas novas condições. Em termos mais técnicos, o mercado representa a interação entre os indivíduos, no papel de consumidores e empreendedores, sendo alterado de acordo com a oferta e demanda, um dos pilares da economia de mercado. A demanda dos indivíduos por um bem ou serviço, tal como a oferta deles pelos mais variados empreendimentos, é o que influencia na formação dos preços, juntamente com base na escassez. Quando as pessoas passam a desejar mais determinado bem ou serviço, o seu preço aumenta e, a *contrario sensu*, o preço diminui com a redução da demanda pelos consumidores.

Destarte, sendo os recursos limitados e os desejos dos indivíduos ilimitados, o preço desempenha um papel importantíssimo na economia: revela aos empreendedores aquilo que é mais e menos desejado pelos consumidores, de modo a incentivar que os bens de capital (mão de obra, imóveis, e todo e qualquer bem destinado à produção) sejam destinados da melhor forma possível, já que todo empreendedor busca o lucro e só o obtém à medida que consegue colocar no mercado algo que pessoas queiram, voluntariamente, adquirir.

Sintetizando essas lições, Hazlitt (2010, p. 109) escreve que:

> Fixam-se os preços mediante a relação entre a oferta e a demanda, os quais, por sua vez, as afetam. Quando as pessoas desejam maior quantidade de um artigo, oferecem mais por ele. O preço sobe. Isso aumenta os lucros daquele que fabrica o artigo. Havendo agora maior lucro na fabricação dele que na de outros artigos, as pessoas que já se encontram nessa atividade expandem sua produção e outras pessoas são atraídas para esse setor. Esse aumento da oferta reduz então o preço e a margem

de lucro, até que essa margem de lucro alcance o nível geral de lucros das outras indústrias (considerados os riscos relativos). Ou, então, a demanda do artigo pode cair; ou sua oferta aumenta a tal ponto que o preço cai a um nível no qual haverá menos lucro em fabricá-lo, que em fabricar outros artigos; ou, talvez, haja, na verdade, prejuízo em fabricá-lo. Nesse caso, os produtores "marginais", isto é, os menos eficientes ou aqueles cujo custo de produção é mais elevado, serão excluídos do mercado. O produto será, então, fabricado apenas pelos produtores mais eficientes, que operam a custos mais baixos. A oferta do artigo cairá também ou, pelo menos, deixará de expandir-se[35]. (g.n)

É por esta razão que os doutrinadores que militam em favor do livre mercado dizem que na economia de mercado é identificada a figura do "consumidor soberano". São os consumidores, ao comprarem ou deixarem de comprar algo, que decidem quais empresários serão bem-sucedidos[36]. Em suma, então, o que se constata é que os preços constituem a informação mais relevante para o mercado, pois, transmitem incentivos aos empreendedores para que explorem aquilo que é mais desejado pelos indivíduos, auxiliando, ainda, no ajuste entre oferta e demanda.

Compreendido esse ponto, relevante refletir sobre quais seriam, então, as consequências econômicas e sociais caso tal mecanismo não pudesse funcionar. É exatamente isso que pondera o problema do "cálculo econômico sob o socialismo". Ora, se os bens de capitais são todos socializados, tal como visa o socialismo, não há comércio desses bens e, por consequência, não é possível que se saiba o preço deles, já que não se tem um mecanismo hábil a revelar o julgamento dos indivíduos e empreendimentos acerca destes bens.

A análise dos bens de capital, sobretudo em economias globalizadas, ocorre por meio de alguma unidade que possibilite aos indivíduos realizar estimativas buscando o uso racional dos recursos escassos. Essa unidade é o preço, que representa uma unidade comum

---

35 HAZLITT, Henry. *Economia Numa Única Lição*. 4ª ed. São Paulo: Instituto Ludwig Von Mises Brasil, 2010. p. 109.
36 A título de exemplo, vide o que discorre Lorenzon: "*Socialistas esquecem que em uma economia capitalista, quem realmente controla os empresários são os consumidores, ao aprovarem (comprarem, e então gerarem lucro) ou reprovarem (causando prejuízo) o que ele está oferecendo. É como se o mercado fosse um grande "sistema democrático", em que cada um real corresponde a um "voto econômico"* (LORENZON, 2017. p. 106).

de cálculo representada pelo valor objetivo de trocas dos bens. Assim, além do benefício da sinalização dos bens mais desejados pelos indivíduos, os preços fornecem um parâmetro para avaliar os métodos mais apropriados de se empregar os bens no comércio. Aqueles que desejam empreender podem realizar cálculos sobre determinado processo de produção e verificar se conseguirão ou não operar de maneira mais econômica que seus concorrentes, produzindo um bem ou serviço com lucratividade. (VON MISES, 2012, p. 24).

Sintetizando, tem-se que os preços são fundamentais na economia por sinalizar o que as pessoas desejam em maior e menor medida, bem como, orientar a ação dos empreendedores evidenciando quais atividades econômicas devem ou não ser iniciadas, por meio dos sinais que as presunções de lucros ou perdas representam.

Após tais conceitos e reflexões, podemos compreender as assertivas de Hoppe acerca da má alocação de recursos no regime socialista:

> [...] uma vez que, sob o socialismo, os meios de produção não podem ser vendidos, não existem preços de mercado para os fatores de produção. Sem tais preços, a contabilidade de custos é impossível. As receitas não podem ser comparadas com as despesas; e é impossível verificar se o uso de um fator de produção para uma finalidade específica é economicamente viável ou conduz a um desperdício de recursos escassos em projetos com pouca ou nenhuma importância para os consumidores. Em função de não lhe ser permitido receber ofertas de indivíduos particulares que possam perceber uma forma alternativa de utilizar um determinado meio de produção, o administrador socialista dos bens de capital não sabe quais são as oportunidades que ele está perdendo. Em consequência disso, ocorrerá uma permanente má alocação dos fatores de produção (HOPPE, 2014. p. 156).

Sem um mercado para os bens de capital, então, permitindo, por consequência, a formação de preços, não se pode obter uma valoração social dos bens e serviços nem um parâmetro de avaliação para os que operam tais bens. A oferta não se ajusta à demanda e a alocação dos recursos se torna caótica. O resultado é o bloqueio do aumento de riqueza das pessoas.

Adicionando argumentos críticos ao regime socialista, Hoppe ainda discorre que, neste sistema, o incentivo dos produtores para aumentar a quantidade e a qualidade da produção individual é diminuído substancialmente. Sendo os lucros e prejuízos socializados, ao invés de atribuídos a cada indivíduo especificamente, há grande inclinação à preguiça e negligência, resultando em menor quantidade e qualidade de bens e um permanente consumo, embargando, novamente, o aumento da riqueza na sociedade (HOPPE, 2014. p. 157).

Por fim, a reflexão de um último ponto também importante. Viu-se que, em um regime de capitalismo de livre mercado impera o direito natural à propriedade privada, cuja implicação é que os proprietários possam realizar, sem embargos de terceiros, o que bem entenderem com seus pertences, como vendê-los, trocá-los, alugá-los, doá-los ou utilizá-los para produção de outros bens.

É exatamente esse direito que permite, consoante já exposto, o florescimento de um mercado pujante.

Em contrapartida, em um ambiente cujos bens de capital são coletivos, as faculdades acima elencadas demandam mecanismos de decisões igualmente coletivas para que, pela via política, decida-se questões ligadas à produção.

Isso implica uma politização da sociedade, levando-a ao empobrecimento, conforme elucida o autor:

> Com a propriedade coletiva dos fatores de produção, são necessários mecanismos de decisões coletivas. Todas as decisões sobre o que, como e para quem produzir, sobre quanto pagar ou cobrar e sobre quem promover ou rebaixar são questões políticas. Eventuais divergências devem ser resolvidas por meio da supremacia da vontade de uma pessoa sobre a vontade de outra pessoa; e isso, invariavelmente, cria vencedores e perdedores. Assim, caso se deseje subir a escada do regime socialista, é preciso recorrer a talentos políticos. Não é a capacidade de empreender, de trabalhar e de satisfazer as necessidades e os desejos dos consumidores que garante o sucesso. Ao invés disso, é por meio da persuasão, da demagogia e da intriga – bem como por meio de promessas, de subornos e de ameaças – que se alcança o topo. É desnecessário dizer que essa politização da sociedade, implícita em qualquer sistema de propriedade

coletiva, contribui ainda mais para o empobrecimento e a miséria (HOPPE, 2014. p. 157). (G.n).

Estabelecido o quão malicioso e contraproducente à riqueza de uma sociedade é o socialismo, Hoppe também se debruça sobre o método da desestatização, ou seja, qual a forma adequada de reestabelecer toda a propriedade privada em um ambiente cuja propriedade é coletiva. É que Hoppe, tal como seu influenciador, Murray N. Rothbard, milita pelo libertarianismo, ou seja, pela total redução da atividade estatal e um regime de livre iniciativa em todas as atividades, inclusive justiça e segurança. Diverge, pois, de grande parte da própria Escola Austríaca de Economia (Ludwig von Mises, Friedrich August von Hayek, Frédéric Bastiat, entre outros), cuja defesa é do liberalismo clássico, consistente na defesa do governo apenas para suas funções clássicas de criar as "regras do jogo" e prestar serviços de segurança e justiça, imperando, nas demais atividades, o capitalismo de livre mercado. Assim, como no ideal libertário de Hoppe não resta nenhum órgão estatal na sociedade, não é defensável realizar leilões dos bens públicos a serem privatizados, pois, sequer é desejável que o Estado angarie receita, mas que ele seja extinto.

Entretanto, muito embora as ponderações práticas de Hoppe acerca do método para a ocorrência da total desestatização dos bens em um regime socialista, não é o foco que se visa com o presente estudo[37]. O que se deve frisar, por ora, é o óbice ao aumento da riqueza

---

[37] A título de curiosidade, a ideia central do autor é que deve ser reestabelecida a propriedade a quem o era antes da socialização, retirando-a, portanto, dos atuais usuários do bem coletivo. Contudo, conseguindo o usuário atual comprovar que o proprietário original o era por meios fraudulentos ou ilícitos, adquirirá o título de proprietário do bem que utiliza. Não sendo possível identificar os proprietários privados originais que foram expropriados pelo Estado, põe-se em prática um ideal sindicalista, em que os atuais usuários ficam com os bens que utilizam, imperando, após, um livre mercado de transações das quotas de propriedades adquiridas, ou seja, cada proprietário pode dispor, locar, doar e vender sem embargos o que agora adquiriu. Tal fato permite a separação de funções – proprietários empreendedores e não proprietários empregados – e, ainda, a transferência de bens dos indivíduos menos produtivos para os mais produtivos. Nessa desestatização, alguns problemas serão enfrentados, como estruturas construídas em imóvel que deve ser restituído ao proprietário original. Para Hoppe, a única saída nesses casos seria a negociação, pois, ambos agentes – proprietário original do terreno e proprietários da estrutura – teriam interesse em chegar em uma solução o quanto antes. Analogamente, Hoppe compara a desestatização plena aos problemas de estabelecer a propriedade privada em um Estado de natureza, cujos recursos estão sem donos. Quanto a Estados apenas parcialmente socializados, como ocorre no Estado de bem-estar social, o modo de desestatização defendido por Hoppe é diverso. Não seria defensável o

de uma sociedade ensejada pelo implemento do regime socialista. Em tal regime, desestimula-se as formas de criação de riqueza; impede-se o cálculo econômico, bloqueando o ajuste da oferta e demanda, com consequente má alocação dos recursos; inclina-se as pessoas à preguiça e a negligência e, ainda, dá-se espaço à politização exacerbada da sociedade, uma vez que com bens de capital coletivos todas questões demandam mecanismos políticos para tomada de decisão.

Não há outra conclusão, portanto, senão a de que a adoção do socialismo não pode conduzir a outro fim que não o empobrecimento de uma nação.

3 - CONSIDERAÇÕES FINAIS

Nota-se, pois, que o livre comércio, baseado em um sistema capitalista sem restrições, é o modo de produção que, até os dias de hoje, evidenciou os melhores resultados quanto à produção de riquezas e erradicação da pobreza entre os povos.

De outro lado, é certo que a centralização política e a formação de unidades territoriais extensas constroem grande barreira ao desenvolvimento desse sistema, colocando os indivíduos diante de políticas contrárias à liberdade e ao progresso.

A saída para esse problema é a realização de constantes processos de secessão que, embora negligenciados e cada vez mais impedidos pelas organizações atuais, são capazes de promover inúmeros benefícios sociais por meio da concorrência pacífica e cooperativa entre diferentes culturas, além dos inegáveis progressos advindos de uma verdadeira integração econômica, somente possível em um mundo descentralizado e que abandone, por completo, as diversas integrações forçadas constituídas ao longo de nossa história.

---

critério sindicalista anteriormente apontado, de modo que as propriedades públicas fossem entregues àqueles que a utilizam, ou seja, os servidores públicos. Os bens públicos e serviços públicos são financiados por meio de arrecadações coercitivas dos indivíduos – impostos – razão pela qual caberia a tais pagadores de impostos – e não aos consumidores de impostos – os títulos de propriedades públicas a serem privatizados. Em suma, portanto, Hoppe, todos aqueles que, de algum modo, se beneficiaram com bens/serviços públicos, tornando necessário, pois, a expropriação do contribuinte para tanto, não fazem jus a receber títulos de propriedade oriundos desses bens/serviços.

Destarte, não há dúvidas de que o regime socialista, fruto dessas sociedades continuamente centralizadas, bloqueia os mecanismos de enriquecimento de uma nação, impedindo o seu progresso e conduzindo as pessoas a um estado de maior pobreza, motivo pelo qual deve ser intensamente repudiado, mantendo-se a sociedade livre dessas intervenções e a caminho da prosperidade.

BIBLIOGRAFIA

HAZLITT, Henry. *Economia Numa Única Lição*. 4ª ed. São Paulo: Instituto Ludwig von Mises Brasil, 2010.

HOPPE, Hans-Hermann. *Democracia, o Deus que falhou*. São Paulo: Instituto Ludwig von Mises Brasil, 2014.

_____. *Uma breve história do Homem: Progresso e declínio*. São Paulo: LVM Editora, 2018.

LORENZON, Geanluca. *Ciclos Fatais: Socialismo e Direitos Humanos*. São Paulo: Instituto Ludwig von Mises Brasil, 2017.

ROTHBARD, Murray. *A Anatomia do Estado*. Instituto Ludwig von Mises. São Paulo, 2012.

VON MISES, Ludwig. *Liberalismo Segundo a Tradição Clássica*. São Paulo: Instituto Ludwig von Mises Brasil, 2010.

_____. *O Cálculo Econômico Sob o Socialismo*. São Paulo: Instituto Ludwig von Mises. Brasil, 2012.

Prof Dr

CAPÍTULO 8

OS IMPACTOS DA PREFERÊNCIA TEMPORAL SOBRE OS GESTORES PÚBLICOS EM ESTADOS DEMOCRÁTICOS

Francisco Ilídio Ferreira Rocha

Não existe, na dimensão da Ciência Política, um termo mais incensado do que a *Democracia*. Desde as grandes revoluções do século XVIII, a democracia foi elevada a pedra angular de um sistema de valores políticos que fundamenta – em essência – o poder do ente estatal e o dever de submissão de todos os cidadãos à Soberania Popular. Foi colocada num pedestal e admirada como valor essencial com tal devoção que, mesmo aqueles países que obviamente não são democráticos contorcem-se em fantásticos jogos retóricos de desinformação para escamotear sua natureza tirânica, tentando arrogar para si mesmos a qualidade de vestais democráticas; isso quando não deturpam o próprio conceito de democracia. Tudo para poderem chamar a si mesmos e exigir que outros assim os categorizem, pois tão somente nesses termos acreditam ser possível a satisfação de suas pretensões de legitimidade, liberdade e justiça que são comumente associadas aos processos democráticos.

Da elevação da democracia a um valor axiomático, entretanto, decorreu a sua mitificação, tornando-a refratária às críticas particularmente incisivas, quase como um tabu. A transformação do Estado Democrático em um ídolo do teatro gerou como consequência, não o fortalecimento da liberdade, mas sim a perda de densidade conceitual da democracia e a infantilização do debate. Não é de se espantar, portanto, o intenso grau de perplexidade que é produzido quando alguém eleva sua voz para proclamar as falhas essenciais do modelo democrático. Noutro sentido, porém, convém destacar, não foram poucos os grandes pensadores que se debruçando nos beirais dos temas políticos, perceberam os perigos da democracia e os seus vícios fundamentais[38]. De Platão a Nietzsche, de Aristóteles a Tocqueville, vários filósofos e cientistas políticos lançaram críticas ao Estado Democrático, sendo algumas mais, outras menos contundentes. Muitos se enveredaram por essa senda em defesa de alternativas aristocráticas, como a ditadura dos sábios platônica; outros tantos como forma de contrapropaganda produzida por ideólogos devotos de regimes totalitários, não raro de orientação marxista. Poucos, entretanto, seguiram pela trilha da crítica defendendo a liberdade. Este é o caso de Hans-Hermann Hoppe.

Hoppe considera que a elevação do princípio democrático à condição de proposição axiomática, além da mistificação da própria democracia, produziu uma confusão sobre suas possibilidades e seus limites, de tal feito que ela acabou por ser equivocadamente apontada como uma *conditio sine qua non* para a realização da liberdade e da justiça. Assim, indica que:

> Ao contrário do mito popular, a adoção de uma constituição democrática não tem nada a ver com liberdade ou justiça. Certamente, como o Estado limita a si mesmo no uso da violência agressiva quando se envolve na oferta de alguns bens e serviços positivamente avaliados, desse modo, aceita restrições adicionais quando os governantes de turno submetem-se ao controle da maioria daqueles que estão sendo governados.

---

[38] Em nota pessoal do autor desse capítulo, destaca-se que, mesmo reconhecendo a pertinência das críticas ao Estado Democrático, ainda se adere ao posicionamento de Winston Churchill de que "a democracia é o pior dos regimes políticos, mas não há nenhum sistema melhor do que ela".

Porém, apesar do fato de que essa restrição cumpre a função positiva de satisfazer determinados desejos de certas pessoas pela redução da intensidade do desejo frustrado de poder, em hipótese alguma significa que o Estado renuncia à sua posição privilegiada como uma instituição de agressão legalizada (HOPPE, 2013A:154-5).

Dissecando analiticamente a democracia e decompondo-a em suas qualidades essenciais, Hoppe produz uma crítica aguda e interessante sobre os vícios inerentes aos processos democráticos. É justamente a análise de Hoppe do impacto das características essenciais da democracia nas liberdades individuais, no processo civilizatório e na gestão dos dinheiros públicos que são os objetos deste ensaio que se desenrola nos tópicos subsequentes.

1 - A PREFERÊNCIA TEMPORAL NO CERNE DA CRÍTICA DE HOPPE

O ponto de partida da crítica de Hoppe encontra sua essencialidade no conceito de preferência temporal, que pode ser compreendida como uma lei natural da vida social (lei sociológica)[39]. Assim, como questão preliminar, é *mister* preciso o que vem a ser a preferência temporal e suas implicações.

O fato é que o ser humano, inerentemente limitado pela escassez de suas próprias possibilidades, bem como pelas perspectivas ditadas por um mundo também limitado, é confrontado, permanentemente, por uma escolha entre o presente e o futuro. Mesmo o tempo, mesmo sendo eterno em si, é para o homem algo exíguo na medida que a imortalidade é somente uma fantasia fetichista de quem teme a própria mortalidade. Enquanto o procrastinador supõe estar matando o tempo, não percebe que, em verdade, é o tempo o grande assassino.

---

39 Como lei natural da vida social ou lei sociológica compreende-se aqui o conjunto de normas que são inerentes ao funcionamento das instâncias ou instituições sociais. Na concepção de Karl POPPER, tratam-se de "leis tais como as formuladas pelas modernas teorias econômicas, por exemplo, a teoria do comércio internacional, ou a teoria do ciclo de comércio. Essas e outras tantas leis sociológicas estão ligadas ao funcionamento das instituições sociais. Tais leis desempenham em nossa vida social um papel correspondente ao, digamos, desempenhado na engenharia mecânica pelo princípio da alavanca. Pois necessitamos das instituições, como de alavancas, se quisermos realizar qualquer coisa superior à força de nossos músculos" (1974:81).

Daí, portanto, o tempo é um recurso parco que, ainda que comumente desperdiçado, deveria ser utilizado com prudência. Toda escolha é uma escolha temporal entre o presente e o futuro, no que o ser-presente, regateando com o ser-futuro, escolhe se prefere a satisfação de seus interesses imediatos ou se, por outro lado, investirá no horizonte porvindouro.

É evidente que, nesse litígio entre o imediatismo e o investimento no futuro, a satisfação presente conta com uma enorme vantagem.

> Todo agente requer uma certa quantidade de tempo para alcançar o seu objetivo; e, visto que o homem deve sempre consumir algo e não pode interromper totalmente o seu consumo enquanto estiver vivo, o tempo é sempre escasso. Então, *ceteris paribus*[40], os bens presentes – ou disponíveis mais cedo – são e devem ser invariavelmente mais valorizados do que os bens futuros – ou disponíveis mais tarde (HOPPE, 2014, p. 31).

O futuro somente prevalecerá sobre o gozo presente se as promessas de vantagens temporalmente distantes forem tão proveitosas que alguém troque a satisfação imediata pelas potenciais recompensas vindouras.

> Impelido pela preferência temporal, o homem só trocará um bem presente por um bem futuro se esperar um aumento da sua quantidade de bens futuros. A taxa de preferência temporal, a qual é (e pode ser) diferente de uma pessoa para outra e de um momento para o outro – mas que, para todos, somente pode ser positiva –, determina ao mesmo tempo o tamanho do prêmio que apresentam os bens presentes em relação aos bens futuros e o montante de poupança e de investimento (HOPPE, 2014, p. 32).

Todos os seres humanos, portanto, confrontados com escolhas que recaem sobre a fruição de recursos, estão decidindo entre o presente e o futuro. A preferência temporal é, portanto, um fator inescapável na decisão de alocação de bens. É importante salientar,

---

40 Expressão latina que significa "tudo o mais constante", isto é, "todo o resto permanecendo igual".

entretanto, que a taxa de preferência temporal é variável e impactada por uma miríade de fatores externos, biológicos, sociais, institucionais e pessoais.

Alguém, em razão da previsão de um cataclismo poderá decidir por poupar recursos; um jovem poderá pensar em investir num fundo previdenciário para resguardar sua velhice, enquanto um idoso, contemplando os anos finais de sua existência, poderá decidir que chegou o momento de aproveitar os recursos acumulados; uma sociedade na qual se respeita os contratos garantirá um ambiente mais seguro para o investidor enquanto um Estado espoliador favorecerá o imediatismo. Uma pessoa racional e informada ponderará mais adequadamente os fatores em jogo para decidir entre gastar ou poupar, enquanto outro mais hedonista e imprevidente simplesmente deixar-se-á levar pela maré de seus desejos atuais.

Ademais, como magistralmente pontuado por Milton Friedman, deve-se ainda observar que a decisão sobre gerenciamento de recursos é profundamente influenciada pela titularidade dos bens e pelo destinatário final dos gastos.

1° – Quando gastamos nosso próprio dinheiro com nós mesmos; nesse caso, sempre nos esforçando em fazê-lo da melhor forma possível, afinal, é o fruto de nosso trabalho, dos nossos esforços. Por isso procuramos sempre a melhor relação custo-benefício na hora de comprar qualquer produto ou serviço e evitamos desperdício;

2° – Quando gastamos o nosso dinheiro com outra pessoa, comprando um presente para alguém, por exemplo. Nesse caso, sempre calculamos o valor do presente em função da importância e do merecimento da pessoa e principalmente se temos ou não condições para isso;

3° – Quando gastamos o dinheiro de outra pessoa conosco. Um bom exemplo é imaginar alguém nos oferecendo um almoço no restaurante que escolhermos. Com toda a certeza, escolheremos um restaurante melhor e mais caro do que aquele que optaríamos num dia qualquer, afinal, não seríamos nós que pagaríamos a conta;

4° – Quando gastamos o dinheiro de uns com outros, tendo como exemplos se alguém nos desse um dinheiro para comprar um presente para uma terceira pessoa ou nos mandasse fazer um serviço utilizando material que não foi comprado por nós. Nesse caso, as considerações que teríamos na 1° e 2° formas desapareceriam, afinal, não haveria razão para nos preocuparmos com o bom uso desse dinheiro (MELO, 2015).

Portanto, o impacto da preferência temporal será de uma ordem acaso estejamos observando a hipótese de um cidadão decidindo sobre a alocação de seus próprios recursos em um ambiente em que prevalece o respeito à propriedade privada, e será doutra se considerarmos a figura do governante que, gastando os recursos espoliados de seus súditos, não tem qualquer pudor em relação aos dispêndios públicos.

Nessa senda, Hoppe sustenta que a preferência temporal tem um elevadíssimo impacto no processo civilizatório. Quanto mais elevada a preferência temporal, dar-se-ão as seguintes consequências: (a) tanto maior será a tendência da fruição imediata dos recursos, quanto (b) inversamente proporcional será a taxa de investimento e, por conseguinte, (c) mais escassa a disponibilidade futura de bens e (d) igualmente deduzida a riqueza global dos indivíduos de uma determinada comunidade. Noutro rumo, aponta que a tendência na queda da preferência temporal fomentará o processo civilizatório. Tal queda decorreria do respeito à liberdade e à propriedade.

> Enquanto este for o caso – enquanto cada indivíduo for respeitado por todos os outros como o proprietário da sua oferta de corpo e de tempo e de quaisquer bens que ele apropriou e produziu, de forma que todo mundo possa desfrutar, sem ser molestado pelos demais, todos os benefícios presentes e futuros a serem obtidos a partir desses bens –, a existência de mais de uma pessoa deixa inalterada a tendência à queda da preferência temporal ou ainda acelera e reforça o próprio processo" (HOPPE, 2014, p. 41).

Sem desprezar outros questionamentos interessantes, Hoppe prossegue analisando a inter-relação entre a preferência temporal e os gastos públicos, destacando como os governantes de Estados democráticos são impactados pelos fatores institucionais e sociais nas decisões de alocação das verbas públicas captadas dos pagadores de impostos.

2 - O IMPACTO DA PREFERÊNCIA TEMPORAL NAS DECISÕES DOS GOVERNOS DEMOCRÁTICOS

Existe uma noção bastante arraigada no imaginário social de que o particular, dado como essencialmente ganancioso e mesquinho, teria a tendência de ser mais imediatista do que o gestor público. Esse, hipoteticamente orientado pelas virtudes sociais mais elevadas, orientaria suas decisões sobre os gastos públicos por critérios de justiça social e visões de longo prazo. Essa equivocada concepção parte da falsa premissa que as autoridades públicas seriam naturalmente despidas dos vícios que corroem a alma privada. Uma vez portadores de uma insígnia de autoridade, aparentemente o escolhido converter-se-ia num ungido que tem como objetivo o bem-estar de seus súditos.

É possível perceber que, não raro e cada vez mais frequentemente, a relação entre súditos e seus representantes públicos é gravada por inclinações flagrantemente paradoxais. Por um lado, é cada vez mais evidente um crescente desprezo e uma franca hostilidade da opinião popular para com a atividade política. Noutro rumo, apesar de cada vez mais descrentes em relação aos políticos, os cidadãos não conseguem evitar entregar cada vez mais poderes aos governantes. Tal constrangedora situação passa desapercebida por HOPPE que pontifica que *"em contraste, políticos democráticos são geralmente desprezados, mesmo por sua própria base eleitoral. Mas então também não há nenhuma outra pessoa para a qual se voltar para buscar proteção"* (HOPPE, 2013, p. 36).

Considerando os inesgotáveis eventos históricos que demonstram que os governantes não são permeados por uma distinta moralidade angelical, era de se esperar que a humanidade já tivesse percebido que o poder sempre corrompe. Aliás, Platão já tinha notado, desde há muito, que o fato de ser escolhido como gestor dos negócios públicos não é uma garantia de virtude, mesmo pelo fato de que o processo seletivo leva em conta outros critérios para aquém da sabedoria ou honestidade.

Assim, mesmo contando com uma infinidade de exemplos históricos e presentes do imediatismo dos gastos públicos e do alto impacto da preferência temporal nas decisões dos gestores estatais, ainda assim, tal mito persevera naquelas pessoas constantes à espera de um porvir sebastianista.

A ideia de que os gestores públicos orientariam suas decisões a partir de considerações de longo prazo também não resiste a um escrutínio mais detido.

> É curioso que quase todos os autores papagueiam a noção de que proprietários privados que têm preferência temporal devem seguir uma "visão de curto prazo", ao passo que somente os funcionários do governo podem seguir uma "visão de longo prazo" e alocar a propriedade para aumentar o "bem-estar geral". A verdade é o exato oposto. O indivíduo privado, seguro de sua propriedade e do recurso de seu capital, pode optar pelo longo prazo, pois quer manter o valor de capital de seu recurso. É o funcionário público que perde por esperar, que deve saquear a propriedade enquanto ainda está no comando (ROTHBARD, 2012, p. 206).

De fato, considerando que o patrimônio estatal de uma democracia não pertence ao governante e notando como elemento essencial do processo democrático a possibilidade de alternância da governança, é de se convir que a preferência temporal tende a ser elevada. Desse fato decorre uma forte tendência para o dispêndio imediato dos recursos, pois, doutra forma, não existiria a possibilidade de vir a gastá-los no futuro. Portanto:

> Um governante democrático pode usar o aparato de Estado para a sua vantagem pessoal, mas esse não lhe pertence. Ele não pode vender recursos governamentais e embolsar privadamente as receitas dessas vendas; nem pode ele passar bens governamentais ao seu herdeiro pessoal. Ele detém o uso atual dos recursos governamentais, mas não o valor do capital [...]. Ao invés de manter ou até mesmo aumentar o valor da propriedade do governo – como faz um rei –, um presidente (o zelador temporário do governo) usará ao máximo os recursos governamentais o mais rapidamente possível, pois, se ele não os consumir agora, ele pode nunca mais ter a possibilidade de consumi-los (HOPPE, 2014, p. 55).

Daí que a gestão dos recursos públicos numa democracia é profundamente influenciada pela maior ou menor possibilidade de alternância no poder. Um governante queimará recursos, não somente para garantir a continuidade de seu partido no poder, mas, também, para evitar que seu sucessor se aproveite de recursos que já estão imediatamente à sua disposição. Afinal, por que deixar para outrem gastar em proveito de terceiros amanhã aquilo que se pode gastar hoje em proveito próprio[41]?

Uma vez que a democracia pressupõe a possibilidade de alternância pacífica dos postos de chefia governamental, essa virtude torna-se, pelo reverso da moeda, um vício. Como a hipótese de ser apeado do poder torna-se uma espada de Dâmocles que pende constantemente sobre a cabeça dos governantes, dar-se-á que a primeira e mais imediata preocupação de um governante será a permanência no poder pela perpetuação de suas posições nos postos-chave da administração pública. E essa preocupação imediata, premente e sempre urgente, rege a alocação dos recursos públicos. Tal tendência não é um vício acidental decorrente de um erro na escolha dos eleitos, mas um problema inerente da própria democracia.

O impacto da alta preferência temporal que, em regra, rege as decisões dos gestores públicos é, ainda, intensificado pela falta de responsabilidade dos gestores presentes com os governos futuros, ao contrário do que acontece com um investidor particular. Na hipótese daquele que decide sobre a gestão dos próprios recursos, as consequências das más decisões recairão sobre ele próprio, penalizando-o com a perda de seu patrimônio. Por outro lado, o imprevidente gestor público, por mais incauto que seja, sempre poderá se socorrer em duas soluções igualmente desastrosas: (a) espoliar ainda mais seus súditos; ou (b) simplesmente terceirizar as consequências do desastre de gestão para os governos subsequente. Assim, observa-se que:

> Em nítido contraste, um zelador presidencial do governo não é responsabilizado pelas dívidas contraídas durante o seu mandato. Ao invés disso, as suas dívidas são consideradas "públicas", para serem pagas pelos governos futuros (e igualmente não responsáveis). Por causa desse motivo – ninguém é pessoalmente responsabilizado pelas suas dívidas –, a carga da dívida aumentará, e o consumo governamental presente será

---

41 Com a acuidade que lhe é peculiar, Thomas Sowell sintetiza essa tendência vaticinando que ninguém entende de verdade a política até compreender que os políticos não estão tentando resolver os nossos problemas. Eles estão tentando resolver seus próprios problemas – dentre os quais ser eleito e reeleito são número 1 e número 2. O que quer que seja o número 3 está bem longe atrás.

ampliado em detrimento do consumo governamental futuro. A fim de refinanciar uma dívida pública crescente, o nível da tributação futura (ou da inflação monetária futura) imposto a um público futuro terá de aumentar (HOPPE, 2014, p. 58).

Por certo, quando se vaticina a proposição de irresponsabilidade do governante pelos gastos públicos, não se está arguindo pela completa falta de consequências pessoais de suas decisões. É bem possível e, aliás, não raro, que determinados agentes públicos realizem gastos ilícitos, no que os governantes e seus cúmplices podem ser judicialmente imputados por seus atos. O que se pretende dizer com a proposição de irresponsabilidade pela eficiência e pelos resultados dos gastos públicos em um Estado Democrático é que o governante, atuando dentro da margem da legalidade, não pode ser imputado pelos maus resultados dos investimentos públicos, salvo pelo tribunal das urnas, ou seja, pelos próprios eleitores. E daqui surge um outro problema do qual decorrerá o incremento da pretensão temporal.

Os eleitores que, a princípio, são os decisores da qualidade de um governo democrático, tendo em suas mãos o voto que determinará a (des)continuidade de um determinado gestor, tendem a fomentar a demagogia dos candidatos. Uma vez que o apetite da opinião pública é comumente aplacado por *panis et circenses*,

> [...] os eleitores, com isso, demonstram serem juízes maus e corruptos dessas questões, e amiúde maus juízes dos seus próprios interesses no longo prazo, pois tomam em consideração politicamente apenas a promessa a curto prazo, e a racionalidade em curto prazo é a única que realmente prevalece (SCHUMPETER, 1961. p. 311-12).

A razoabilidade do eleitor que seria necessária para preservar a própria racionalidade da alocação dos recursos públicos é silenciada pelas promessas vazias de ganhos imediatos pela redistribuição de bens. A vitória política não é, portanto, garantida pelo apelo à razão. Uma eleição, com maior frequência do que seria desejável, é decidida por aquele que promete ao povo o que ele quer no presente e não por aquilo que sabe ser necessário para o futuro. Novamente recorrendo ao indefectível Thomas Sowell, "o fato de que muitos políticos de sucesso são mentirosos, não é exclusivamente reflexo da classe política, é também um reflexo do eleitorado. Quando as pessoas querem o impossível somente os mentirosos podem satisfaze-las". Assim, cada vez mais promessas políticas são necessárias para satisfazer cada vez mais insatisfeitos eleitores, num círculo vicioso que em cada evolução potencializa políticas de redistribuição de recursos para cooptação das massas populares.

> Contudo, independentemente da sua forma específica, qualquer redistribuição desencadeia um duplo efeito sobre a sociedade civil. Em primeiro lugar, o simples ato de legislar – legislação democrática – aumenta o grau de incerteza. Em vez de ser imutável – e, portanto, previsível –, a lei torna-se cada vez mais flexível e imprevisível. O que é certo e o que é errado hoje podem não os ser amanhã. O futuro, assim, torna-se mais irregular. Em virtude disso, subirão os graus de preferência temporal de todos; o consumo e a visão de curto prazo (orientação para o presente) serão estimulados; e, ao mesmo tempo, o respeito por todas as leis será sistematicamente solapado, promovendo-se o crime (pois, se não existe um padrão imutável de "direito", de "lei", então não há também nenhuma definição firme e constante de "crime", de "delito"). Em segundo lugar, qualquer redistribuição de renda ou de riqueza dentro da sociedade civil implica que os recebedores se encontram em uma situação economicamente melhor sem terem produzido mais ou melhores bens ou serviços, ao passo que outros indivíduos se encontram em uma situação economicamente pior sem terem produzido bens ou serviços quantitativa ou qualitativamente inferiores. Dessa forma, não produzir, não produzir nada que valha a pena ou não antecipar corretamente o futuro e a demanda futura por um determinado produto tornam-se relativamente mais atraentes (ou menos proibitivos) do que produzir algo de valor e antecipar corretamente a demanda futura (HOPPE, 2014, p. 61-63).

Hoppe, portanto, sustenta que a qualidade essencial da democracia (alternância no poder determinada pela vontade popular) traz consigo vícios imanentes e incontornáveis (tendência para irresponsabilidade fiscal e a demagogia) que incrementam exponencialmente a preferência temporal e aprofundam um déficit na liberdade individual.

O déficit na liberdade pessoal é uma decorrência da necessidade de espoliação de um montante crescente de recursos para satisfazer as promessas demagógicas cada vez mais recorrentes e ambiciosas. Com uma peculiar agravante, toda espoliação é legitimada pelos aplausos de uma população cada vez mais sedenta pela imediata redistribuição de recursos, não importando que para garantir a satisfação presente, venda-se a prosperidade futura.

A democracia – enquanto governo no qual as decisões são tomadas pela maioria ou por seus representantes – garante pelo apoio popular a legitimidade para restringir a liberdade individual e a sequestrar o patrimônio privado. Se por um lado, ninguém razoável contestaria o direito de autodefesa de um particular contra uma ilícita agressão ao seu âmbito de autodeterminação individual, o que dizer da possibilidade de defesa do cidadão contra uma política estatal que é considerada justa, não pelo valor do ato em si, mas pelo critério de quantas mãos aplaudem sua realização[42].

Assim, desvenda-se o mecanismo vicioso que permite a Hoppe concluir que a demagogia inerente à democracia produz um ciclo incessante de incremento de gastos públicos. Todo Estado tende a se tornar cada vez maior para satisfazer os desejos imediatos de sua população por redistribuição de vantagens. A cada evolução do processo democrático, novas promessas que demandam novas leis que demandam mais tributos que incrementam ainda mais a preferência temporal e, por consequência, o imediatismo dos gastos.

> Em função de os apropriadores/produtores estarem (e virem a si próprios assim) indefesos contra futuras agressões por parte dos agentes do governo, a sua esperada taxa de retorno de ações produtivas e orientadas para o futuro (visão de longo prazo) é reduzida em todos os aspectos; em decorrência disso, as vítimas reais e potenciais tornam-se mais orientadas para o presente (visão de curto prazo) (HOPPE, 2014, p. 45).

Tudo isso legitimado por uma população de eleitores que, equivocadamente, sacrifica sua liberdade pensando que sempre será uma outra pessoa a pagar a conta.

---

[42] Nesse sentido, vaticina Hoppe que "*As coisas, entretanto, mudam radicalmente – comprometendo permanentemente o processo de civilização – sempre que as violações dos direitos de propriedade assumem a forma de interferência governamental. A marca distintiva das violações governamentais do direito de propriedade privada é que, ao contrário das atividades criminosas, elas são consideradas legítimas não apenas pelos agentes do governo que se dedicam a elas, mas também pelo público em geral (e, em casos raros, até mesmo pela vítima). Assim, nessa situação, a vítima não pode legitimamente defender-se de tais violações*" (HOPPE, 2014, p. 43).

É interessante observar que essa tendência dinâmica de alta preferência temporal dos gestores públicos de governos democráticos somada à irresponsabilidade com as contas públicas produziu um cataclismo financeiro na história recente brasileira. A despeito da edição da Lei Complementar n. 101, de 4 de maio de 2000, comumente designada como Lei de Responsabilidade Fiscal (LRF) e que nos anos seguintes a sua promulgação foi paulatinamente ignorada, mutilada e desnaturada, os imprevidentes governantes lograram êxito em repassar para os cidadãos e para as administrações subsequentes os custos de sua gastança, até que – parafraseando Margareth Thatcher – a depravação dos dispêndios chegou ao fim, pois ela dura somente até acabar o dinheiro dos outros.

3 - SÍNTESE E CONCLUSÃO

Em suma, Hoppe sustenta que a conjunção das características essenciais da democracia – enquanto um processo pacífico de alternância no poder pela decisão da maioria – e de seus vícios imanentes (alta preferência temporal, demagogia e irresponsabilidade na alocação dos recursos) revela-se, não raro, numa ameaça às liberdades individuais pela legitimação da ditadura da maioria pela própria maioria para realizar promessas demagógicas que simplesmente sacrificariam a liberdade presente e a prosperidade futura pela promessa do gozo imediato através redistribuição das riquezas confiscadas de terceiros.

BIBLIOGRAFIA

HOPPE, Hans-Hermann. *Democracia, o Deus que falhou*. São Paulo: Instituto Ludwig von Mises, 2014.

_____. *O que deve ser feito*. São Paulo: Instituto Ludwig von Mises, 2013.

_____. *Uma teoria do socialismo e do capitalismo*. 2ª ed. São Paulo: Instituto Ludwig von Mises, 2013ª.

MELO, João Cesar de. M. *Friedman e as quatro formas de se gastar dinheiro*. Instituto Liberal. Disponível em: https://www.institutoliberal.org.br/blog/m-friedman-e-as-quatro-formas-de-se-gastar-dinheiro/. Acesso em 5/dez/2018.

PLATÃO. *A República*. 1º volume. São Paulo: Difusão Europeia do Livro, 1965.

POPPER, Karl. *A sociedade aberta e seus inimigos: 1º Volume*. São Paulo: Editora da Universidade de São Paulo/Editora Itatiaia, 1974.

ROTHBARD, Murray N. *Governo e mercado: a economia da intervenção estatal*. São Paulo: Instituto Ludwig von Mises, 2012.

SHUMPETER, Joseph A. *Capitalismo, socialismo e democracia*. Rio de Janeiro: Editora Fundo de Cultura, 1961.

CAPÍTULO 9

A QUESTÃO DA IMIGRAÇÃO EM UMA SOCIEDADE LIVRE

Dennys Garcia Xavier
Marco Felipe dos Santos

INTRODUÇÃO

Os autores libertários têm uma notável habilidade em observar a sociedade e os rumos que ela toma e, a partir disso, fazer o que poderíamos denominar de verdadeiras previsões a seu respeito (de fato, quando comparados com teóricos socialistas, célebres por projetar utopias irrealizáveis, tal habilidade parece ainda mais evidente). Com Hans-Hermann Hoppe não é diferente. Muitos países, não apenas na Europa Ocidental, onde costumam ter maior atenção midiática, enfrentam severas crises relacionadas à imigração: um tema, como veremos a seguir, que não escapa aos olhos aguçados do nosso autor (a bem da verdade, não é difícil imaginar Hoppe hoje, assistindo aos noticiários com a mão no queixo, em clima de "eu avisei").

E que reste claro: o que Hoppe nos relata sobre o tema não tem inflexão, por assim dizer, unicamente teórica (ou projetada num espaço de dever-ser). Com efeito, ele se baseia num sem-número de exemplos extraídos da firme concretude histórica, que vem desde a Antiguidade até os dias de hoje, deixando evidente que se ainda há quem insista em determinadas estratégias políticas para a imigração, o faz por ignorância ou por inexplicável amor ao erro.

Dois são os eixos basilares evocados por Hoppe para discorrer sobre a imigração, a saber: diferenças salariais entre regiões e políticas econômicas/assistencialistas também regionais. E balizados exatamente por esses dois pontos que apresentaremos as conclusões aduzidas pelo nosso autor.

2 - IMIGRAÇÃO EM BUSCA DE MELHORES SALÁRIOS

O movimento causado pela busca de melhores condições de vida é algo intrinsicamente relacionado à natureza humana. Por milênios houve fluxo de grandes massas que rumavam para regiões que contassem com condições físicas, climáticas e de recursos mais favoráveis a uma vida de maior conforto. Nos dias de hoje, essa movimentação acontece, sobretudo, por uma via que poderíamos denominar econômica, vale dizer: pessoas, grupos e famílias migram para regiões onde os salários são mais altos enquanto que, em via diversa, empresas (especialmente grandes corporações) tendem a migrar toda a sua estrutura de fabricação e/ou serviços para regiões de baixos salários (quem nunca ouviu dizer sobre empresas americanas de tecnologia a fabricar seus produtos na China, marcas de material esportivo a manufaturar no Sudeste Asiático e empresas de serviços que migraram seu setor de call center para a Índia?). Um movimento "pendular" que tende sobremaneira a equalizar as taxas de salários enquanto, é claro, permanecer minimamente livre em seu curso natural, diz Hoppe. De fato, "*o argumento [...] em favor da imigração livre é incontestável. Seria insensato atacá-lo – assim como seria absurdo negar que o livre comércio conduz a padrões de vida mais elevados do que o protecionismo*" (HOPPE, 2014, p. 174).

Certo, quando a civilização não contava ainda com estrutura social enraizada em cidades ou na propriedade privada – isto é, vivia num sistema de nomadismo – o que definia a riqueza de um local era a abundância de recursos naturais, como a disponibilidade de água, plantas e animais que poderiam ser utilizados para a sobrevivência do grupo. A partir da adoção de práticas como a agricultura e a pecuária, deixou de fazer parte dos nossos planos mais imediatos a locomoção nômade. O efeito do sedentarismo se fez sentir: buscamos padrões de vida mais elevados que, em relação dinâmica com a oferta de trabalho, se ajusta numa perspectiva global. Aqui se interpõe um conceito-chave, evocado por Hoppe, criado pelo assim considerado fundador da Escola Austríaca, Carl Menger. No que talvez seja o seu mais celebrado livro, *Princípios da Economia Política* (1871), ele introduz a Teoria da Utilidade Marginal, ou, como prefere Hoppe, o conceito de Valor Subjetivo. Diz Menger sobre o que faz de alguma coisa um bem:

> Para que uma coisa se transforme em um bem, ou, em outros termos, para que uma coisa adquira a qualidade de bem, requer-se, portanto, a convergência dos quatro pressupostos seguintes:
>
> 1. A existência de uma necessidade humana;
>
> 2. Que a coisa tenha qualidades tais que a tornem apta a ser colocada em um nexo causal com a satisfação da referida necessidade;
>
> 3. O reconhecimento, por parte do homem, desse nexo causal entre a referida coisa e a satisfação da respectiva necessidade;
>
> 4. O homem poder dispor dessa coisa, de modo a poder utilizá-la efetivamente para satisfazer à referida necessidade (MENGER, 1983, p. 244).

Os conceitos de sedentarismo e valor subjetivo, pelo que se vê, fundamentais para entender a questão dos salários e, por via de consequência, a da imigração. Sim, o conceito de riqueza mudou completamente no curso da história. Agora, excetuando-se talvez lugares completamente inóspitos como certas regiões desérticas, locais extremamente acidentados ou regiões glaciais, podem-se estabelecer comunidades em qualquer lugar do globo, pois elementos de primeira ordem na existência estariam, por assim dizer, garantidos. Os aspectos subjetivos próprios do nosso tempo, então, como é natural, se fazem sentir com força emblemática, num giro importante do que consideramos prioritário. Em relação a esse fenômeno, o mesmo Menger ensina:

> Se dispomos de bens de primeira ordem, está em nosso poder utilizá-los de maneira imediata e direta para a satisfação de nossas necessidades. Se dispomos dos respectivos bens de segunda ordem está em nosso poder transformá-los em bens de primeira ordem e, dessa forma indireta, empregá-los para o atendimento de nossas necessidades. Se só dispomos de bens de terceira ordem, está em nosso poder transformá-los nos respectivos bens de segunda ordem e estes nos correspondentes bens de primeira ordem, e, dessa forma, utilizar os bens de terceira ordem – ainda que de maneira indireta e mediata – para satisfazer às nossas necessidades. A mesma coisa acontece com todos os bens de ordem superior, sendo que não podemos contestar sua qualidade de bem, desde que realmente esteja em nosso poder utilizá-los efetivamente para o atendimento de nossas necessidades (MENGER, 1983, p. 248).

Temos, então, uma noção quase que espontânea sobre o que faz um país ser mais ou menos rico do que o outro. Através do conceito de Utilidade Marginal de Menger podemos compreender que o que faz um país mais rico do que o outro não é só a quantidade e qualidade de bens à disposição, mas sim, o que nessa sociedade considera-se um bem. Muitos dos países ditos subdesenvolvidos contam com uma abundância de recursos naturais, como sabemos; no entanto, se ali não há a técnica e a tecnologia necessárias para fazer com que, por exemplo, ferro e outros metais se transformem num automóvel, ou em qualquer outro bem de consumo, então esse recurso natural não é, *scricto sensu* ou *a priori*, um bem. Um país rico é um país no qual existem muitos bens. Nele, então, a tendência natural é a de que os salários sejam mais elevados (um operador de máquina de uma indústria automobilística, obviamente, é mais bem remunerado do que um trabalhador de uma mina de ferro, ou até mesmo de uma siderúrgica que produz alumínio para exportação). A imigração, portanto, é algo natural nessa lógica, de acordo com Hoppe. Mas atenção: esqueçam o bordão simplista de parte dos analistas que dizem que as grandes corporações querem apenas explorar mão de obra barata em lugares remotos e miseráveis do mundo: uma vez que a quantidade de bens aumenta com a instalação de indústrias de tecnologia, salários tendem naturalmente a aumentar (o que, por exemplo, tem acontecido em setores da economia chinesa, por exemplo). É o tipo de desenvolvimento que, em termos que

Mises usa em seu cânone, apenas o capitalismo, o sistema de trocas voluntárias e cooperação é capaz de realizar.

No entanto, não é apenas a busca por condições salariais específicas que, para Hoppe, determina maior ou menor fluxo de imigrantes. Aliás, a questão de fato mais impactante é, para ele, o grau de assistencialismo verificado no Estado em questão.

3 - IMIGRAÇÃO COMO RESULTADO DE POLÍTICA ASSISTENCIALISTA

A essa altura, o nosso leitor já conhece em detalhes algumas das posições filosóficas de Hoppe. Ele é, numa palavra, uma das grandes referências do pensamento político e econômico chamado "anarcocapitalismo". Como tal, repudia qualquer forma de atuação do Estado, nos mais diversos graus, e o assistencialismo talvez seja um dos modos de intromissão estatal/socialista que mais lhe causem aversão. A junção de políticas de apoio "humanitário" com a de pluridimensional incentivo à imigração é uma mistura explosiva e, de acordo com Hoppe, a receita infalível para a destruição de uma sociedade:

> No tocante às políticas de imigração, os incentivos e os desincentivos são igualmente distorcidos, e os resultados se mostram igualmente perversos. Para o governante democrático, também pouco importa se imigram para o país vagabundos ou gênios, pessoas produtivas e civilizadas abaixo ou acima da média. Tampouco está ele muito preocupado com a distinção entre trabalhadores temporários (proprietários de licenças de trabalho) e trabalhadores permanentes e imigrantes donos de propriedades (cidadãos naturalizados). Na verdade, os vagabundos e as pessoas improdutivas podem muito bem receber preferência para se tornarem residentes e cidadãos, pois criam mais daquilo que se chama de "problemas sociais"; os governantes democráticos vicejam e prosperam graças à existência de tais problemas. Ademais, os vagabundos e os indivíduos de capacidades inferiores provavelmente apoiarão as suas políticas igualitaristas; e os indivíduos de capacidades superiores e os gênios não as apoiarão. O resultado dessa política de não discriminação é a integração forçada: os proprietários domésticos são obrigados a conviver com massas de imigrantes de capacidades inferiores; se pudessem decidir,

eles praticariam uma forte discriminação, escolhendo para si próprios vizinhanças muito diferentes. Assim, como o melhor exemplo da democracia em funcionamento, as leis americanas de imigração, do ano de 1965, eliminaram todos os requisitos anteriores de "qualidade" e todas as preferências explícitas por imigrantes europeus, impondo, em substituição, uma política de não discriminação praticamente absoluta (multiculturalismo) (HOPPE, 2014, p. 181-82).

Vemos, diariamente, este fenômeno a acontecer bem diante dos nossos olhos. A União Europeia é notória pelo seu nível elevado de assistencialismo, o que vem atraindo uma quantidade expressiva de imigrantes nos últimos anos, aproveitando-se também de correntes progressistas em voga no bloco, que defende regras brandas de imigração. As consequências já estão chegando, sobretudo, nesse momento, para a França. Os movimentos mais recentes estão protestando contra aumento de impostos, como sabemos. No entanto, resta a pergunta: quem pagará a conta pela manutenção da estrutura assistencialista se esses imigrantes não produzem o suficiente para viabilizar sua estadia? Abrir o leque de apoio a pretexto de humanizar as relações entre os povos sem dizer de onde virá o dinheiro para que isso aconteça pode parecer bonito em termos midiáticos, mas não é efetivo, antes pelo contrário.

E está aqui, para Hoppe, um nó existencial em políticas assistencialistas de Estado: elas tendem a atrair sobretudo (ainda que não exclusivamente, óbvio) indivíduos pouco ou nada produtivos. Pessoas que deixaram seu local de nascimento em busca de uma estrutura estatal que permita que vivam sem grandes esforços, provavelmente uma situação que não tinham em sua terra natal, trocando assim, um problema por outro virtualmente mais explosivo e catastrófico. Com o natural entendimento de que o dinheiro do Estado é o dinheiro tomado de sua própria população, e sabendo que parte da população não exerce nenhuma atividade produtiva, não é de se espantar que essa estrutura rapidamente desmorone.

Hoppe é taxativo a este respeito:

> Segundo os defensores da imigração livre incondicional, os Estados Unidos *qua* área com altos salários invariavelmente se beneficiaria da imigração livre; tal país, portanto, deveria adotar uma política de fronteiras abertas, independentemente

das condições atuais – i.e., mesmo que os EUA estivessem emaranhados no protecionismo e no assistencialismo.

Uma proposta assim certamente pareceria fantástica a uma pessoa razoável. Suponham que os EUA – ou, ainda melhor, a Suíça – declarasse que não mais haveria qualquer controle fronteiriço; que esse país declarasse que quem pudesse pagar a tarifa poderia entrar no país e que qualquer pessoa que passasse a ser residente teria direito a todas as provisões assistencialistas domésticas "normais". Há alguma dúvida sobre o desastroso resultado dessa experiência no mundo atual? Os EUA – e até mesmo mais rapidamente a Suíça –, já enfraquecidos pelo protecionismo e pelo assistencialismo, seriam invadidos por milhões de imigrantes do Terceiro Mundo. Os custos do assistencialismo subiriam vertiginosamente com espantosa velocidade, e a economia estrangulada se desintegraria e desmoronaria, já que o fundo de reserva – o estoque de capital acumulado no passado e herdado dos antepassados (pais e avós) – foi saqueado e exaurido. Assim como uma vez desapareceu da Grécia e de Roma, a civilização desapareceria dos EUA e da Suíça (2001, p. 194-95).

Pelo que se pode ver, ideia de assistencialismo, e a sua consequente capacidade de levar uma sociedade à ruína, com fronteiras acriticamente abertas, é tão antiga quanto nossa própria sociedade.

É incoerente o livre mercado sem imigração livre?

Há incoerência entre livre mercado e regras restritivas de imigração? Pareceria natural dizer, dentro de um contexto liberal (ou libertário), que o livre mercado sem livre imigração é incoerente. Hoppe explica de forma muito cuidadosa como essa relação é falsa.

O autor parte do princípio básico de que o que faz um país mais pobre ou mais rico, além da quantidade de bens que possui – conforme dito nas páginas anteriores –, é a condição do seu mercado. Um mercado mais livre significa um país mais rico e *vice-versa*. Portanto, uma nação com mercado restrito gera em sua população o desejo de migrar, pois tende a ser naturalmente menos desenvolvida. Com isso, podemos concluir que as diferenças entre liberdades desses mercados criam muitas das distorções entre países e o desejo de migrar de um lugar para o outro (excetuando-se, obviamente, casos de guerra como acontece em países como Iêmen e Síria). Mas, e se os mercados fossem menos restritivos em um âmbito global?

Hoppe explica:

> Desde o começo, deve-se salientar que nem mesmo a política mais restritiva de imigração ou a forma mais exclusiva de segregacionismo implicam a rejeição do livre comércio e a adoção do protecionismo. O fato de que alguns não queiram se associar com – ou viver no bairro de – alemães, haitianos, chineses, coreanos, mexicanos, muçulmanos, hindus, católicos (e assim por diante) não implica que eles não desejem negociar à distância com esses indivíduos. Adicionalmente, mesmo que os rendimentos reais aumentem devido à imigração, não se deve inferir que a imigração deva ser considerada "boa", pois a riqueza material não é a única coisa que tem valor. Em vez disso, aquilo que constitui "riqueza" e "bem-estar" é subjetivo; portanto, é possível preferir padrões de vida mais baixos e uma distância maior de outras pessoas a padrões de vida mais elevados e uma distância menor de outros indivíduos. É exatamente pela voluntariedade absoluta da associação humana e pela separação – i.e., pela ausência de qualquer forma de integração forçada – que se concretiza a possibilidade de relações pacíficas – i.e., de livre comércio – entre indivíduos cultural, racial, étnica e religiosamente diferentes (HOPPE, 2014, p. 191-92).

Estamos aqui diante de uma das características mais importantes do capitalismo, a colaboração, as trocas voluntárias que visam o alcance de um bem comum, qual seja, o lucro. Outros autores citam essa característica, como Mises no seu livro *As Seis Lições* ou Friedman em seu famoso vídeo sobre a longa cadeia produtiva e de relações humana que repousa no fazer de um simples lápis. Povos que normalmente se odiariam trabalham juntos na obtenção de um produto, que, se fosse fabricado em apenas um lugar, ou por uma única pessoa, seria inviável.

É por isso, então, que em uma hipótese de mercado desregulamentado em nível global a imigração não seria um grande problema, pois não seria mesmo necessária: não haveria o porquê de uma pessoa emigrar, se sua atividade rendesse o conforto necessário para viver da forma assim considerada confortável. Sabendo ainda que a sociedade "anarcocapitalista" idealizada por Hoppe seria livre de "locais" públicos, ou seja, o território seria inteiramente privado, a questão da imigração tornar-se-ia ainda mais difícil, uma vez que um imigrante só poderia se instalar em algum lugar com a permissão do proprietário.

Os países socialistas, de acordo com Hoppe, não tiveram problemas com imigração (pelo contrário, tiveram com emigração) pois todo o seu território era um domínio público, e segundo o autor, imigrantes costumavam se instalar em residências coletivas sem grandes obstáculos.

É falso, portanto, o axioma da liberdade de mercado ser coerente com regras pouco restritivas de imigração.

4 - A IMIGRAÇÃO COMO FATOR DE DESTRUIÇÃO DA SOCIEDADE

Vimos por intermédio da argumentação hoppeana como a imigração descontrolada – alimentada por ilusório ideal assistencialista – foi um fator determinante para a derrocada mesmo de imensos impérios, como o grego e o romano. Certo, seria ingênuo dizer que teria sido elemento exclusivo de seu esfacelamento: não é este o caso. O que se alega é que se encontra ali raiz sólida de problemas que, de fato, causaram o declínio daquelas sociedades. A estrutura assistencialista e protecionista é danosa à sociedade no longo prazo, mas a imigração descontrolada funciona como uma espécie de catalisador para que o ponto de ruptura chegue com maiores velocidade e violência. Mas, claro, a imigração não-patrocinada por ações estatizantes não é ruim. A situação dos modernos "impérios" ocidentais (EUA e Europa ocidental, mais especificamente).

> [...] nada tem a ver com a imigração "livre". Trata-se, pura e simplesmente, de integração forçada; e a integração forçada é o resultado previsível da regra democrática de "um homem, um voto". A supressão da integração forçada requer a desdemocratização da sociedade – e, em última instância, a abolição da democracia. Mais especificamente: o poder de admitir ou de excluir deve ser retirado das mãos do governo central e ser devolvido para os Estados, as províncias, as cidades, as vilas, as aldeias e os distritos residenciais – e, em última instância, para os donos das propriedades privadas e para as

suas associações voluntárias. Os meios para atingir essa meta são a descentralização e a secessão (ambos intrinsecamente antidemocráticos e antimaiorias) (HOPPE, 2014, p. 184).

Os imigrantes que vão a outro país com a intenção de trabalhar e colher os benefícios de seu próprio trabalho têm muito a acrescentar não apenas para si e suas famílias, mas também para toda a sociedade que os acolheu. Hoppe é exemplo encarnado disso.

No entanto, pergunta ele, como é possível defender uma política relativamente correta de imigração enquanto o Estado democrático central ainda está de pé e consegue, com sucesso, reivindicar o poder de determinar uma política de imigração nacional uniforme? O que de melhor se pode esperar, mesmo que isso vá contra a "natureza" da democracia – portanto, não é muito provável que isso aconteça –, é que os governantes democráticos ajam como se fossem os proprietários do país e como se tivessem que decidir quem incluir e quem excluir em relação aos seus próprios bens pessoais (em sua própria casa). Isso significa seguir uma política mais rigorosa de discriminação em favor das qualidades humanas referentes à compatibilidade de capacidades (habilidades), de características e de culturas. É por isso, portanto, que a conclusão a que Hoppe chega sobre a imigração – certamente odiada pelos defensores do politicamente correto – aponta para uma função básica das estruturas de uma dada comunidade: salvaguardar suas fronteiras, adotar critérios úteis e pertinentes para que estrangeiros adentrem determinados territórios, e que políticas de assistencialismo e protecionismo sejam abolidas sem maiores cerimônias ou pudores éticos.

BIBLIOGRAFIA

PINSKY, Jaime. *As Primeiras Civilizações*. São Paulo: Atual, 1994, 15ª ed.

MENGER, Carl. *Princípios da Economia Política*. Tradução de Cláudia Laversveiler de Morais. São Paulo: Ed. Abril, 1983.

HOPPE, Hans-Hermann. *Democracia, o Deus que falhou*. Tradução de Marcelo Werlang de Assis. São Paulo: Instituto Ludwig von Mises Brasil, 2014.

CAPÍTULO 10

UMA BREVE LIÇÃO DE COMO A DEMOCRACIA VIOLA A PROPRIEDADE PRIVADA

Renato Ganzarolli

> *Embora seja possível que cem parasitas possam levar uma vida confortável com os bens produzidos por mil hospedeiros, mil parasitas não conseguem viver à custa de uma centena de hospedeiros.*
>
> Hans Herman Hoppe

Desde que nos propusemos à apresentação de grandes autores que fogem da cartilha das academias brasileiras, Hoppe é sem sombra de dúvidas um intelectual que ultrapassa qualquer limite da ortodoxia imperante nas cadeiras acadêmicas das universidades. Não entrarei aqui em seu mérito biográfico, uma vez que, pela natureza destas *Breves Lições* sua biografia já foi trabalhada com esmero. O que importa dizer sobre Hoppe, para começar o nosso diálogo, é que seu pensamento é diametralmente oposto à ortodoxia, e ele reconhece isso. Ler Hoppe é tanto um desafio quanto um convite à reflexão. Seu pensamento técnico, seu conhecimento histórico e seu raciocínio teórico são ímpares. Por isso, seu grande desafio – e o de seu leitor – é romper com o próprio conhecimento ortodoxo construído em um sistema ortodoxo.

Sendo assim, o título do texto pode ser à primeira vista, incompreensível. Contudo, faço ao leitor o mesmo convite que Stephan Kinsella fez no prefácio de *Uma teoria do socialismo e do capitalismo*. Ler Hoppe é surpreendente, profundamente importante, estimulante e divertido.

1 - AFINAL, O QUE É DEMOCRACIA?

De todo o modo, não podemos negar que o termo "democracia" – cunhado pelos antigos gregos – significa para todos os efeitos, o governo do povo. Essa recorrente definição é canonizada como a maior de todas as invenções humanas, um sistema que permite a vida pacífica em sociedade. O governo dos muitos, dos mais, da maioria é sinal claro de um governo do povo, ao contrário de um governo de poucos.

Nos dias atuais, ao menos para os valores ortodoxos, a democracia é sinônimo de máxima virtude, de um governo do povo e para o povo, de um sistema plural criado para respeitar todos os direitos inerentes à pessoa humana e essenciais à população. Esse não é o entendimento de Hoppe. Do remoto século IV a.C. ao presente século XXI, o significado conotativo do termo democracia pouco se alterou, mas intermináveis doutrinas e discussões se criaram para dar ao termo uma denotação relevante à cada época histórica presenciada pela humanidade. Seu significado valorativo presente é de que o governo do povo é sempre preferível ao governo de poucos.

Sobre estes significados valorativos, leciona Norberto Bobbio:

> [...] o que se considera que foi alterado na passagem da democracia dos antigos para a democracia dos modernos, ao menos no julgamento dos que veem útil tal contraposição, não é o titular do poder político, que é sempre o "povo", entendido como o conjunto dos cidadãos a que cabe em última instância

o direito de tomar as decisões coletivas, mas o modo (mais ou menos amplo) de exercer esse direito (BOBBIO, 2000, p. 31-32).

Entretanto, não se pretende um giro histórico para encontrar todos os problemas da democracia nessa breve lição, mas, isso sim, apontar duas controvérsias reais que impedem o livre desenvolvimento do Direito à propriedade privada em uma democracia.

2 - O PRIMEIRO PROBLEMA: OS ESCOLHIDOS

Podemos traçar críticas feitas por Platão em *A República*, o que confirma, sem embargo, a perenidade da discussão sobre a democracia e seus efeitos: "*ao terceiro grau de decadência corresponde a democracia*" (PLATÃO, 1965, p. 46).

Para Platão, a se tratar dos males de uma cidade injusta, a democracia só perderia em intensidade para a tirania:

> Para alcançar as mais altas funções, não é preciso estar preparado para longos trabalhos, ter auferido os benefícios de excelente educação e ter-se exercitado, desde a infância, na prática de todas as virtudes. Ao homem que ingressa na carreira política, ninguém pede que dê prova de sua ciência e sabedoria, assim como da honestidade de seu passado. Basta, para que lhe concedam confiança, que afirme seu devotamento à causa do povo (PLATÃO, 1965, p. 47).

Ou seja, para Platão, o problema maior da democracia eram os escolhidos do poder, os assim chamados "iluminados" que eram catapultados à frente dos governos por nada além da sua popularidade, desde os tempos imemoriais.

Outro autor clássico que também dedicou seus estudos às corrupções das formas de governo aponta precisamente também esse problema no seu *Discurso da Servidão Voluntária*. Quase obscuro, Étienne de La Boétie escreve um tratado sobre liberdade que, não por menos, serviu – e ainda serve – de inspiração para gerações de pensadores liberais.

La Boétie julga preocupante o desvirtuamento do governante eleito pelo povo:

> Parece-me que aquele a quem o povo deu o Estado deveria ser mais suportável e creio que o seria; mas assim que se vê elevado acima dos outros, lisonjeado com um não sei quê que chamam de grandeza, decide não sair mais – comumente ele age para passar a seus filhos o poderio que o povo lhe outorgou; e desde que adotaram essa opinião, é estranho como superam os outros tiranos em vícios de todo tipo e até em crueldade, não vendo outro meio de garantir a nova tirania senão estreitando bastante a servidão e afastando tanto seus súditos da liberdade que, embora sua lembrança seja fresca, possam fazer com que a percam (LA BOETIE, 2019, p. 6).

Hoppe, inspirado por La Boétie, menciona o que o francês escreve, sobretudo para delimitar que, antes do problema da corrupção do governo, são as massas que sustentam o governo por força de sua própria opinião. Um governo só existe se existirem também seus governados, que por voluntária submissão, cedem suas decisões ao ente máximo.

> A massa das pessoas, como reconheceram La Boétie e Mises, sempre e em todo lugar consiste de "brutos", "estúpidos" e "tolos", facilmente iludidos e afundados em habitual submissão. Assim, nos dias de hoje, doutrinada desde a mais tenra infância com a propaganda governamental em escolas públicas e em instituições educacionais por legiões de intelectuais certificados pelo governo, a maioria das pessoas, sem pensar, insensatamente aceita e repete disparates, absurdos e bobagens tais como "a democracia significa o autogoverno" e "o governo é do povo, para o povo e pelo povo" (HOPPE, 2014, p. 126).

Na contínua linhagem de autores liberais, Friedrich Hayek complementa o pensamento de La Boétie, ao adicionar a tendência influente que as massas exercem na criação de um governo totalitário, principalmente na derivação de regimes coletivistas, como o socialismo e o fascismo.

> Devemos agora voltar por um momento ao estágio que precede a supressão das instituições democráticas e a criação de um regime totalitário. Nesse estágio, a exigência geral de uma ação governamental rápida e decidida torna-se o elemento dominante da situação, enquanto a insatisfação com

> o curso lento e trabalhoso dos processos democráticos faz com que o objetivo seja a ação em si. É então que o homem ou o partido que parecem bastante fortes ou resolutos para "fazerem as coisas funcionar" exerçam maior sedução. "Forte", nesse sentido, não indica apenas uma maioria numérica, pois o povo está insatisfeito justamente com a ineficácia das maiorias parlamentares. O que as pessoas procuram é um homem que goze de sólido apoio, de modo a inspirar confiança quanto à sua capacidade de realizar o que pretende. E aqui entra em cena o novo tipo de partido, organizado em moldes militares (HAYEK, 2010, p. 140).

Os escritos mencionados revelam que, ao tratar de democracia, há um indelével problema que não pode ser solucionado por meios convencionais. Por óbvio – conclusão que já deve ter chegado ao leitor – um dos centrais problemas do governo é justamente seu governante.

Que não nos enganemos. Nossa mentalidade demasiada humana poderá lembrar-nos de imediato uma figura pública que possa ter sido responsável por este ou aquele excesso do "Poder Governamental" em desfavor da liberdade. Contudo, é preciosa a afirmação de Hayek ao diferenciar um "bom" e um "mau" regime:

> Há razões de sobra para se crer que os aspectos que consideramos mais detestáveis nos sistemas totalitários existentes não são subprodutos acidentais, mas fenômenos que, cedo ou tarde, o totalitarismo produzirá inevitavelmente (HAYEK, 2010, p. 139).

Isto nos leva a uma segunda fase desse primeiro problema. Se a democracia é o governo do *povo*, e do *povo* surgem seus representantes, a democracia não seria falha por natureza? O que então é o "povo"?

Peço perdão ao leitor pela momentânea liberdade que aqui tomo. O comediante americano George Carlin[43] em certa apresentação disse:

> De onde o povo acha que esses políticos surgem? Eles não caem do céu, nem passam por uma membrana vindos de outra realidade. Eles vêm de pais americanos, famílias americanas,

---

43 GEORGE Carlin: *Back In Town*. Direção: Rocco Urbisci. Autoria: George Carlin. Home Box Office Entertainment. 1996. Disponível em: https://vimeo.com/196907862. Acesso em 02/jan/2019. Tradução do Autor.

lares americanos, escolas americanas, igrejas americanas, empresas americanas, universidades americanas e são eleitos por cidadãos americanos. Isso é o melhor que podemos fazer, pessoal. É isso que temos a oferecer. É o que o nosso sistema produz. Lixo entra. Lixo sai. Se você tem cidadãos egoístas e ignorantes, você terá líderes egoístas e ignorantes.

Em outras palavras, Hoppe segue as inspirações de seus mentores liberais e finalmente cerca o problema dos "eleitos" na democracia.

> Em contraste, a seleção dos governantes através de eleições populares faz com que seja praticamente impossível que qualquer pessoa boa ou inofensiva possa ascender ao topo. Os primeiros-ministros e os presidentes são selecionados graças à sua comprovada eficiência como demagogos moralmente desinibidos. Assim, a democracia praticamente assegura que somente indivíduos maus e perigosos alcançarão o topo da hierarquia governamental (HOPPE, 2014, p. 121).

Sem embargo da comparação intelectual, é bem provável que Hoppe e Carlin não tenham se conhecido, mas a conclusão a que chega o comediante parece lecionada pelo professor de Frankfurt.

3 - O SEGUNDO PROBLEMA: AS ESCOLHAS

Se na seção anterior tratamos o primeiro problema da democracia de maneira majoritariamente física – na figura de seus governantes; nessa seção o espaço para abstração da teoria de Hoppe será um pouco maior. Afinal, um governante democrático chega ao poder somente pelas escolhas que a massa votante de indivíduos faz. E é justamente nessas escolhas que reside o segundo grande problema da democracia.

Primordialmente, é importante ilustrar dois dos tipos de democracia capazes de enriquecer esta breve lição. A democracia direta, plebiscitária, na qual todos os indivíduos são capazes de votar nas escolhas que atingem a população; e a democracia indireta, representativa, na qual estes votos são terceirizados a um representante eleito.

Do ponto de vista da teoria econômica, contudo, distinguir diferentes tipos de democracia seria inútil e ineficiente, ao passo de que as escolhas em uma democracia são, acima de tudo, "escassas".

É justamente a escassez que justifica o surgimento do direito de propriedade. Na leitura de Hoppe verificamos:

> Para que surja um conceito de propriedade deve haver uma escassez de bens. Se não houver escassez, e todos os bens forem chamados de bens gratuitos, cujo uso por qualquer pessoa para qualquer finalidade não excluísse (ou interferisse ou restringisse) de alguma maneira seu uso por qualquer outra pessoa, para qualquer outro propósito, a propriedade, então, não seria necessária (HOPPE 2013, p. 21).

De maneira bastante didática, Hoppe leciona esse conceito com uma versão muito própria do Jardim do Éden (metáfora trabalhada pelo prof. Dennys Xavier no primeiro capítulo deste livro que aqui evocamos rapidamente por força de nossa argumentação). Naquele mundo abstrato, todos os recursos naturais são superabundantes, ou seja, basta esticar a mão para alcançá-los. Nesse sentido, poderíamos dizer que não haveria propriedade privada, uma vez que na acepção de Hoppe todos os bens são chamados de gratuitos? Pelo contrário. Há alguns bens que sempre serão escassos, independentemente da abundância natural do Paraíso.

O primeiro desses bens escassos, recordemos, é o próprio corpo, pois até mesmo sob essas circunstâncias ideais, cada corpo físico de um indivíduo ainda seria um recurso escasso e por isso existiria a necessidade de estabelecer regras de propriedade, ou seja, regras relativas ao corpo das pessoas. No ensinamento do professor de Frankfurt, o corpo é o protótipo do bem escasso, pois o uso do que fazer com o próprio corpo só diz respeito ao seu habitante.

Outros bens escassos são, na falta de melhor termo, metafísicos. Como seres humanos, não dispomos da abundância de tempo. Um dia tem apenas 24 horas, e qualquer ação – e mesmo a inação – levaria à uma administração da escassez dessas horas em um dia, pois não seria possível beber um copo de whisky, fumar um charuto, comer um filé, dirigir um avião ou um barco de maneira simultânea. Qualquer dessas atividades tomaria seu próprio decurso de prazo, gerando uma escassez.

Noutra ponta, o tempo também diz respeito ao período de vida de uma pessoa. Um humano só teria como realizar um determinado número de ações até que sua vida cesse, tornando impossível a persecução de inúmeros objetivos simultâneos. O período gasto para aprender uma perícia ou perseguir um objetivo reduz o período disponível para aprender outra coisa ou perseguir outro objetivo. Assim sendo, quanto mais tempo se gasta para conseguir o resultado desejado, maior é o custo da espera e mais satisfatória deverá ser o resultado.

Em um terceiro plano, o espaço que uma pessoa ocupa também se trata de um recurso escasso. É fisicamente impossível que dois corpos ocupem o mesmo espaço ao mesmo tempo, portanto, seria necessário estabelecer um direito de existência no espaço que um indivíduo ocupa em um determinado período de tempo. Mesmo que se possa coagir alguém a abandonar certo local, a pessoa deverá obrigatoriamente ocupar outro.

Como Hoppe leciona, é importante que, mesmo em uma terra de superabundância como os Jardins do Éden, seria necessário definir regras claras de existência para o corpo, o tempo e o espaço. Hoppe (HOPPE, 2013, p. 24) define essas regras como regras de *"propriedade exclusiva e natural"*.

Em virtude dessa teoria natural da propriedade, é possível chegar a duas conclusões. A primeira delas diz respeito ao tempo de "retorno" da opção feita pelo indivíduo, isto é, uma vida hedonista pode oferecer prazeres imediatos, mas um estilo de vida assim esgota-se em pouco tempo. Por outro lado, uma vida de trabalho e estudos poderá ser sacrificante no começo, mas os "retornos" futuros darão outros prazeres pessoais, no longo prazo.

A segunda conclusão é de que, em matéria de liberdades individuais, e sendo o corpo uma propriedade natural, ninguém teria, em qualquer caso que fosse, direito de opor sua vontade na escolha pessoal de outro indivíduo. Sendo o corpo sua propriedade privada máxima e sua responsabilidade pessoal última, qualquer que seja o caminho escolhido pelo indivíduo (entre a filosofia e o hedonismo, por exemplo) deverão ser respeitados como tal.

É claro que, em uma terra de abundância extrema, essas escolhas pessoais não estariam limitadas por outra coisa senão pelo próprio indivíduo. Emancipando-nos dos Jardins do Éden, as escolhas que cada indivíduo faz são também limitadas por diversas outras variáveis, algumas delas podendo ser fruto de escolhas próprias, por exemplo alguém obriga-se a trabalhar para sustentar um filho ou financiar um carro, ou podem ser resultado de escolhas alheias, como no caso de alguém ser obrigado a custear, por meio de impostos, um programa de previdência social intergeracional.

Nesse sentido, para Hoppe, a democracia estimula a visão de curto prazo e renega a visão de longo prazo. Para esclarecer o entendimento do professor de Frankfurt, é preciso estabelecer três argumentos fundamentais que assim darão azo à conclusão deste capítulo.

O primeiro é de que o governo democrático não se preocupa com a visão de longo prazo. Para Hoppe, essa é uma questão de clara acepção. Em um governo democrático, o governante não tem porquê conservar ou maximizar a riqueza total da pátria e nem poderia fazê-lo, pois, sendo coisa *pública*, não está passível de alienação.

> Assim, deve ser considerado inevitável que a propriedade pública do governo resulte em um contínuo consumo de capital. Ao invés de manter ou até mesmo aumentar o valor da propriedade governamental – como faz um proprietário privado do governo –, um presidente (o zelador temporário do governo) usará ao máximo os recursos governamentais o mais rapidamente possível, pois, se ele não os consumir agora, ele pode nunca mais ter a possibilidade de consumi-los (HOPPE, 2014, p. 78).

Por conseguinte, o zelador do governo não tem estímulos para fazer escolhas de longo prazo, haja vista que ele só poderá receber os retornos de suas escolhas no decurso de seu mandato eletivo. O administrador tende a tomar apenas decisões que possam beneficiá-lo em curto – ou no máximo médio – prazo, já que qualquer láurea que ele tenha conquistado para um longo prazo provavelmente será colhida pelo próximo governante.

> Em particular, um zelador (ao contrário do proprietário privado do governo) não tem interesse em não estragar o seu país. Por que ele não incrementará as suas expropriações se a vantagem de uma política de moderação – o consequente maior valor do capital da propriedade governamental – não pode ser colhida

privadamente, enquanto a vantagem de uma política oposta, de impostos mais altos – maiores rendimentos correntes –, pode então ser obtida? Para um presidente, ao contrário de um proprietário privado do governo, a moderação oferece apenas desvantagens (HOPPE, 2014, p. 78).

Assim, as escolhas que invariavelmente são feitas pelo administrador-zelador nome desse ou daquele governo beneficiarão apenas um curto período de tempo, e em um sistema democrático compulsório (como no caso das democracias modernas) nada teria o vencido a dizer ou reclamar. Em outras palavras, alguma parcela da população deverá arcar com as consequências, por meio de impostos, de políticas econômicas desastrosas escolhidas pelo governante que venceu as eleições.

Um segundo argumento sobre as escolhas retoma o problema dos escolhidos. Em uma democracia, para Hoppe, há uma dissolução de uma barreira entre o governante e o governado, já que, em todos os casos, qualquer pessoa do povo poderá se tornar membro de uma classe política ou seu governante máximo.

> Além disso, com a propriedade pública governamental, qualquer pessoa, em princípio, pode tornar-se membro da classe governante ou até mesmo o seu chefe supremo. A distinção entre governantes e governados fica embaçada, e a consciência de classe dos governados perde a sua nitidez. Surge, ainda, a ilusão de que tal distinção não existe mais: emerge a ideia de que, com a existência de um governo democrático, ninguém é governado por ninguém; de que todos governam a si mesmos. Portanto, a resistência do público contra o governo é sistematicamente enfraquecida (HOPPE, 2014, p. 78).

Nesse sentido, mais do que a escolha de um péssimo governante, é que a escolha de um mau governante fica mitigada sob as vestes da democracia, permitindo que esse zelador tome suas decisões que violam a propriedade privada sem muita – ou nenhuma – resistência daqueles governados.

Hoppe acredita que, nesse caso, a expectativa é de que os governos e Estados sempre se agigantem, de maneira contínua e perene, o que resulta em avassaladoras violações da propriedade privada dos indivíduos.

> Em decorrência disso, a exploração aumentará – seja escancaradamente na forma de maiores impostos, seja discretamente na forma de mais "criação" de moeda governamental (inflação) e de mais regulações legislativas. Do mesmo modo, o número de empregados governamentais ("servidores públicos"), em comparação com o número de funcionários privados, tenderá a aumentar bastante, atraindo e promovendo pessoas com elevado grau de preferência temporal e com orientação para o presente (com visão limitada, de curto prazo) (HOPPE, 2014, p. 79).

Finalmente, o terceiro argumento de Hoppe que importa relacionar com o problema das escolhas é o de que o direito de autodefesa contra as violações dos governos é inexistente em uma democracia.

Não é difícil imaginar que a violação da propriedade privada feita por particulares é comumente considerada como crime. Uma pessoa não pode tomar os bens de outra de assalto, pois neste caso estará violando o limite da propriedade de outrem sob a forma de coação. Neste caso, admite-se o exercício momentâneo de autodefesa, para repelir injusta agressão a direito próprio.

Da mesma forma, não é difícil compreender que qualquer violação da propriedade privada feita por um governo democrático cobre-se de legítima. O constrangimento dos rendimentos pessoais por meio de tributos ou as injustas regulações para exercício de atividades profissionais são exemplos claros dessas violações. Para Hoppe:

> Ademais, as regulações do governo acerca do que um proprietário pode ou não pode fazer com a sua propriedade – para além da regra de que ninguém pode causar danos físicos à propriedade dos outros e de que todas as trocas (comércio) de uns com os outros devem ser voluntárias e contratuais – implicam uma "apropriação" da propriedade de alguém da mesma forma como o fazem os atos de extorsão, de roubo ou de destruição. Mas a tributação, a criação de "liquidez" perpetrada pelo governo e as regulações governamentais, ao contrário dos seus homólogos penais, são consideradas legítimas; e a vítima da interferência do governo, ao contrário da vítima de um crime, não tem o direito à defesa física e à proteção da sua propriedade (HOPPE, 2014, p. 79).

Qualquer que seja a violação da propriedade privada afeta as preferências temporais de curto e longo prazo de cada indivíduo, seja aquela feita por um criminoso, seja a que for realizada pelo governo. No caso do crime, a diminuição do patrimônio é ocasional, ocorre de maneira intermitente. Já no caso da intervenção governamental, as violações são contínuas pois o agente expropriante não desaparece na clandestinidade.

Para Hoppe, a intervenção do governo na economia é drástica:

> Ao invés de promoverem e melhorarem a sua proteção, as vítimas reais e potenciais das violações governamentais dos direitos de propriedade – como demonstrado pela sua contínua desproteção vis-à-vis os seus agressores – reagem a isso associando um risco permanentemente maior à totalidade da sua produção futura e ajustando sistematicamente para baixo as suas expectativas em relação à taxa de retorno de todos os investimentos futuros (HOPPE, 2014, p. 80).

Em decorrência desse problema, mesmo os proprietários privados são estimulados a adotarem uma visão que beneficia o curto prazo, uma vez que se tornam mais orientados para o presente.

Para recapitular, definimos que o corpo, o tempo, o espaço e as escolhas são propriedades naturais objetivas, que nenhuma pessoa poderia constranger sem a agressão injusta do direito de propriedade privada de um indivíduo. Entendemos também que o sistema democrático limita não só os bens materiais de um indivíduo – como no caso dos impostos ou regulações – as próprias escolhas pessoais são violadas em uma democracia compulsória.

Em síntese, as "escolhas", aqui entendidas como um ato consciente de um determinado indivíduo para utilização sua propriedade natural ou não serão, ao menos em um sistema democrático compulsório, sempre limitadas e violadoras da propriedade privada de alguém. Exemplos disso não faltam: a obrigatoriedade do voto, do serviço militar ou do encargo de jurado são violações da propriedade privada de si mesmo, pois uma pessoa não pode – ao menos no Brasil – optar por não votar, não servir ou não julgar.

Sem embargo, a democracia também viola a propriedade objetiva de escolher ao forçar um determinado grupo vencido a tolerar ser tutelado por outro grupo vencedor. Um exemplo dessa violação da propriedade objetiva é o caso do plebiscito do desarmamento. A maioria da população escolheu por entender como direito a posse de armas, porém seu acesso foi limitado pelo grupo político dominante que era contrário.

Como resultado, não é difícil concluir como Hoppe o faz que, no próprio *animus* de um sistema democrático, as limitações mais profundas do direito à propriedade privada aconteçam.

4 - MUITOS PROBLEMAS, UMA SOLUÇÃO

Para Hoppe, a democracia não pode ser salva. Muito além disso, para ele a transição histórica da monarquia para a democracia representa, na verdade, declínio civilizatório – e não progresso. Então qual seria a solução que se poderia encontrar para os graves problemas?

Em primeiro lugar, diz o nosso autor, acima de tudo, a ideia da democracia e da regra da maioria deve ser deslegitimada. À essa conclusão, Hoppe resume suas preocupações:

> Quanto à primeira questão, a resposta é breve. No final do século XX, o republicanismo democrático nos Estados Unidos e em todo o mundo ocidental parece ter esgotado os fundos de reserva que foram herdados do passado. Por décadas – até o *boom* da década de 1990 –, os rendimentos reais estagnaram ou até mesmo caíram. A dívida pública e o custo dos sistemas de previdência social conduziram à perspectiva de um iminente descalabro econômico. Ao mesmo tempo, os conflitos sociais e o desmoronamento social atingiram perigosos patamares. Se a tendência à exploração e à visão de curto prazo (orientada para o presente) cada vez maiores permanecer em seu curso atual, os Estados democráticos ocidentais de bem-estar social entrarão em colapso – assim como ocorreu com as repúblicas socialistas populares do Leste Europeu no final da década de 1980 (HOPPE, 2014, p. 102).

Por outro lado, Hoppe também descarta o retorno à um sistema monárquico, pois os governos monárquicos, sejam quais forem os seus méritos relativos, praticam a exploração e contribuem para a promoção da visão de curto prazo (orientada para o presente).

A solução se encontra então na ideia de Ordem Natural, que deve ser delineada e compreendida. Como espécie animal, as habilidades dos seres humanos são imensamente heterogêneas. Essa enorme diversidade de talentos permite que determinados indivíduos, independentemente do grau de complexidade da sociedade, sejam rapidamente elevados à categoria de "elites". Hoppe esclarece:

> Devido às suas realizações superiores em termos de riqueza, sabedoria e coragem (havendo, inclusive, uma combinação de ambos), alguns indivíduos chegam a possuir uma "autoridade natural", e as suas opiniões e os seus julgamentos desfrutam um respeito generalizado (HOPPE, 2014, p. 103).

Para Hoppe, essas elites naturais deveriam reconhecer, por seus próprios méritos, que a verdadeira fonte da civilização humana não se encontra na exploração, mas sim na propriedade privada, na produção e nas trocas voluntárias. Entretanto, antes mesmo de se estabelecer como possível o surgimento dessas *nobilitas naturalis*, deve se exaurir toda legitimidade do Estado democrático, por meio de forças descentralizadoras ou secessionistas. Ao reverter a tendência de aglutinamento do poder estatal – seja pela democracia ou pela monarquia – esses grupos de destaque teriam surgido invariavelmente em pequenas regiões, bairros ou comunidades, tendo por base o *"reconhecimento popular da sua independência econômica, das suas grandes realizações profissionais, da sua vida pessoal moralmente impecável e dos seus juízos e gostos superiores"* (HOPPE, 2014, p. 106).

Talvez seja esse o ponto mais instigante da filosofia do professor Hans-Hermann Hoppe, o estabelecimento de uma sociedade anárquica de leis privadas, que permite que apenas os líderes reconheçam a existência do direito à propriedade, o direito à produção e o direito às trocas voluntárias.

É o que dizem por aí: *"Libertários: Diligentemente planejando como dominar o mundo para deixar você em paz"*.

BIBLIOGRAFIA

HOPPE, Hans-Hermann. *Democracia, o Deus que falhou*. São Paulo: Instituto Ludwig von Mises Brasil, 2014.

_____. *Uma teoria do socialismo e do capitalismo*. São Paulo: Instituto Ludwig von Mises Brasil, 2013, 2ª ed.

BOBBIO, Norberto. *Liberalismo e democracia*. São Paulo: Brasiliense, 2000, 6ª ed.

PLATÃO. *A República*. 1º Vol. São Paulo: Difusão Européia do Livro, 1965.

HAYEK, Friedrich. *O Caminho da Servidão*. São Paulo: Instituto Ludwig von Mises Brasil, 6ª ed., 2010.

ROTHBARD, Murray N. *A Anatomia do Estado*. São Paulo: Instituto Ludwig von Mises Brasil, 2012.

HAMILTON, John C. *The Federalist. A commentary on the Constitution of the United States*. Filadélfia: J.B. Lippincot & Co, 1864. 837p. Disponível em http://www.loc.gov/rr/frd/Military_Law/Lieber_Collection/pdf/Federalist.pdf. Acesso em 02/jan/2019.

LA BOÉTIE, Étienne. *O discurso da servidão voluntária*, 2019. Disponível em: https://mises.org.br/Ebook.aspx?id=64&login=show#_=_. Acesso em 02/jan/2019.

GEORGE Carlin: *Back In Town*. Direção: Rocco Urbisci, 1996. Autoria: George Carlin. *Home Box Office Entertainment*. Disponível em: https://vimeo.com/196907862. Acesso em 02/jan/2019.

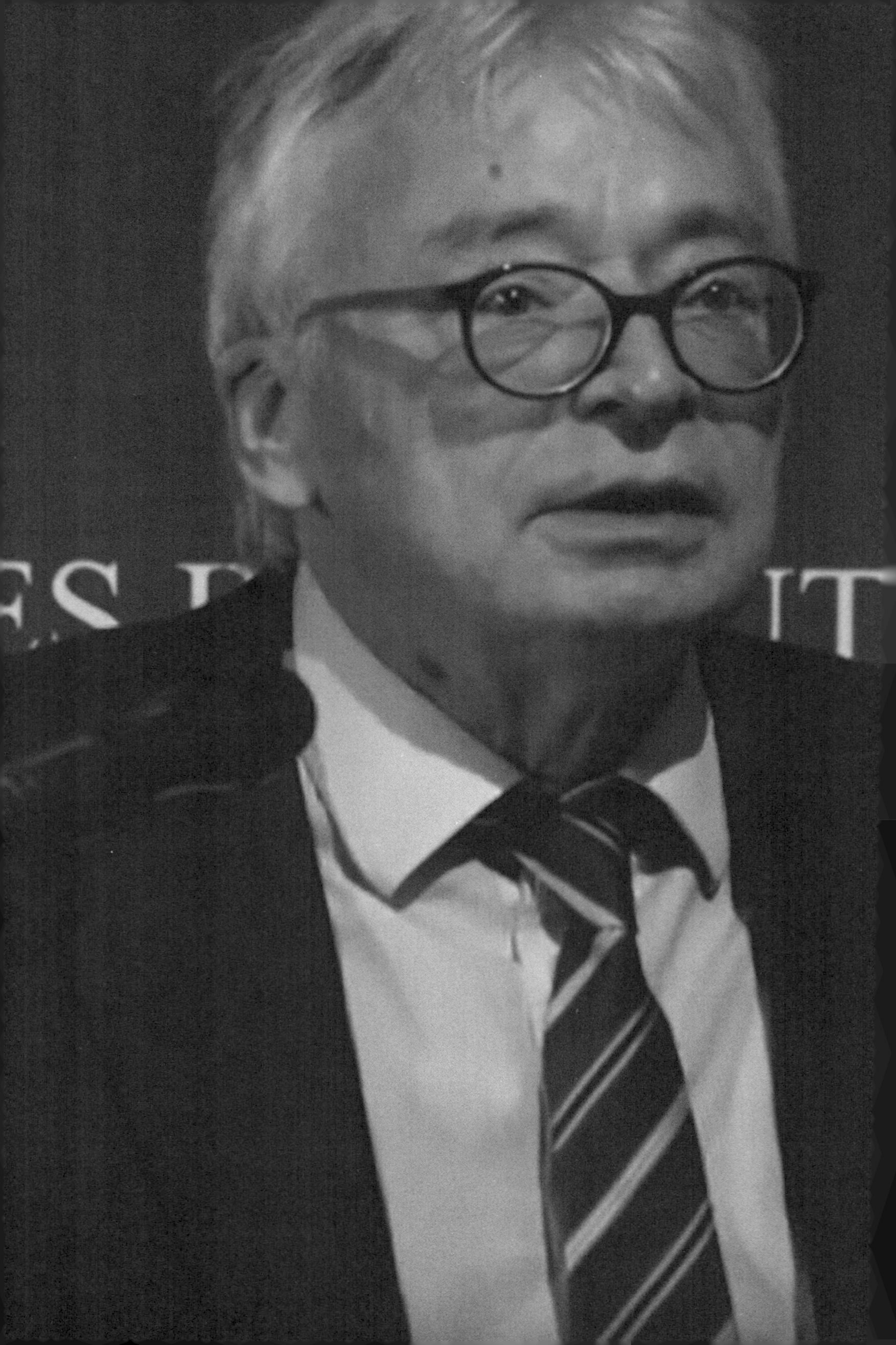

CAPÍTULO 11

SEGURANÇA COLETIVA BASEADA NO ESTADO: UM MITO A SER SUPERADO

Daniel Colnago Rodrigues
Renan Braghin

INTRODUÇÃO

Hoppe entende que a democracia e a ideia de Estado não auxiliam no desenvolvimento do indivíduo e da sociedade, principalmente porque não é o amor ou alguma empatia que fornece a coesão social, mas o interesse próprio que explica a cooperação, a divisão de trabalho e, consequentemente, a sociedade[44]. O Estado, com sua incessante intervenção na vida do indivíduo, não

---

[44] *"Permita-me começar com algumas palavras sobre a sociedade. Por que existe a sociedade? Por que as pessoas cooperam? Por que existe cooperação pacífica ao invés de guerra permanente entre os seres humanos? Os austríacos, em particular os misesianos, enfatizam o fato que não precisamos admitir a existência de coisas como empatia ou amor entre as pessoas para explicar isto. Interesse próprio – ou seja, preferir mais ao invés de menos – é totalmente suficiente para explicar esse fenômeno de cooperação. Os homens cooperam porque são capazes de reconhecer que a produção sob a divisão do trabalho é mais produtiva do que no isolamento autossuficiente. Apenas imagine se não tivéssemos a divisão do trabalho, e você*

auxilia no desenvolvimento de uma sociedade saudável e próspera; ao contrário, apenas apresenta entraves para que os potenciais se desenvolvam de maneira plena e uma das questões que bloqueiam o desenvolvimento pessoal é o mito de supor que a segurança coletiva somente é possível se provida pelo Estado.

O Estado, através do medo generalizado e do mito repetido ao longo dos tempos, supõe que somente ele seria capaz proteger o indivíduo, não havendo fora dele segurança possível. Por isto, coage o indivíduo ao pagamento de tributos para que, com esse dinheiro, possa financiar meios de promover a segurança da sociedade de ataques e agressões – sempre iminentes, segundo o Estado. É sobre essa mentira que falaremos neste capítulo e sobre as alternativas apresentadas por Hoppe para superar o mito do monopólio do serviço de segurança coletiva estatista.

2 - O MITO DA SEGURAÇA COLETIVA BASEADA NO ESTADO

A primeira provocação feita por Hoppe para desmistificar o mito da segurança coletiva realizada pelo Estado parte da reflexão, presente em Hobbes e em tantos outros filósofos políticos, de que o homem é o lobo do próprio homem. A ideia seria de que, uma vez entregue a sua própria sorte, no chamado estado de natureza (circunstância em que não há Estado e que os homens vivem livres de qualquer coerção e coação), haveria uma "*subprodução permanente de segurança*" (HOPPE, 2014, p. 275). Não seria possível evitar o conflito interpessoal permanente, uma vez que o homem, ao estar entregue aos seus próprios recursos e suprimentos, acabaria por não investir tanto em sua própria segurança. Para solução desse estado de coisas aparentemente intolerável, conforme Hobbes, o Estado deveria ser instituído por meio de um contrato que teria a concordância de todos os cidadãos, tendo como finalidade coordenar as ações a fim de atingir a cooperação pacífica entre os seus.

Exposto esse panorama sobre como há a criação do Estado em Hobbes, Hoppe analisa tais fatos a partir de outra perspectiva e aponta pelo menos dois pontos controversos em relação à tese de Hobbes.

---

imediatamente consegue perceber que nos tornaríamos extremamente pobres e a maior parte da humanidade iria imediatamente se extinguir" (HOPPE, 2013a, p. 9).

Sendo a natureza do homem de animal racional, a solução proposta por Hobbes de instituir um terceiro mediador – que também é um animal racional – seria um avanço? Em que medida esse terceiro instituído de fato seria capaz de promover a segurança coletiva? O outro ponto diz respeito à espoliação da propriedade causada por esse terceiro. Estatistas, como Hobbes, sustentam que o Estado "E" surgiria com base em um contrato constitucional assinado por todos. Entretanto, "quem em seu juízo perfeito assinaria um contrato que permitisse a um protetor determinar unilateralmente – e inapelavelmente – a quantia que os protegidos têm de pagar pela sua proteção? E o fato é que ninguém jamais o assinou" (HOPPE, 2014, p. 277).

Seguindo no raciocínio hobbesiano, Hoppe parte da premissa de que, se é necessário um Estado independente para manter a cooperação pacífica entre "A" e "B", logo, se há mais Estados convivendo simultaneamente, "E1", "E2", "E3" e assim sucessivamente, estes também estariam em guerra permanente e seria necessário um governo único e central capaz de assegurar a paz mundial. Porém, "*deveria haver tantas guerras e agressões entre os cidadãos dos vários Estados quantas entre os diferentes Estados. Empiricamente, no entanto, isso não ocorre*" (HOPPE, 2014, p. 277). Não obstante, dado que os Estados se financiam com tributos arrecadados de terceiros, estão mais dispostos a se envolverem em conflitos e guerras, o que pode levar a ganância de um Estado de prevalecer sobre os demais. Veja:

> [...] o Estado mundial é o vencedor de todas as guerras – ele é a última máfia de proteção sobrevivente. Isso não o torna especialmente perigoso? E o poderio físico de um governo mundial não será esmagador em comparação ao de qualquer um dos seus súditos individuais (HOPPE, 2014, p. 278)?
>
> Thomas Hobbes assumiu que as pessoas estariam esgoelando permanentemente se não fosse por uma terceira parte independente – e essa é o Estado, claro – para trazer paz entre elas. Nesse ponto, percebe-se imediatamente que tipo curioso de construção é essa. Assume-se que as pessoas são lobos maus, e que podem ser transformadas em ovelhas, caso um terceiro lobo se torne soberano. Se essa terceira parte é também um lobo, como obviamente ela deve ser, então mesmo se ela trouxer a paz entre dois indivíduos, isso obviamente implica que haveria uma guerra permanente entre o lobo governante e os dois lobos

que agora estão cooperando pacificamente entre si (HOPPE, 2013a, p. 9).

Para Hoppe, o Estado constitui-se da seguinte maneira: dois indivíduos, "A" e "B", entregam a uma terceira parte independente ("E") a tarefa de cuidar da segurança coletiva, sendo que essa terceira parte é um "soberano" que possui poderes únicos e ele pode determinar diversas ações de "A" e "B", incluindo que esses indivíduos não procurem qualquer proteção fora de "E" e que lhe deem dinheiro por meio de tributos para que a segurança coletiva seja mantida. O Estado nada mais seria, pois, que *"um monopolista da defesa e do fornecimento e aplicação da lei e da ordem"* (HOPPE, 2013a, p. 11).

Hoppe trata de um exemplo empírico: os Estados Unidos da América. Esse Estado foi construído sob a premissa de Estado protetor, que deveria proteger a vida e a propriedade. Ancorado nessa premissa, passou a regular todas as relações, seja da vida privada, dos contratos, do comércio etc. Inúmeras leis são criadas para dizer o que o cidadão pode ou não fazer e como pode fazer, sendo que essas montanhas cada vez mais altas de leis acabam gerando grande insegurança jurídica e risco moral. Como o Estado é financiado pelos cidadãos, acabou por adotar uma política expansionista e imperialista que resultou em grandes guerras com outros Estados.

> Em síntese: enquanto ficávamos mais indefesos, pobres, ameaçados e inseguros, o governo americano ficava cada vez mais ousado e agressivo. Em nome da "segurança nacional", ele nos "defende", equipado com reservas enormes de armas e agressão e de destruição em massa, através da intimidação de novos "Hitlers", grandes ou pequenos, e de todos os suspeitos de simpatizarem com os "Hitlers" em todo e qualquer lugar fora do território americano (HOPPE, 2014, p. 280).

As pesquisas empíricas evidenciam o fracasso completo do Estado protetor pregado pelos Estados Unidos da América. O Estado não protege sua população. Ao contrário: acaba criando riscos maiores à vida, propriedade e prosperidade de seus cidadãos *"e o presidente americano, em especial, é o perigo mais ameaçador e mais armado do mundo, capaz de arruinar qualquer pessoa que se oponha a ele e de destruir o mundo inteiro"* (HOPPE, 2014, p. 280). O autor deixa claro que uma agência de proteção financiada por impostos é uma contradição em termos, conduzindo a impostos cada vez mais elevados e a uma proteção cada vez menor.

O Estado apenas atuará em benefício próprio e, como essa atuação não implica em renda gerada pelo próprio governo, haverá muitos gastos e pouca contraprestação. Não obstante, a própria definição de propriedade e proteção, embasada nas leis, será constantemente alterada para satisfazer os benefícios do governo[45], principalmente porque a divisão de poderes é uma ilusão. Conforme Hoppe, o próprio Judiciário atua em favor do governo[46]. Sendo assim, a segurança coletiva, nos moldes que o Estado protetor a propõe é um mito.

> Ao invés de nos proteger, portanto, o Estado nos entregou e entregou nossas propriedades à turba e aos seus instintos. Ao invés de nos preservar, ele nos empobrece, ele destrói nossas famílias, organizações locais, fundações privadas, clubes e associações, ao atraí-los cada vez mais para sua própria órbita. E como resultado de tudo isso, o Estado perverteu a noção de justiça e de responsabilidade individual das pessoas, e tem alimentado e atraído um número cada vez maior de monstros e monstruosidades morais e econômicas (HOPPE, 2013a, p. 18).

O ponto de chegada de Hoppe é a autoproteção, na qual, sem qualquer tipo de coerção, cada proprietário cuidaria de sua segurança, ainda que para isso contasse com a colaboração de outros proprietários. Todavia, a decisão de como se daria a solução de conflitos e a proteção seria única e exclusiva de cada um dos proprietários, que poderiam

---

45 A justificativa para essa afirmação se dá pela seguinte razão: "*Motivados (como quase todos os indivíduos pelo interesse próprio e pela desutilidade do trabalho, mas detendo o poder único e singular de impor tributos (cobrar impostos), a resposta do governo será invariavelmente a mesma: maximizar o gasto em proteção – e quase toda a renda de um país pode concebivelmente ser consumida pelo custo da proteção – e, ao mesmo tempo, minimizar a produção de proteção*" (HOPPE, 2014, p. 282).
46 "*Ademais, um monopólio judicial tem de conduzir à deterioração da qualidade da justiça e da proteção. Se só se pode apelar ao governo por justiça e proteção, então a justiça e a proteção serão distorcidas em favor do governo, não obstante a existência de constituições e de supremos tribunais. Afinal, as constituições e os supremos tribunais são constituições e supremos tribunais estatais, e quaisquer limitações à ação governamental que possa representar são determinadas por agentes da própria instituição sob análise*" (HOPPE, 2014, p. 282-83).

suspender a qualquer tempo as cooperações firmadas ou modificar as suas associações protetoras[47].

3 - A SEGURANÇA PRIVADA E A SEGURIDADE: ALTERNATIVAS À SEGURANÇA ESTATISTA

A segurança coletiva é um mito, conforme já explanado. O Estado que se declara detentor dos meios de promover a paz social e a proteção da propriedade de seus cidadãos falha em suas promessas[48], até pela falta de interesse em cumprir essa missão com excelência[49]. Por outro lado, quando tratamos da segurança privada[50], há pelo

---

[47] "Isto é, todos os proprietários privados poderiam tomar parte das vantagens da divisão do trabalho e buscar, por meio da cooperação com outros proprietários e as suas propriedades, uma proteção melhor da sua propriedade do que aquela proporcionada pela autodefesa. Todos poderiam comprar, vender para ou celebrar contratos com qualquer pessoa no tocante a serviços de resolução de conflitos e de proteção; e seria possível, a qualquer momento, suspender unilateralmente qualquer cooperação com outros e retornar à defesa autossuficiente ou modificar as suas associações protetoras" (HOPPE, 2014, p. 283).

[48] "Também é possível haver proteção sem um Estado. Isto deveria ser totalmente óbvio, mas em uma era de confusão e ofuscação estatista, se faz cada vez mais necessário enfatizar essa percepção elementar e, ainda assim, como veremos a seguir, muito perigosa. O passo decisivo que desviou a história da humanidade de seu curso natural – o pecado original da raça humana, por assim dizer – ocorre com a monopolização do fornecimento de proteção, defesa, segurança e ordem: a monopolização dessas tarefas por apenas um dos numerosos protetores iniciais, com a exclusão de todos os outros. Um monopólio de proteção passa a existir assim que uma única agência ou uma única pessoa pode efetivamente exigir que todas as pessoas de um determinado território devam se dirigir exclusivamente a ela para receber justiça e proteção. Ou seja, que ninguém possa depender exclusivamente ou apenas da autodefesa, ou associar-se a alguma outra pessoa para receber proteção. Uma vez que esse monopólio é obtido, então o financiamento desse protetor não é mais totalmente voluntário, mas em parte se torna compulsório" (HOPPE, 2013a, p. 12).

[49] "E, conforme previsto pela economia austríaca convencional, uma vez que deixe de existir a livre entrada no segmento de proteção da propriedade – ou em qualquer outro segmento que seja – o preço da proteção irá subir, e a qualidade da proteção irá cair. O monopolista se tornará cada vez menos um protetor de nossa propriedade, e cada vez mais uma máfia, ou mesmo um explorador sistemático dos proprietários. Ele se tornará um agressor e um destruidor das pessoas e de suas propriedades, que ele inicialmente deveria proteger" (HOPPE, 2013a, p. 12).

[50] Tratando sobre como a propriedade privada é tratada nos dias de hoje, nos Estados democráticos, Hoppe afirma: "os donos de propriedade privada não são mais livres para aceitar ou excluir outras pessoas de suas propriedades como acharem melhor. Esse é o direito de incluir, se você quiser, ou expulsar, se você quiser, e é um componente fundamental da propriedade privada. E isto confere um mecanismo de defesa; é um método contra a invasão, você pode colocar pessoas para fora de sua propriedade. Porém, esse direito de expulsar pessoas de sua propriedade, especialmente de propriedades comerciais, foi inteiramente retirado de você. E sem esse direito – e hoje em dia ninguém pode contratar ou

menos uma agência que tem interesse, principalmente financeiro, em cuidar da proteção das propriedades daqueles que lhe conferem essa responsabilidade: a seguradora[51]. Isto ocorre por motivos óbvios, já que quanto mais segurança houver, menos serão os prejuízos ou valores a serem desembolsados pelas seguradoras aos segurados a título de indenização.

As seguradoras têm todos os meios necessários para promover a segurança de seus segurados com eficiência, sejam os econômicos, sejam os recursos humanos físicos *"imprescindíveis para a realização da tarefa de lidar com os perigos reais, ou potenciais, do mundo real [...]. Elas operam em escala nacional e até internacional e possuem bens de monta espalhados por amplos territórios e além das fronteiras de um único Estado"* (HOPPE, 2014, p. 284). Em suma, as seguradoras possuem todos os elementos necessários para promover a proteção de seus segurados, no que diz respeito a sua incolumidade física e patrimonial.

4 - OS OBJETOS DE SEGUROS

A segurança privada e as seguradoras são alternativas à segurança coletiva estatista. Contudo, questiona-se: quais as proteções e defesas que podem ser oferecidas pelas seguradoras? Hoppe argumenta que não é possível fazer um seguro contra todos os riscos da vida, até porque existem riscos que são causados pelo próprio segurado, como o suicídio. Mas outros exemplos podem ser dados: procurar ser ressarcido por um dano que a própria pessoa causou a sua casa, ou por conta do desemprego que a acometeu, dentre outros. Nos casos em que há possibilidade total ou parcial de evitar o dano, os riscos devem ser individualmente suportados[52].

---

demitir, comprar ou vender, aceitar ou expulsar de sua propriedade como quiser – junto com tudo isso, também se foi outro método de defesa contra invasões" (HOPPE, 2013a, p. 18).
51 *"Existe um entendimento muito disseminado – tanto entre libertários e liberais, como Molinari, Rothbard e o casal Tannehill, quanto entre a maioria dos outros debatedores da questão – de que a defesa é uma forma de seguro e de que os gastos em defesa representam uma espécie de apólice (ou prêmio) de seguro (o preço do serviço). Nesse sentido, como Rothbard e, em especial, o casal Tannehill enfatizavam, no âmbito de uma economia moderna complexa baseada em uma divisão de trabalho mundial, os candidatos com maior probabilidade de oferecerem serviços de proteção e defesa são as agências seguradoras"* (HOPPE, 2014, p. 284).
52 *"Em primeiro lugar, não é possível fazer um seguro contra todos os riscos da vida. Não posso fazer um seguro contra cometer suicídio, por exemplo; ou contra queimar a minha própria casa; ou contra ficar desempregado; ou contra não sentir vontade de sair da cama*

Assim, a primeira pergunta a ser feita é: o que torna a proteção e a defesa um risco segurável ao invés de um risco não segurável?

Para responder a essa pergunta, outra questão se coloca: "na verdade, as pessoas não exercem um controle considerável sobre a probabilidade de um ataque ou de uma agressão a sua pessoa ou a sua propriedade (HOPPE, 2014, p. 285)?

Nesse sentido, a proteção de um risco não segurável não deveria ser de inteira responsabilidade individual? Para Hoppe, a resposta é sim e não. Sim, na medida em que ninguém é capaz de oferecer proteção incondicional contra qualquer tipo de agressão; e a resposta é não, na medida em que se trata de proteção condicional.

Isto é, a proteção se torna um bem segurável se – e na medida em que – um agente segurador restringir contratualmente as ações do segurado, de modo a excluir qualquer possível provocação por parte dele (HOPPE, 2014, p. 285).

Admitido que nem todos os fatos da vida são passíveis de serem segurados, mas apenas os de caráter acidental, e considerando que nenhuma agressão é indiscriminada, mas seletiva e direcionada, Hoppe questiona que tipo de seguro seria hábil para garantir a proteção a um ataque ou de uma agressão à pessoa ou à propriedade. "*Ela pode ser fornecida como um seguro de grupo, como aquele para desastres naturais, ou terá de ser oferecida na modalidade de seguro individual, como no caso de acidentes industriais*" (HOPPE, 2014, p. 290)?

O seguro contra desastres naturais pode servir como um seguro coletivo porque os desastres provocados por eventos naturais, como terremotos, enchentes, incêndios, furacões, desabamentos etc. são homogêneos quanto ao risco envolvido. Ainda que a seguradora seja capaz de coletar e analisar dados acerca da frequência e alcance de eventos naturais em uma região como um todo – o que permitiria uma classificação e precificação de apólices por regiões –, não seria possível especificar os riscos microrregionais ou singulares a ponto de permitir a individualização de apólices, em extensão e preço.

---

de manhã; ou contra sofrer perdas empreendedoriais; pois nesses casos tenho controle completo ou parcial sobre a probabilidade de ocorrer o respectivo sinistro. Riscos tais como os mencionados têm de ser arcados individualmente. Ninguém além de mim tem qualquer possibilidade de administrá-los" (HOPPE, 2014, p. 285).

Por outro lado, o seguro industrial garante a cobertura de danos praticados pela ação humana, cujo desastre provocado não tenha sido desejado[53], portanto, individual, porque cada ato humano é único e cada processo de produção apresenta características próprias e diferentes entre si que não podem ser reunidos num seguro coletivo. A seguradora precisa reunir informações específicas de cada processo industrial para avaliar os riscos e a frequência dos eventos controversos, o que culminaria em acordos e apólices individuais, mas que, reunidas num determinado período de tempo, seriam capazes de gerar riqueza suficiente para indenizar pedidos de cobertura naquele período.

Embora sejam óbvias as diferenças entre agressões e desastres naturais, com frequência, faz-se uma analogia entre os dois, e é instrutivo investigar se – ou em que medida – ela procede. Argumenta-se que qualquer indivíduo dentro de certas regiões geográficas estaria sujeito ao mesmo risco de desastres naturais como ao risco de um ataque estrangeiro. Hoppe aponta duas falhas para esse argumento. A primeira é de que as regiões afetadas por fenômenos da natureza possuem características geográficas que favorecem ou implicam na maior ou menor ocorrência dos eventos, não sendo escolhidas por um critério subjetivo. Podem ser classificadas como "naturais". Por sua vez, as fronteiras políticas dos países são artificialmente estabelecidas pelo homem. A segunda falha ao argumento é que ataques e agressões são resultantes de ações humanas, sendo, pois, discriminatórios, enquanto que os desastres naturais são eventos fenomenológicos que não fazem distinções entre indivíduos. *"Em nítido contraste, um agressor pode praticar – e, com efeito, pratica – discriminações. Ele não ataca ou agride lugares e coisas sem valor, como o deserto do Saara, mas atinge lugares e coisas que são valiosas"* (HOPPE, 2014, p. 291).

Diante dessas constatações, Hoppe indaga se haveria *"fronteiras não arbitrárias separando diferentes zonas de risco de segurança (de ataque)"* (HOPPE, 2014, p. 291)? A resposta é positiva. A propriedade privada é o bem suscetível de quantificação econômica, resultante da *"apropriação e/ou produção de objetos ou efeitos físicos específicos"* (HOPPE, 2014, p. 291), que, diferentemente dos estados, apresentam fronteiras não arbitrárias, objetivas, estabelecidas intersubjetivamente,

---

53 *"Todo processo produtivo está sob o controle de um produtor individual. Nenhum produtor deseja o fracasso ou o desastre; e, como vimos, apenas desastres acidentais – não desejados – são seguráveis. Todavia, ainda que em grande medida controlados e em geral bem-sucedidos, todos os produtores e todas as tecnologias são sujeitas a percalços e acidentes ocasionais fora do seu controle – a uma margem de erro"* (HOPPE, 2014, p. 289).

coincidentes com a dimensão e extensão exata das coisas apropriadas e/ou produzidas". Em outras palavras, e ainda com Hoppe, "como as fronteiras das propriedades são estabelecidas pela sua extensão, reconhecida entre vários sujeitos, fruto de uma apropriação original e não traçadas indiscriminadamente, portanto, não arbitrárias, existem tantas zonas de segurança diferentes quanto bens possuídos como propriedades.

Hoppe conclui que o seguro que garante a proteção de um ataque ou de uma agressão à pessoa ou à propriedade é necessariamente individual, mas apresenta diferenças entre o mencionado exemplo do seguro contra acidentes industriais. O processo de produção apresenta riscos que, em geral, não variam em função da localização, mantendo a mesma margem de erro se replicado em lugares diferentes. Já a propriedade apresenta singularidades que a fazem única, independente e distinta em relação às demais. Cada propriedade está situada em um lugar diferente e enfrenta um risco de segurança próprio, que varia em razão das suas características, do controle que se exerce sobre ela, da presença ou ausência de aparatos predispostos à defesa da propriedade, tais como cercas elétricas, muros altos, câmeras de vigilância etc.

> Portanto, todos os lugares e todas as propriedades não são iguais e equivalentes. Cada proprietário terá de ser segurado individualmente; e, para isso, toda seguradora contra agressões precisa manter suficientes reservas de capital (HOPPE, 2014, p. 293).

5 - A SEGURANÇA PRIVADA E SEUS REFLEXOS NO COMPORTAMENTO DA SOCIEDADE E DO DIREITO

A natureza essencialmente defensiva do indivíduo constitui-se a partir da não agressividade e também da necessidade de não desencadear eventos que possam ser danosos. Essas seriam características observadas pelas seguradoras, de modo que indivíduos agressores não conseguiriam contratar serviços de seguros e, consequentemente, seriam economicamente isolados, frágeis e vulneráveis. De outro lado, aqueles que quisessem proteção maior do que a autodefesa só conseguiriam na medida em que se sujeitassem às normas específicas. Essa maneira de encarar a segurança influencia diretamente na conduta das pessoas.

> Além disso, quanto maior fosse o número de pessoas seguradas – e, em uma moderada economia de trocas, a maioria das pessoas deseja mais do que autodefesa para a sua proteção –, maior seria a pressão econômica sobre os não segurados remanescentes para que adotassem padrões idênticos sobre os não segurados remanescentes para que adotassem padrões idênticos ou semelhantes de conduta social não agressiva. Ademais, como resultado da competição entre seguradoras por clientes voluntários, adviria uma tendência à queda de preços por valor de propriedade segurada (HOPPE, 2014, p. 286).

Além da influência na forma de vida das pessoas, um sistema de seguradoras concorrentes, que apresentariam seguros diferentes às pessoas que escolheriam o serviço que mais lhes fosse vantajoso, acarretaria na forma como o direito se desenvolveria. Ao invés de um conjunto uniforme de normas jurídicas para todos os casos, tal como ocorre em condições estatistas, as agências de seguro seriam regidas pelas leis que mais tivessem afinidade com seus produtos.

> As seguradoras poderiam – e iriam – ser diferentes e distintas entre si em relação ao código comportamental imposto sobre [...] os seus clientes; em relação às regras de procedimento e de prova; e/ou em relação ao tipo e à atribuição de recompensas e castigos (HOPPE, 2014, p. 286).

Quando o homem se apropria ou produz um objeto, ele o faz porque julga se tratar de algo valioso, que mereça sua proteção. Toda coisa tem limites coincidentes com a sua extensão e, em determinado momento, faz fronteira com outras coisas valiosas, propriedades pertencentes a alguém. Por apenas se apropriar daquilo que é valioso, é natural que o homem se sujeite aos ímpetos violentos de outros homens que desejem sua propriedade, implicando na prática de atos de defesa diante de ataques e agressões para proteger pessoalmente suas posses, podendo ser também, ele próprio, alvo dessa violência. Também é natural que isso influa na escolha do proprietário em relação ao local e à forma da sua propriedade, entre outras incontáveis considerações, por preocupações com a segurança. *Ceteri paribus*, todos preferirão lugares e formas mais seguros para as suas propriedades a lugares e formas menos seguros.

Desse modo, haveria os códigos legais "domésticos" e os códigos mais amplos, inclusive os códigos estrangeiros. Cada seguradora se desenvolveria a partir do seu código legal "doméstico". Os códigos domésticos têm características próprias, podendo ser definidos por aspectos culturais, religiosos, entre outros. Poderíamos ter leis mais afinadas com a religião católica, mosaica, protestante, por exemplo. Por outro lado, os códigos mais amplos somente entrariam em cena quando houvesse o conflito entre dois códigos domésticos inconciliáveis[54]. O código mais amplo seria estabelecido por meio de consenso intragrupo. Nos casos de divergências que não poderiam ser resolvidas sem a mediação de um terceiro, o caso em questão seria levado para a arbitragem, na qual o árbitro deveria encontrar e formular uma solução mutuamente aceitável. No caso de haver soluções "injustas" ou "parciais", provavelmente este árbitro não mais seria chamado para exercer tal função.

Cada seguradora teria o ônus de explicitar em seu contrato todos os termos do negócio jurídico pactuado. Da mesma forma que a relação da seguradora com seus clientes seria regida por um contrato, a relação entre as seguradoras e os árbitros também.

> Cada uma das partes de um contrato, durante e até o fim do cumprimento do contrato, estará vinculada aos seus termos e às suas condições. Toda mudança nos termos e nas condições de um contrato exigiria o consentimento unânime de todas as partes interessadas (HOPPE, 2014, p. 288).

A cooperação mútua entre as várias seguradoras e os vários árbitros abririam caminho para a unificação do direito referente à

---

54 *"Em tal situação, não se pode esperar que uma seguradora e os prosélitos do seu código legal – o católico – simplesmente subordinem a sua decisão àquela de outra seguradora e do seu código jurídico – o mulçumano; ou vice-versa. Em vez disso, cada seguradora – tanto a católica quanto a mulçumana – têm de contribuir para o desenvolvimento da lei intergrupo, i.e., da lei aplicável aos casos de divergência entre seguradoras e códigos legais concorrentes. E, já que as disposições legais intergrupo que uma seguradora oferece a todos os seus clientes podem parecer cíveis – e, em consequência, viáveis – somente se e na medida em que as mesmas disposições também forem aceitas por outras seguradoras (quanto maior o número delas, melhor), a concorrência promoveria o desenvolvimento e o refinamento de um corpo legal que incorpore os mais amplos consensos e acordos legais/morais intergrupo e intercultura, representando, dessa forma, o maior denominador comum entre vários códigos jurídicos concorrentes"* (HOPPE, 2014, p. 287).

propriedade e aos contratos (respectivamente, o real e o contratual) e à harmonização (padronização) das regras de procedimento, de provas e de resolução de conflitos.

6 - A ATUAÇÃO DAS SEGURADORAS

Hoppe defende que a existência de um Estado, sobretudo os democráticos, altera o caráter da agressão e da guerra, que tendem a ser transformadas em *"guerras totais, indiscriminadas"* (HOPPE, 2014, p. 293). Num mundo livre de Estados, as seguradoras, como proposto acima, tratariam individualmente da defesa da violência que seria altamente seletiva e direcionada, e os agressores, pessoas com comportamentos arriscados e não protegidas por seguros – pois não se fala em direito de reivindicar propriedade adquirida mediante agressão[55] – prefeririam atacar propriedades não protegidas para evitar o conflito com poderosas agências de defesa. No mundo estatista, a guerra entre países se transforma em uma guerra entre povos. Toda a população arca com os custos da guerra por meio do pagamento de tributos, razão pela qual todos se tornam iguais em relação a sua participação ativa, mesmo que involuntária, nas agressões da praticadas pelo Estado.

> Todos são inimigos; e qualquer propriedade oferece apoio ao governo atacado. Assim, todos e tudo estão dentro do jogo. Do mesmo modo, o Estado agredido estará pouco preocupado com os danos colaterais que resultem sua retaliação ao Estado agressor. Todos os cidadãos do Estado agressor são inimigos, e todas as suas propriedades são propriedades inimigas, tornando-se, portanto, possíveis alvos de retaliação. Além disso, todo Estado, em conformidade com esse caráter da guerra interestatal, desenvolverá e empregará mais armas de destruição em massa – como bombas atômicas – em vez de armas de

---

[55] *"Não podemos nos limitar a falar simplesmente da defesa de "direitos de propriedade" ou de propriedade privada" per se. Pois, se assim o fizermos, corremos o grande risco de defender o "direito de propriedade" de um agressor criminoso – de fato, pela lógica, nós acabaríamos fazendo isso. Portanto podemos falar apenas sobre propriedade justa ou propriedade legítima ou talvez "propriedade natural". E isso significa que, em casos reais, temos que determinar se qualquer ato consumado e isolado de violência é agressivo ou defensivo: e.g. se é um caso de um criminoso roubando uma vítima, ou de uma vítima tentando se reapossar de sua propriedade"* (ROTHBARD, 2010, p. 112).

precisão de longo alcance – como a minha imaginária mira a laser (HOPPE, 2014, p. 295).

Num cenário de convivência entre agências seguradoras de defesa e Estados, indaga Hoppe, "*como um sistema de agências seguradoras em concorrência reagiria a esse desafio? Em especial: como ele lidaria com a existência dos Estados e da agressão estatal?*" (HOPPE, 2014, p. 295).

Os custos de proteção e de valores de propriedade relacionam-se de forma inversamente proporcional. Uma propriedade será menos valorizada na medida em que estiver inserida num contexto de elevado risco, o que implicará, proporcionalmente, em valores mais elevados de proteção. As agências de seguradoras, como toda empresa, visam o lucro. Portanto, teriam especial interesse na promoção de um ambiente de riscos favorável, mantendo a constante valorização das propriedades privadas e um ambiente propício a negócios.

O Estado, por outro lado, por ser financiado por tributos compulsórios, na tarefa de combater o crime, "*tem pouco ou nenhum interesse em ser especialmente eficiente na tarefa de impedi-lo – ou, caso ele já tenha ocorrido, em compensar as suas vítimas e prender ou punir os criminosos*" (HOPPE, 2014, p. 295). E ao invés de compensar as vítimas de crimes que não foi capaz de evitar, o Estado sujeita a população ao custeio da apreensão e reabilitação de seus agressores. A cobrança dos tributos para financiar a segurança estatal, diversamente da lógica do mercado, não é proporcional e progressiva em relação à grandeza econômica. Ao contrário, ao não estabelecer critérios diferentes de arrecadação por zonas de segurança, ou seja, ao cobrar de todos sem nenhuma discriminação, o Estado acaba onerando mais quem menos pode pagar.

Já as seguradoras devem indenizar a vítima de um crime que ela foi incapaz de impedir. Por esta razão, os esforços em coletar e manusear dados, criar estatísticas e estabelecer modelos de ação preventiva e repressiva de crimes seriam muito mais eficientes e substituiriam o modelo estatal de "*redistribuição em termos de região, de raça, de nacionalidade, de etnia, de religião, de língua e de renda; e uma fonte constante de conflitos sociais seria permanentemente eliminada*" (HOPPE, 2014, p. 298). A concorrência entre seguradoras promoveria uma disputa entre preços e um natural processo migratório de lugares de risco alto e baixo valor de propriedades para lugares de baixo risco e propriedades em valorização, criando uma tendência ao progresso civilizatório (e não à descivilização).

A política de segurança monopolística estatal impede atos discriminatórios em defesa da propriedade privada e promove uma integração forçada de pessoas indesejadas. Nesse modelo, os proprietários e moradores de regiões de baixo risco são proibidos de praticar a autodefesa, de impedir a imigração de pessoas indesejadas para essas regiões. Já os proprietários e residentes de regiões de alto risco não podem se livrar do crime por iniciativa própria e expulsar criminosos conhecidos, sendo forçados, pelo governo, a conviver permanentemente com os seus agressores.

Um sistema de seguros de defesa, baseado na indissociável relação entre risco e preço de apólices, promoveria uma imigração seletiva nas áreas de baixo risco e elevado valor de propriedades, ao passo que, nas regiões ruins, as seguradoras teriam o desejo de expulsar os criminosos conhecidos, seja pela tomada de ação ou simplesmente por não impedir que assim ajam os moradores e proprietários dessas regiões. Por essas ações discriminatórias, as seguradoras "*promoveriam uma tendência a se desenvolverem erguendo e cultivando tantos bairros 'bons' quanto bairros 'ruins'*" (HOPPE, 2014, p. 299).

> Mesmo que tudo isso tenha sido dito, a questão que inevitavelmente vem à tona é a seguinte: "Um sistema competitivo de produção de segurança não resultaria necessariamente num conflito social permanente, no caos e na anarquia?" Há vários pontos a serem tratados sobre essa suposta crítica. Em primeiro lugar, deve ser observado que essa impressão não estaria em hipótese alguma de acordo com a evidência empírica histórica. Sistemas de instâncias judiciárias concorrentes existiram em diversos lugares, como na antiga Irlanda ou na época da liga Hanseática, antes da chegada do moderno Estado-nação, e, anto quanto sabemos, funcionavam muito bem. A julgar pelo índice de criminalidade da época (crime *per capita*), a polícia privada do Velho Oeste (que, a propósito, não era tão selvagem como alguns filmes insinuam) era relativamente mais bem-sucedida do que a polícia estatal de hoje. E voltando à experiência e aos exemplos contemporâneos, existem até hoje milhões de contatos internacionais – contato de comércio e de viagem – e, certamente, parece ser um exagero dizer, por exemplo, que há mais fraude, mais crime, mais quebra de contrato na esfera internacional do que nas relações

domésticas nos países. E isso é assim, é preciso observar, sem que haja um grande produtor de segurança monopolista e legislador. Finalmente, não se deve esquecer que mesmo hoje num grande número de países há vários produtores de segurança privada que atuam paralelamente ao Estado: investigadores particulares e os das seguradoras e árbitros privados. Em relação ao seu trabalho, a impressão parece confirmar a tese de que eles são mais, não menos, bem-sucedidos em resolver conflitos sociais do que os seus análogos públicos (HOPPE, 2013b, p. 212).

Se um sistema de defesa promovido por seguradoras seria muito mais eficiente do que a política de segurança "pública" promovida pelos Estados, num cenário de convivência entre ambos, como ficaria a defesa contra os Estados? *"Como as seguradoras nos protegeriam da agressão estatal"* (HOPPE, 2014, p. 300)? Hoppe argumenta que os Estados são ineficientes e sucumbiriam frente à capacidade das seguradoras no manuseio com a tecnologia, com o desenvolvimento de armamento bélico, no desenvolvimento de estratégias de segurança e de inteligência militar. Além disso, a política discriminatória promovida pelas seguradoras seletivamente desestimularia e impediria a presença e circulação de agentes governamentais em territórios livres, que seriam tidos como párias, porque os Estados, inerentemente agressivos, representam um risco ainda mais elevado que criminosos privados. Frente à ineficiência estatal, os territórios dos governos enfraqueceriam com a emigração dos seus residentes para áreas mais valorizadas, livres, onde a segurança seria promovida pelo sistema de seguro de defesa.

E mais: o que acontece *"caso um governo decida atacar ou invadir um território livre?" Ou, ainda, "quem ou o que ele atacaria?"* (HOPPE, 2014, p. 301). Hoppe defende que não haveria motivo para uma agressão indiscriminada por parte dos Estados. Primeiro, porque presumidamente nem os proprietários privados e nem as seguradoras provocariam o Estado, pois haveria uma coincidência de interesses em prol da segurança. Se houvesse alguma agressão, ela seria individual e identificável, não sendo motivo justo para um eventual contra-ataque por parte do Estado a um território livre. Aliás, qualquer ataque indiscriminado ordenado por uma autoridade estatal a um território livre se trataria de violência contra inocentes, situação que jamais teria o apoio da população e faria com que o Estado, cujo poder apoia-se no consentimento popular, sucumbisse[56].

Ainda assim, na remota possibilidade de um Estado atacar um território livre, o agressor encontraria uma população armada e agências de seguros altamente preparadas. Isso porque apenas os Estados pretendem o desarmamento civil, mantendo o monopólio da segurança e justificando altas cargas tributárias para custear seus serviços ineficientes. Um sistema de segurança privado, além de estimular a autodefesa, estaria preparado para repelir qualquer tipo de agressão estatal, seja pela expulsão dos agentes governamentais dos territórios livres, seja pela eliminação do agressor, buscando sempre a eficiência como forma de evitar enormes pagamentos de indenizações aos seus segurados.

7 - CONCLUSÃO

No pensamento de Hoppe, a propriedade privada é resultante de atos de apropriação original, produção ou troca e é exercida sob o domínio de exclusiva jurisdição de seu proprietário, com fronteiras não arbitrárias delimitadas fisicamente apenas pela sua extensão e reconhecidas na relação entre os indivíduos.

Por isso, não há motivo que justifique a impossibilidade de o proprietário defender fisicamente sua propriedade com a finalidade de anular ataques e ameaças, tampouco que possa ele renunciar a esses direitos, entregando-os exclusivamente a outro ente como, por exemplo, o Estado.

Nada impede que o proprietário negocie com terceiros para que cooperem com ele em busca de defesa. Por isso, ao invés de se submeter ao monopólio estatal de proteção, baseado em um regime de expropriações pela cobrança compulsória de tributos, o proprietário, em decorrência do exercício da autotutela, poderia submeter a defesa

---

[56] *"O conquistador somente obtém poder sobre aqueles que de fato auxiliaram, concorreram para ou consentiram nessa força injusta que contra eles foi usada. Pois, não tendo o povo dado a seus governantes o poder de cometer um ato injusto, tal como empreender uma guerra injusta (por nunca ter tido esse poder), não deve ser considerado culpado da violência e da injustiça cometidas numa guerra injusta, a não ser na medida em que de fato a instigue. Tampouco deve ser considerado culpado de qualquer violência ou opressão que seus governantes pratiquem contra o próprio povo ou contra qualquer parte dos súditos, pois não lhes deu poder nem para uma coisa nem para a outra"* (LOCKE, 1998, p. 546-547).

compartilhada da segurança de sua propriedade a terceiros, em regime de contratação livre, sendo inadmissível que esses terceiros, agências de seguro defensivo, obrigassem alguém a contrato exclusivo e anulassem a livre concorrência.

Embora os Estados democráticos, via de regra, garantam a proteção à propriedade privada, o exercício monopolístico dessa "defesa" baseado num regime de tributação e legislação coercitivo/obrigatório, ao contrário do que prometem garantir, resulta na precarização do direito. É uma contradição em termos. Sob o argumento de defesa da propriedade, o Estado tolhe do cidadão a liberdade de escolha de autodefesa e de contratação, uma vez que este regime supostamente protecionista é realizado sem discriminação de risco, com cobrança não progressiva de preços, sem indenizar a vítima pelo prejuízo não evitado, sem deixar claras as condições do pacto obrigatório e sem possibilidade de saída ou rescisão.

Sendo assim, a proteção estatal se mostra falha, ineficiente e cara, e a proposta de Hoppe é justamente superar o mito da segurança coletiva estatista e apresentar um sistema de segurança privada eficiente que resultará em crescimento econômico e social, uma vez que, de fato, haverá segurança no que diz respeito à manutenção e não turbação e/ou expropriação da propriedade privada, além de acarretar no modo como ocorrerão as relações sociais e o direito, garantindo maior eficiência e segurança jurídica.

BIBLIOGRAFIA

HABERMAS, Jürgen. *Direito e democracia: entre facticidade e validade*. V.I. 2ª ed. Tradução de Flábio Beno Sieeneichler. Rio de Janeiro: Tempo Brasileiro, 2003.

_____. Hans-Hermann. *Democracia, o Deus que falhou*. Tradução de Marcelo Werlang de Assis. São Paulo: Instituto Ludwig von Mises Brasil, 2014.

_____. Hans-Hermann. *O que deve ser feito*. Tradução de Fernando Fiori Chiocca. São Paulo: Instituto Ludwig von Mises Brasil, 2013a.

_____. Hans-Hermann. *Uma teoria do socialismo e do capitalismo*. 2ª ed. Tradução de Bruno Garschagen. São Paulo: Instituto Ludwig von Mises Brasil, 2013b.

LOCKE, John. *Dois tratados sobre o governo*. São Paulo: Martins Fontes, 1998.

ROTHBARD, Murray N. *A Ética da Liberdade*. Tradução de Fernando Fiori Chiocca. São Paulo: Instituto Ludwig von Mises Brasil. 2010.

CAPÍTULO 12

OS DESAFIOS CAPITALISTAS DESVELADOS PELAS PROBLEMÁTICAS DOS BENS PÚBLICOS E DOS MONOPÓLIOS

Dennys Garcia Xavier
José Luiz de Moura Faleiros Júnior

INTRODUÇÃO

O contraponto crítico de Hoppe apresentado ao modelo capitalista encontra dois grandes repositórios temáticos nas questões concernentes aos monopólios e aos bens públicos, dos quais o nosso autor trata especificamente, indicando que o capitalismo se revela superior no que diz respeito à alocação dos fatores de produção, à qualidade da fabricação dos bens produzidos e à preservação dos valores incorporados ao capital no decurso do próprio tempo. Isso, contudo, não isenta o sistema de ataques.

Com relação ao funcionamento da produção capitalista, o autor procura explicar que não há problematizações reais acerca desses temas. Para além disso, tenta extrair conclusões relativas à subversão da racionalidade sistêmica pela presença estatal para esmiuçar, em seguida, a inexistência de problemas quanto aos monopólios e aos bens públicos.

2 - A PRODUÇÃO CAPITALISTA

Ao retomar a análise do funcionamento de um sistema de produção capitalista, cuja pedra fundamental é a presença de uma economia de mercado, Hoppe trilha caminho alternativo ao do socialismo, dedicando-se a investigar maneiras pelas quais o capitalismo resolve os supostos problemas do surgimento dos "monopólios" e da produção dos chamados "bens públicos". Para isso, impõe-se uma diferenciação dos métodos pelos quais funcionam, em situação de normalidade, um sistema de produção capitalista e um sistema de produção socialista.

Hoppe (HOPPE, 2013, p. 163-164) parte da intenção de demonstrar que o capitalismo é economicamente superior quando comparado à sua alternativa por três razões estruturais: (i) somente o capitalismo é capaz de alocar os meios de produção de forma racional; (ii) apenas o capitalismo consegue assegurar a qualidade da produção em níveis ótimos, na medida em que os consumidores assumem o papel de avaliadores de seus resultados; (iii) a depender da alocação dos fatores de produção e da qualidade da produção – e, também, da avaliação dos consumidores – o sistema de mercado pode ser capaz de garantir a conservação dos fatores de produção de forma eficiente no tempo.

O raciocínio do autor parte da aferição das formas pelas quais a produção é direcionada a um determinado mercado, isto é, tendo-se em conta que, para que ocorra verdadeira troca com outras pessoas ou empresas e, para que se esteja na presença da almejada "não-agressão" naturalmente perpetrada contra a propriedade privada, deve-se empregar recursos para a produção de bens com o vislumbre antecipado do potencial de lucro a ser obtido com as vendas que superarem os custos contabilizados.

Para Hoppe (HOPPE, 2013, p. 164):

E cada empresa tem que decidir repetidamente se uma determinada alocação ou uso de seus meios de produção devem ser mantidos e reproduzidos ou se, devido a uma mudança na demanda ou na antecipação dessa mudança, está definida uma realocação para diferentes usos. A questão de se os recursos foram ou não utilizados da maneira a se obter o maior valor produtivo (a forma mais lucrativa), ou se uma determinada realocação era a mais econômica, poderia, obviamente, só ser decidida num futuro mais ou menos distante sob qualquer sistema social ou econômico concebível, porque o tempo invariavelmente é necessário para produzir um produto e colocá-lo no mercado. Porém, e isso é decisivo, para cada empresa há um critério objetivo para decidir em que medida as suas decisões alocacionais anteriores estavam certas ou erradas. A contabilidade nos informa (e, em princípio, ninguém que quisesse fazê-lo poderia verificar e analisar essa informação) se, e em que medida, uma determinada alocação dos fatores de produção era ou não economicamente racional, não apenas para as empresas em geral, mas para cada uma de suas subunidades, na medida em que os preços de mercado existem para os fatores de produção nele utilizados. Uma vez que o critério lucro-prejuízo é um critério *ex post* (depois do evento), e tem que ser necessariamente assim sob qualquer sistema de produção devido ao fator tempo envolvido na produção, pode não ser de qualquer ajuda na decisão sobre as alocações futuras *ex ante* (antes do evento). Todavia, do ponto de vista dos consumidores, é possível conceber o processo de alocação de recursos e da realocação como racional porque cada decisão alocacional é constantemente testada à luz do critério lucro-prejuízo.

Com a superação de previsões ruins, o autor aponta para a possibilidade de que sejam asseguradas as mudanças estruturais do sistema de produção amplamente considerado, no curso do tempo, para que se possa descrever, segundo movimentos e influxos constantes, um uso mais racional dos recursos a partir de um processo infindável de direcionamentos e redirecionamentos dos fatores de produção menos valorados para os mais valorados – e o filtro, neste sistema de livre troca entre indivíduos, será a reação dos consumidores.

3 - A SUBVERSÃO DA RACIONALIDADE PELA PRESENÇA ESTATAL

Partindo para outro campo de análise, Hoppe investiga, do ponto de vista do consumidor – destinatário da produção capitalista – como a racionalidade do sistema é substituída pela arbitrariedade quando se tem um modelo de produção socialista, centralizado na figura do Estado. Isso se dá porque o Estado não é obrigado a se cercar de garantias que previnam a ocorrência de prejuízos caso queira permanecer ativo como todos os demais produtores, já que, ao revés, exerce poder coercitivo por meio de regulações e pela tributação. O Estado não corre riscos, como qualquer outro empreendedor, porque sempre conta com a casta de "contribuintes" para alimentar a sua sanha arrecadatória.

Esse domínio estatal, que se manifesta sob diferentes formas, como vimos nos capítulos anteriores, o coloca na posição de determinar, unilateralmente, "*se subsidia ou não, em qual medida e durante qual período, as suas próprias operações produtivas*". (HOPPE, 2013, p. 165). A partir disso, lhe é franqueado, também, o poder de definir potenciais "concorrentes", aos quais serão concedidas as autorizações necessárias para que operem no mercado. É, sem dúvida, o melhor dos mundos (para o Estado, é claro).

Noutros termos,

> [i]sso significa essencialmente que o Estado está livre das considerações sobre custo-lucro. Mas se não for mais obrigado a testar continuamente qualquer de seus vários usos de recursos à luz desse critério, ou seja, se não mais precisar adequar com sucesso as suas alocações de recursos para as mudanças na demanda dos consumidores a fim de sobreviver como um produtor, então a sequência das decisões alocacionais como um todo tem que ser considerada como um processo arbitrário e irracional de tomada de decisão. Simplesmente, não mais existe um mecanismo de seleção forçando essas "mutações" alocacionais que sistematicamente ignoram ou expõem um desajuste na inoperante demanda do consumidor (HOPPE, 2013, p. 165).

Dessa forma, a afirmação relativa à "subversão da racionalidade" decorre de um processo de alocação de recursos de forma arbitrária, que somente ocorre quando o Estado se faz presente na delimitação de seus campos de atuação no mercado, estando imune aos critérios de lucro e prejuízo aos quais os participantes particulares se sujeitam. Nessa miríade de processos de alocação de recursos, a arbitrariedade se imiscui à própria realização democrática, pois é ela quem traduzirá a aceitação legitimadora de qualquer processo decisional, e, mesmo que se investigue esse percurso pelo viés autocrático, diz Hoppe (HOPPE, 2013, p. 166) que o estado da opinião pública será crucial para desvelar os resultados pretendidos pela intervenção, que continuará sendo arbitrária sob a ótica dos consumidores.

Quando é dado ao Estado o direito de se apropriar de receitas de forma não-contratual, a sua produção continuará sendo ditada pelos desfechos observados no campo prático, uma vez que, além da má alocação dos fatores de produção, eventual queda da qualidade (e até da quantidade) da produção de qualquer bem será resultado dessa interação do Estado com os fatores produtivos, uma vez que haverá desconexão entre receitas e custos. Logo, quando um determinado fluxo produtivo passa a depender do Estado, deixa de haver qualquer razão para que o produtor se ocupe de buscar a certificação de qualidade daquilo que produz – que ocorreria caso os resultados de seu labor dependessem única e exclusivamente de suas vendas e dos índices de satisfação obtidos com a oferta dessa mesma produção ao mercado de consumo (HOPPE, 2013, p. 168).

O funcionamento das forças de mercado permite, nesse sentido, a adequada alocação de recursos, no curso do tempo, de forma mais eficiente a ponto de gerar equilíbrio (evitando super e/ou subutilização de recursos). De fato, nesse sentido, o sistema capitalista apresenta diferenças marcantes ao sistema socialista quando se contrapõe o modo de funcionamento de um e de outro sistema, em averiguação paralela. Hoppe (HOPPE, 2013, p. 168) diz que isto é especialmente observável quando se trata de um Estado baseado em uma "moderna democracia parlamentar", em que se permite aos gestores empresariais a obtenção de receitas líquidas provenientes de vendas, mas sem que lhes seja garantida a prerrogativa da apropriação privada de receitas. Significa dizer que a riqueza social total está diretamente relacionada às avaliações dos consumidores, porém, a maximização dos rendimentos oriundos das vendas se dá às custas das perdas no valor do capital, na medida em que, por exemplo, determinado governo pode optar por reduzir formal e oficialmente o grau de exploração de um determinado estoque de capital e, a partir disso, recorrer a uma política de conservação na exata medida em que a expectativa será fundamentada no aumento de preços – em ocasião futura – com clara vantagem sob o ponto de vista conservacionista, não aproveitável de maneira privada.

4 - PRODUÇÃO MONOPOLISTA, LIVRE MERCADO E SEUS CONTRAPONTOS CRÍTICOS

Hoppe indica ser bastante certo que alguém argumente que, na medida em que não se pudesse duvidar do que foi demonstrado até agora, as coisas seriam, de fato, diferentes e a deficiência de um sistema de puro mercado viria à tona assim que fosse dada atenção especial ao caso da produção monopolista. Por padrão, o autor indica que o tempo exerceria papel fundamental para o surgimento da produção monopolista, que será mais bem averiguada no tópico subsequente, uma vez que o longo prazo seria o núcleo da contra-argumentação de críticos marxistas e de teóricos econômicos ortodoxos ao capitalismo. E, em resposta a essa puntuação, Hoppe (HOPPE, 2013, p. 171) apresenta quatro afirmações:

> a) as evidências históricas disponíveis mostram que, contrariamente à tese contra-argumentativa dos críticos, não há uma tendência em direção a um aumento do monopólio sob um sistema de mercado sem entraves;
>
> b) razões teóricas colocam em dúvida a constatação de que essa tendência poderia prevalecer num livre mercado;
>
> c) mesmo que o processo de aumento da monopolização fosse conduzido, ele se tornaria inócuo sob a ótica dos consumidores, contanto que a livre entrada no mercado fosse, de fato, garantida;
>
> d) o conceito de preços de monopólio a partir de uma diferenciação contrastada aos preços competitivos seria, em uma economia capitalista, algo ilusório.

Para avançar na cognição dessas indicações, impõe-se uma releitura do papel da propriedade privada:

De acordo com a doutrina liberal, os direitos de propriedade privada precedem lógica e temporalmente qualquer governo. Eles são o resultado de atos de apropriação original, de produção e/ou de troca (entre um proprietário anterior e um proprietário posterior) e se referem ao direito do proprietário de exercer jurisdição exclusiva sobre determinados recursos físicos. Na verdade, é o próprio objetivo da propriedade privada estabelecer domínios fisicamente separados de jurisdição exclusiva, de modo que se evitem possíveis conflitos sobre o uso de recursos escassos (HOPPE, 2014, p. 262).

Em termos de evidências históricas, Hoppe diz que, acaso as críticas ao modelo capitalista se revelassem verdadeiras,

[...] seria preciso então esperar uma tendência mais nítida rumo a uma monopolização sob um capitalismo *laissez-faire* mais livre, sem entraves e desregulado do que sob um sistema relativamente e mais pesadamente regulado de capitalismo de "bem estar" ou de capitalismo "social". No entanto, a história fornece evidência de resultados precisamente opostos. Há um consenso em relação à avaliação do período entre 1867 e a Primeira Guerra Mundial como sendo o período relativamente mais capitalista na história dos Estados Unidos e o período seguinte como sendo, comparativamente, o de aumento da regulação do mercado e da legislação do Estado de bem-estar social. Porém, analisando a questão, se verifica que não houve somente menos desenvolvimento rumo à monopolização e a concentração de empresas no primeiro período em relação ao segundo, mas também que durante o primeiro período era possível observar uma tendência constante para uma concorrência mais séria com os preços de quase todos os bens caindo continuamente (HOPPE, 2013, p. 171).

Somente no decorrer do tempo é que tal tendência seria interrompida e, eventualmente, poderia sofrer um processo de reversão com a desobstrução causada pela presença do Estado, haja vista a notória dificuldade de se persuadir os agentes estatais a não procederem às indesejadas interferências no sistema concorrencial.

O sistema que delimita as bases essenciais para a formatação de monopólios se insere em um contexto de clara contradição com grande parte do conhecimento vulgar que se tem sobre a questão e que se apoia em considerações teóricas inexoráveis, a partir da constatação de que "monopolizar" significa, basicamente, extrair determinado meio ou fator produtivo da esfera do mercado. Em outras palavras, monopólio é basicamente possível com intervenção estatal, não num livre mercado em sentido estrito. Para Hoppe, a prática de cada ato adicional de monopolização revela um novo problema, que se apresenta ainda mais passível de críticas para os proprietários dos fatores de produção monopolizados no mesmo ritmo em que, devido à impossibilidade de se proceder ao cálculo econômico, não mais se poderia ter a certeza de que tais fatores seriam realmente utilizados da forma mais lucrativa possível. Tendo em vista que, se os fatores de produção são retirados do mercado e o círculo de consumidores vem a ser atendido pelos bens produzidos com esses fatores (monopólio), será menos provável que o monopolista possa continuar controlando todas as informações relevantes e necessárias para a identificação dos usos mais lucrativos para seus fatores de produção. Por outro lado, no decurso desse processo, seria mais plausível que outras pessoas ou agrupamentos alinhados a um intuito comum de produzir lucros se dedicassem à produção e ao emprego de fatores produtivos mais eficientes e tendentes a uma dominação mercadológica (HOPPE, 2013, p. 172-173).

5 - O PROBLEMA DOS MONOPÓLIOS

A problemática dos monopólios é estudada por Hoppe a partir de uma suposição categórica: que o que a evidência histórica, assim como a teoria, demonstram ser improvável acontece de qualquer maneira, por qualquer motivo. A partir disso, o autor desenvolve seu raciocínio no sentido de um caso extremo, no qual se tenha um "supermonopolista" fornecendo todos os bens e serviços disponíveis no mercado e atuando como único empregador de mão de obra. Significaria, à toda evidência, que o estado de coisas, no que se refere à satisfação dos consumidores (filtro final de aferição, conforme aventado anteriormente), teria atingido seu ápice sem precisar recorrer à agressão?

De um lado, significaria que nenhum outro indivíduo teria o que reivindicar contra o proprietário dessa empresa que conquistou o monopólio porquanto, de fato, a conquista seria desdobrada do preenchimento de condicionantes lícitas previamente estabelecidas e não haveria qualquer espécie de superposição ou domínio a partir da imposição do poder ou da violência expropriatória (leia-se, em transcrição literal dos dizeres de Hoppe: "*[n]inguém é obrigado a trabalhar para o monopolista ou comprar qualquer coisa dele, e todo mundo pode fazer o que quiser com seus ganhos provenientes dos trabalhos que realizou*") (HOPPE, 2013, p. 174-175).

Nessa instância, é *mister* transcrever a definição de Ludwig von Mises:

> O monopólio é um pré-requisito para o aparecimento de preços monopolísticos, mas não é o único pré-requisito. É necessário atender a uma condição adicional, qual seja, certa conformação da curva da demanda. A mera existência de monopólio não significa que essa condição esteja atendida. O editor de um livro do qual detenha os direitos de publicação é um monopolista. Mas pode ser que não consiga vender uma única cópia, por menor que seja o preço solicitado. O preço pelo qual o monopolista vende sua mercadoria nem sempre é um preço monopolístico. Preços monopolísticos são apenas os preços pelos quais é mais vantajoso para o monopolista restringir a quantidade a ser vendida do que expandir suas vendas até o limite que o mercado competitivo permitiria (VON MISES, 2010, p. 421).

O leque de opções que se tem em uma economia de mercado perpassa as oportunidades de comprar ou não comprar, poupar ou não poupar, usar ou não determinado bem com intuito produtivo, ou mesmo de se associar a outrem para alavancar projetos e empreender por meio de *joint ventures*: são todos exemplos de atos livremente realizáveis em uma estrutura de livre mercado, e não há qualquer sorte de violação à legalidade nesse tipo de atuação.

Significa dizer que, neste cenário descrito, o surgimento de um monopólio apenas conduziria à conclusão de que

> [...] o monopolista não poderia ver qualquer chance de melhorar a sua renda com a venda de todos ou de parte de seus meios de produção, caso contrário, ele o faria. E ninguém mais poderia ver qualquer chance de melhorar a sua renda por meio de uma

oferta maior pelos fatores de produção do monopolista ou ao se transformar num produtor capitalista, seja através de poupanças originais, através da transformação da riqueza privada existente utilizada de forma improdutiva em capital produtivo e através da combinação de recursos financeiros com terceiros, pois, caso contrário, isso também seria feito (HOPPE, 2013, p. 175).

Noutro sentido, caso inexistisse qualquer vislumbre no sentido de se alavancar a renda sem o recurso à agressão, seria evidentemente inconcebível que se cogitasse de qualquer erro concernente ao suposto "supermonopólio".

A problemática dos monopólios, então, caso nunca viesse a se materializar em uma economia de mercado, apenas serviria para demonstrar que o "supermonopolista" estava, realmente, atendendo da forma mais eficiente possível aos anseios dos consumidores nas suas necessidades mais urgentes de bens e serviços, pois, como diz Hoppe (HOPPE, 2013, p. 175):

> Um preço monopolístico não significa uma oferta subótima de bens para consumidores e não há uma exceção importante do funcionamento econômico geralmente superior do capitalismo encontrado aqui? De certa forma, essa questão já foi respondida pela explicação feita anteriormente de que mesmo um supermonopolista que se estabelece no mercado não pode ser considerado prejudicial para os consumidores. Mas, de qualquer forma, a teoria de que os preços monopolísticos são (supostamente) categoricamente diferentes dos preços competitivos foi apresentada numa linguagem técnica diferente e, portanto, merece um tratamento especial.

Por suposto, dificilmente se teria um desfecho surpreendente e capaz de causar impacto se "*o monopólio não constitui um problema especial que obriga qualquer um a fazer alterações qualificadoras à regra geral de uma economia de mercado, sendo necessariamente mais eficiente do que qualquer sistema socialista ou estatista*" (HOPPE, 2013, p. 175).

No contexto apresentado, toda tomada de decisão relacionada à frequência e aos usos dos meios de produção imporia ao monopolista um risco, pois seus lucros estariam diretamente relacionados à possibilidade que teria de garantir qualidade e satisfação.

As explicações de Hoppe (HOPPE, 2013, p. 178) evidenciam como a análise da questão do monopólio *"não fornece qualquer razão para modificar a descrição feita anteriormente sobre a forma como a economia de puro mercado normalmente funciona e a sua superioridade sobre qualquer tipo de sistema de produção socialista ou estatista"*.

Isso porque,

> [d]e fato, só quando o Estado entra em cena é que surge um problema real, não ilusório, do monopólio e dos preços monopolísticos. O Estado é a única empresa cujos preços e práticas empresariais podem ser conceitualmente diferenciadas de todos os outros preços e práticas, e cujos preços e práticas podem ser classificados como "muito altos" ou "exploração" de uma maneira completamente objetiva e não arbitrária. São preços e práticas que os consumidores não desejam voluntariamente aceitar e pagar, mas que são forçados a fazê-los mediante ameaças de violência (HOPPE, 2013, p. 179).

Certamente, seja do ponto de vista empírico, seja do ponto de vista meramente teórico, a ocorrência de um processo de monopolização, mesmo que se materializasse, seria inofensiva do ponto de vista dos consumidores, se preenchidos os requisitos de satisfação esperados, o que afastaria qualquer necessidade de intervenção estatal.

6 - O PROBLEMA DOS BENS PÚBLICOS

Partindo para o segundo ponto que é alvo dos críticos ao capitalismo, Hoppe aborda a questão dos bens públicos, procedendo a uma distinção inicial entre bens públicos e privados *"para ajudar a decidir o que deve ser produzido privadamente e o que deve ser produzido pelo Estado ou com a sua colaboração"* (HOPPE, 2013, p. 181).

Segundo o autor, há situações em que muitos bens produzidos privadamente parecem se encaixar na categoria de bens públicos, como o seguinte exemplo:

> Por exemplo, com o desenvolvimento da TV por assinatura, um bem que antigamente era (aparentemente) público se tornou privado. E as modificações nas leis de propriedade – da aquisição da propriedade – podem ter o mesmo efeito das

alterações do caráter público-privado de um bem. O farol, por exemplo, só é um bem público na medida em que o mar é de domínio público (não privado). Mas se fosse permitido adquirir pedaços do oceano como propriedade privada, como seria numa ordem social puramente capitalista, como o farol só brilha sobre um território limitado, se tornaria claramente possível excluir os não pagadores de desfrutar dos seus serviços (HOPPE, 2013, p. 181-182).

Nesse contexto, Hoppe é assertivo ao dizer que não existiria, em verdade, uma real dicotomia entre bens públicos e bens privados, e essa seria a explicação basilar para que existam tantas divergências de classificação entre uns e outros, pois, na visão do autor, todos os bens

[...] são mais ou menos privados ou públicos e podem – e constantemente o fazem – mudar no que tange ao seu grau de privacidade/publicidade a partir da mudança dos valores e das avaliações das pessoas, e com as alterações na formação da população (HOPPE, 2013, p. 186).

Os bens, em análise dicotômica, nunca se enquadrariam definitivamente dentro de somente uma ou outra categoria, pois o reconhecimento desse aspecto fundamental implicaria investigar e destacar se, para que algo seja um bem (público ou privado) deve ser pensado e tratado a partir de uma aferição de sua escassez, ou seja, o bem não pertenceria a uma classe por ser, em si, um bem, mas sim pelos atributos relevantes que lhe viessem a ser conferidos pela análise do observador (HOPPE, 2013, p. 186).

Em sucinta análise, Hoppe (HOPPE, 2013, p. 186) diz que *"nada é um bem sem, pelo menos, uma pessoa avaliá-lo subjetivamente como tal"*, mas nenhuma análise permitiria identificar algo como sendo um bem dotado de valoração econômica se não houvesse um critério objetivo estabelecido previamente para classificar os bens como privados ou públicos.

Nesse mesmo raciocínio, o autor acrescenta:

Eles nunca podem ser privados ou públicos por si mesmos. Seu caráter público ou privado depende das poucas ou das muitas pessoas que os consideram como sendo bens, com o grau em que eles são privados ou públicos se modificando de acordo

> com a mudanças nas avaliações e que varia de um até o infinito. Mesmo coisas aparentemente completamente privadas, como o interior do meu apartamento ou a cor da minha cueca, podem se tornar bens públicos tão logo alguém comece a se preocupar com elas. E aquelas coisas que são aparentemente bens públicos, como a parte externa da minha casa ou a cor do meu macacão, podem se tornar bens extremamente privados tão logo as demais pessoas parem de se preocupar com elas. Além disso, todo bem pode modificar as suas características cada vez mais; e pode até mesmo se transformar de um bem público ou privado para um mal público ou privado e vice-versa, dependendo unicamente das mudanças na preocupação ou na indiferença. Porém, se for assim, qualquer que seja a decisão, não pode se basear na classificação de bens como privados ou públicos (HOPPE, 2013, p. 186-187).

Evidentemente, para se chegar à conclusão de que o Estado deve ser capaz de prover especificamente os bens públicos que, por outros meios, não seriam providos por particulares, caso contrário, partindo da afirmação de certas características impediriam a produção de determinados bens, "*jamais se poderia chegar à conclusão de que esses mesmos bens deveriam ser produzidos*" (HOPPE, 2013, p. 187).

E prossegue:

> Mas com a exigência de uma norma para justificar a sua conclusão, os teóricos dos bens públicos abandonaram claramente os limites da economia como uma ciência positiva isenta de juízos de valor (*wertfrei*). Pelo contrário, eles transgrediram a moral e a ética e, portanto, seria de se esperar que apresentassem uma teoria da ética como uma disciplina cognitiva para que pudessem fazer o que fazem de forma legítima, e para que dela extraíssem, de fato, conclusões justificadas. Mas dificilmente se pode enfatizar o suficiente que em nenhum lugar da literatura teórica dos bens públicos é possível encontrar qualquer coisa que se assemelhe vagamente a uma teoria cognitiva da ética (HOPPE, 2013, p. 188).

Para Hoppe (HOPPE, 2013, p. 188), a teoria dos bens públicos apresenta falhas "*não apenas por causa do raciocínio moral equivocado que lhe é inerente, pois até mesmo o raciocínio econômico utilitarista contido no argumento acima é descaradamente equivocado*". Como afirma a teoria dos bens públicos, é bem melhor ter os bens públicos do que não tê-los, embora não se deva esquecer que não existe qualquer motivo claro e apriorístico para que isto se dê dessa forma, pois é claramente possível e factualmente reconhecido que os anarquistas que abominam a ação do Estado teriam predileção por não ter qualquer sorte de acesso aos bens públicos "*a tê-los fornecidos pelo Estado!*" (HOPPE, 2013, p. 190). E, mantendo essa linha explicativa, o autor assevera que:

> Em todo caso, mesmo que o argumento tenha sido admitido até agora, pular da afirmação de que os bens públicos são desejados para a afirmação de que eles deveriam, por essa razão, ser fornecidos pelo Estado não é nada conclusivo, pois essa não é, em hipótese alguma, a escolha com a qual se é confrontado. Uma vez que o dinheiro ou outros recursos devem ser retirados dos usos alternativos possíveis para financiar os bens públicos supostamente desejáveis, a única questão relevante e adequada é se os usos alternativos em que esse dinheiro poderia ser aplicado (ou seja, os bens privados que poderiam ter sido adquiridos, mas que agora não podem ser comprados porque o dinheiro está sendo gasto nos bens públicos) são ou não são mais valiosos (mais urgentes) do que os bens públicos. E a resposta a essa questão é perfeitamente clara. Em termos de avaliações dos consumidores, por mais alto que possa ser o seu nível absoluto, o valor dos bens públicos é relativamente mais baixo do que o dos bens privados concorrentes, porque se fosse possível deixar a escolha para os consumidores (e se não se tivesse forçado uma alternativa sobre outra), eles evidentemente teriam preferido gastar o seu dinheiro de maneira diferente (caso contrário, não seria necessário o uso da força). Isso prova que, sem sombra de dúvidas, os recursos utilizados para o fornecimento de bens públicos são desperdiçados na medida em que fornecem aos consumidores bens e serviços que, na melhor das hipóteses, são de importância secundária (HOPPE, 2013, p. 190).

A linha argumentativa relativa aos bens públicos e às suas interações com a falibilidade do mercado parte, nesse sentido, de disfarces relacionados ao jargão técnico que demonstra não ser o mercado um modal perfeito, porquanto caracterizado pelo princípio da não-agressão imposto sobre condições marcadas pelo parâmetro da escassez, já destacado anteriormente, de modo que certos bens ou serviços apenas poderiam ser produzidos e fornecidos a depender da existência de legalização da agressão (HOPPE, 2013, p. 191).

Tudo conduziria, nesse campo, a uma "imperfeição" do mercado que poderia vir a ser defendida tanto do ponto de vista moral, quanto sob a ótica econômica, na exata medida em que as supostas "perfeições" dos mercados, naturalmente propagadas pelos teóricos dos bens públicos não poderiam sê-lo, e, nessa linha, a extinção da prática atual do Estado em fornecer bens públicos implicaria numa mudança na estrutura social e na distribuição de riqueza atuais (HOPPE, 2013, p. 191).

Essa reorganização estrutural certamente emanaria razões pelas quais se teria uma resistência pública às políticas de privatização das funções estatais, a despeito de, no longo prazo, a riqueza social receber influxos elevatórios que, contudo, não poderiam ser aceitos como argumentos válidos e adequados para demonstrar as falhas de mercado (HOPPE, 2013, p. 192).

7 - CONSIDERAÇÕES FINAIS

Ao longo de suas digressões sobre monopólios e bens públicos, Hoppe faz relevante averiguação sobre o papel do Estado como organização capaz de tributar as pessoas e não precisar aguardar que elas simplesmente aceitem o ímpeto tributário em questão; no mesmo sentido, significaria a admissão da imposição de regulações sobre o uso que as pessoas fazem de sua propriedade, sem que seja preciso obter o seu consentimento.

Evidentemente, tudo isso conferiria ao Estado uma inegável vantagem na competição pelos recursos escassos na comparação com outras instituições, pois seria o lucro o elemento impulsionador dos indivíduos no que tangencia o crescimento. Noutros termos, Hoppe consegue se desvencilhar das duas principais críticas tecidas ao modelo capitalista apresentando evidências críticas de que não haveria sustentação à tese de que o sistema de mercado provocaria uma tendência de crescimento do monopólio estatista com amplo suporte na experiência histórica.

Com isso, os apontamentos feitos pelo autor acerca do funcionamento normalmente mais eficiente do capitalismo também se mostram verdadeiros no que se refere aos produtores monopolistas, na mesma medida em que eles estão realmente sujeitos ao controle das aquisições voluntárias ou das abstenções voluntárias ocorridas nas compras realizadas pelos consumidores – filtro e liame final de aferição da prevalência econômica, mesmo sob o viés monopolista.

Desse modo, para além da introdução de um sistema competitivo de produção, a presença e até mesmo a participação estatal em atos legalizados de expropriação agressiva trariam, consequentemente, efeitos que fariam com que cada uma de suas decisões parecesse mais ou menos onerosa, isto é, tudo estaria relativamente em sintonia com os seus próprios princípios de comportamento correto. Em contraste, seria inevitável o declínio do número de particulares comprometidos com uma política de exploração e de ganhos às custas de outros.

A questão da opinião pública também é um fator relevante, pois seria ela o elemento final de contraste para a sobreposição do modelo capitalista ao socialista, que se basearia em fatores e fundamentos sociopsicológicos esvaziados pela ausência de concretude, senão quando presentes aspectos tangíveis desdobrados da agressão.

Com essas constatações, Hans-Hermann Hoppe é disruptivo e ataca frontalmente todos os pontos falíveis da estrutura socialista e, ainda, desarticula os contra-argumentos indicados contrariamente ao modelo capitalista.

BIBLIOGRAFIA

HOPPE, Hans-Hermann. *Uma teoria do socialismo e do capitalismo*. Trad. Bruno Garschagen. 2ª ed. São Paulo: Instituto Ludwig von Mises Brasil, 2013.

HOPPE, Hans-Hermann. *Democracia, o Deus que falhou*. Trad. Marcelo Werlang de Assis. São Paulo: Instituto Ludwig von Mises Brasil, 2014.

VON MISES, Ludwig. *Ação humana*. Trad. Donald Stewart Jr. São Paulo: Instituto Ludwig von Mises Brasil, 2010.

CAPÍTULO 13

CONSERVADORISMO, LIBERTARIANISMO E LIBERALISMO: ERROS FATAIS E COMO CORRIGI-LOS EM DIREÇÃO À LIBERDADE

Rafael Medeiros Hespanhol

INTRODUÇÃO

Há algo de brilhante no trabalho de Hoppe. Sua capacidade de argumentação, seu conhecimento histórico e o domínio de diferentes autores, de diferentes vertentes, sobre temas diversos, tornam a leitura de seus trabalhos prazerosa e produtiva. Trabalhando de forma muitas vezes contra-intuitiva, o autor consegue levar seu leitor por caminhos que fogem do habitual, sendo, ao mesmo tempo, extremamente lógico e objetivo. Neste capítulo – que encerra a apresentação do pensamento de Hoppe nessas *Breves Lições* –, busca-se trazer suas ideias sobre três temas: conservadorismo, libertarianismo e liberalismo.

Para tanto, é importante trazer a discussão de Hoppe sobre as diferenças entre as pessoas, a consequente divisão do trabalho e o reconhecimento da propriedade privada como elementos essenciais para o desenvolvimento da família enquanto instituição possível apenas entre humanos. O autor ainda trata da integração interna à família, da repulsa entre famílias e da cidade como local de troca entre famílias separadas entre si. Com isso Hoppe recobre os motivos que levam as cidades a serem berço da civilização e ao mesmo tempo, a serem palco do retrocesso, com o surgimento do Estado. O autor ainda explica como e com quais objetivos o Estado enfraquece a família, de forma a ressaltar os motivos para a família ser a instituição central da sociedade, e não o Estado.

É com essa base geral que Hoppe explica porque os conservadores devem ser libertários, ou seja, serem combatentes ferozes do aparato estatal e do assim denominado Estado de Bem-Estar Social. O autor utiliza uma linha lógica para demonstrar como o Estado desestabiliza as famílias, tornando as pessoas cada vez mais dependentes dele e menos ligadas às famílias. Da mesma forma, Hoppe argumenta que os libertários devem ser conservadores, explicando como a propriedade só faz sentido no âmbito parental e da família, e como o direito à exclusão é essencial para a garantia dos direitos relacionados à propriedade privada.

Hoppe, ademais, faz duras críticas ao liberalismo, não apenas em relação à forma como tem sido implantado, mas principalmente em relação às suas bases, ou seja, àquilo que tem em sua essência e que acaba, segundo ele, por causar dano. O autor, fazendo isso, busca mostrar os caminhos para que se possa vencer a social-democracia, que atualmente domina o paradigma ideológico mundial.

1 - DIVISÃO DO TRABALHO, COOPERAÇÃO E PROPRIEDADE PRIVADA: AS BASES DA FAMÍLIA

Hoppe discute a cooperação entre as pessoas, o histórico das tribos e o papel e evolução da cidade e do Estado. Para tanto, é importante compreender que Hoppe considera que a cooperação entre as pessoas é fruto do reconhecimento de que a produtividade aumenta quando há divisão do trabalho. Essa maior produtividade é resultado da desigualdade, natural aos indivíduos, e aos recursos espalhados geograficamente. No entanto, para Hoppe, a desigualdade não é o único motivo para que ocorra a cooperação. Apesar de ser um importante motivo, apenas a desigualdade não é suficiente para explicar a cooperação entre os humanos.

A cooperação também se revela, em Hoppe, como uma condição exclusivamente humana. Essa cooperação é muito diferente do que parece cooperação nas relações entre animais, por exemplo. Nos animais, aquilo que pode parecer cooperação é, na verdade, instinto, ou seja, acontece independente de vontade. Essa relação entre os animais, também baseada na desigualdade, é diferente da que ocorre entre humanos. Basta notar que a diferença entre sexos promove a atração, sem fazer sentido a discussão de estupro ou de consenso nesses casos. A diferença entre espécies e subespécies promove a repulsa, não sendo discutido crime, nem vítima. A falta de sentido em discutir esses fenômenos em animais se dá por ser impossível que os animais ajam diferente de como agem.

A cooperação entre humanos, no entanto, é resultado da ação humana. Com base em Mises[57], Hoppe explica que a ação humana[58] visa fins individuais e há sempre, portanto, o risco da cooperação desintegrar-se a qualquer momento. É justamente por esse motivo que Hoppe desenvolve o conceito de propriedade privada, incluindo nesse conceito o de propriedade privada sobre si. Para ele, o ser humano deve ser racional e reconhecer a propriedade privada de outro homem. O reconhecimento da propriedade privada, por pessoas, se dá pelo fato de, no longo prazo, isso ser mais vantajoso por garantir a segurança da própria propriedade privada. Se ninguém respeita a propriedade privada, no curto prazo algumas pessoas conseguem se beneficiar disso, no entanto, no longo prazo, a maior parte das pessoas tende a ter mais desvantagens do que vantagens. É pensando em garantir satisfações futuras (no longo prazo) que as pessoas respeitam a propriedade privada. Se o homem quisesse apenas satisfazer suas necessidades de

---

57 Ludwig Heinrich Edler von Mises foi um economista membro da Escola Austríaca de pensamento econômico, conhecido principalmente por seu trabalho no campo da praxeologia, o estudo dedutivo das ações e escolhas humanas. Mises dedicou-se à crítica do socialismo enquanto sistema econômico, mostrando sua inviabilidade econômica por não apresentar mecanismos de fixação de preço pelo mercado (problema do cálculo econômico).
58 VON MISES, Ludwig. *Human action. A Treatise on Economics* (1996). *Human action. A Treatise on Economics*, 4.

curto prazo, não haveria simpatia entre as pessoas, nem paz, visto que todos seriam inimigos mortais entre si.

Hoppe também acredita que o ser humano incapaz de compreender o conceito de divisão do trabalho não seja uma pessoa. Nesse caso, trata-se de alguém que se encontra na mesma categoria moral de animais. Sobre o homem enquanto apenas um animal, Hoppe utiliza a linha lógica de Mises, que explica que o homem, enquanto animal é, fisicamente, um animal fraco. Hoppe valoriza a razão como uma das principais armas humanas, visto que a razão é a principal possibilidade de ataque e defesa. Os homens que se enquadram nessa categoria de animal não se utilizam da razão, e se enquadrando nessa categoria de animal, podem ser da mesma forma que os animais: inofensivos e, portanto, domesticados; ou perigosos e, portanto, combatidos.

A divisão do trabalho, possível apenas com o reconhecimento da propriedade privada, leva o homem a realizar trocas mutuamente benéficas, obtendo maior produtividade. Nessas relações de trocas as forças de atração e de repulsão se tornam verdadeiramente sociais, ou seja, humanas em nível único. Essas interações são muito mais complexas do que simplesmente instintivas (como as interações animais), são consensuais e permitem o estabelecimento de vínculos. Essa divisão do trabalho serve não apenas para relações comerciais, mas também para outros tipos de relações humanas, como por exemplo nas relações familiares. A própria constituição da família, ou seja, de lares familiares, segue essa lógica da ação humana. É por esse motivo que as famílias são, para Hoppe, elemento essencial e central de toda análise. Além disso, nenhuma instituição demonstrou-se, ao longo da história, mais durável do que a família. Hoppe utiliza o conceito de Mises, de que a família não é apenas resultado da relação sexual ou da procriação, visto que não é necessário que pais e filhos vivam juntos como se faz em família. Para Hoppe, a família é o resultado do pensamento, planejamento e ação.

A propriedade privada, a divisão do trabalho e a razão (racionalidade humana) fazem, portanto, as pessoas agirem de forma a se unirem em famílias, por perceberem benefício nesse tipo de organização. Esses mesmos elementos, para Hoppe, justificam a repulsa e a separação entre raças e separações internamente às raças – que tentam garantir sua propriedade privada, ter os melhores efeitos da divisão do trabalho e utilizarem a razão em seu benefício. Essa repulsa entre diferentes famílias (e raças) causa a hostilidade, traduzida no fato dos mesmos evitarem a cooperação entre si por meio do comércio direto, buscando ficarem separados até mesmo fisicamente.

A integração familiar (interna) e a separação entre grupos familiares (externa) causam a separação física entre grupos e fazem os mesmos precisarem de um local para transacionarem – visto que esses grupos diferentes e inimigos podem se beneficiar dessas trocas. Esse local, com intercâmbio e comércio entre diferentes grupos tende a ter maior intensificação da divisão do trabalho, aumento de diversidade e diferenciação, crescimento populacional e melhores padrões de vida. Todo esse desenvolvimento permite que esses locais desenvolvam negociantes profissionais e centros comerciais. Esse local neutro que Hoppe descreve é a cidade.

A cidade passa a ser, então, o local que centraliza essas trocas entre diferentes grupos, que cooperam entre si mesmo estando fisicamente separadas por qualquer tipo de repulsa ou motivo qualquer. Para Hoppe, é justamente nesse grupo neutro de comerciantes que existe maior tendência em ocorrer miscigenação, ou seja, casamentos entre pessoas menos similares, principalmente pelos membros mais abastados da cidade. É nas cidades, portanto, que surgem os meios de integração e de segregação mais desenvolvidos, o que faz os cidadãos desenvolverem formas mais elaboradas de conduta profissional e pessoal, etiqueta e estilo. Para Hoppe, portanto, as cidades tendem a gerar a vida civilizada.

Para garantir a ordem em um ambiente tão complexo, surgem as forças policiais e judiciais, uma espécie de ordem de governo da cidade. É importante ressaltar, no entanto, que essa ordem de governo ainda não é o Estado. O Estado só poderá ser considerado como tal, caso uma dessas forças se estabeleça como monopolista, ou seja, única fonte de polícia ou justiça. A pessoa, ou organização (conjunto de pessoas) a fazer isso, precisa conseguir estabelecer que ninguém além dele seja capaz de executar essa atividade, podendo essa pessoa ou organização repreender qualquer outro juiz ou agente policial que tente competir com o mesmo.

Um primeiro efeito desse monopólio, ou seja, de um governo municipal, seria a maior tensão entre as diferentes etnias, tribos e famílias, visto que o monopolista pertenceria a alguma dessas etnias, tribos ou famílias, o que seria considerado um insulto pelas outras etnias, tribos ou famílias. Perturbar-se-ia, pois, todo o sistema de integração (internamente às famílias) e de segregação (entre as famílias). Além disso, o monopolista precisaria assegurar que sua ação ocorreria de maneira parcial, ou seja, em benefício de boa parte dos grupos de pessoas – e em detrimento da minoria.

O monopolista tenderá a agir de forma a garantir essa situação confortável para si, e até mesmo a transmiti-la a seus descendentes, ou seja, tornar essa condição hereditária, como no caso dos reis. No entanto, essa missão é muito mais difícil de ser cumprida em um ambiente de população heterogênea, como nas cidades, do que nos campos. Nas cidades, a tendência é que o governo assuma uma forma mais democrática, ou seja, que todos possam ocupar essa posição de líder supremo. Dessa forma, o Estado democrático passa a exercer monopólio judicial e policial sobre uma área composta por uma população extremamente heterogênea.

Apesar de, atualmente, o monopólio judicial e policial se estender para muito além de uma cidade, podendo existir sobre extensas áreas, os efeitos das relações entre pessoas diferentes podem ser mais bem observados nas grandes cidades. Isso fica mais evidente se analisamos o declínio das grandes cidades, em relação ao ambiente de civilização que outrora as marcava[59]. As áreas rurais acabam sendo menos afetadas por terem população mais homogênea do que nos grandes centros comerciais. Com o nascimento do governo, diminui a cooperação interétnica nas cidades. Historicamente, quanto antes se formou o governo em alguma cidade, mais demorado o desenvolvimento da mesma.

Para conseguir exercer o seu poder em todo o território, o Estado precisa de acesso a todas as propriedades privadas, e para isso, precisa de ruas e estradas, que passam também a ser controladas pelo Estado. Com isso, diminui a separação entre cidade e campo, bem como entre os lares familiares, havendo maior integração (forçada). As cidades, em especial, as escolhidas para serem centros do Estado (capitais), tornam-se superdimensionadas, e devido à maior integração, são estimuladas as animosidades entre os diferentes grupos.

Com o Estado exercendo poder nas cidades, os casamentos entre grupos diferentes tornam-se cada vez mais comuns, bem como

---

[59] Berços da civilização ocidental como Paris ou Londres, hoje cenários do caos em alguns momentos, devido justamente ao seu perfil cosmopolita.

o sexo sem casamento entre esses diferentes grupos. Outra mudança é que esse tipo de relacionamento entre diferentes grupos, antes limitado aos maiores estratos da sociedade, passa a acontecer entre os estratos inferiores. O assistencialismo governamental proporciona maior taxa de natalidade entre os mais pobres, aumentando a quantidade de pessoas de classes mais baixas.

Ao invés de utilizar a raça, etnia ou tribo como critério de divisão da sociedade, passa-se então a utilizar a política de classes para dividir a sociedade. Com isso, surgem novos conflitos entre castas mais baixas e mestres, trabalhadores e empresários, pobres e ricos, e assim por diante. Os conflitos não cessam, apenas mudam os grupos em conflito. Ao mesmo tempo, tem-se uma situação em que há cada vez mais pessoas dependendo de assistencialismo concentradas na cidade, e para fugir disso, burocratas e entidades governamentais partindo para os subúrbios.

Após a transição da "carta de raça" para a "carta de classe", o governo volta-se para a "carta do sexo" (gênero), justiça social e justiça racial. As famílias e lares passam a ser deteriorados e dissolvidos, pois o governo passa a interferir em decisões de foro íntimo da família. Essa deterioração acontece devido a discórdias levantadas dentro das famílias: entre sexos (maridos e esposas) e gerações (pais e filhos), principalmente nas grandes cidades.

O assistencialismo faz o casamento perder o valor, visto que as pessoas não mais se preocupam em fazer parte de uma família estendida. A educação dos filhos também perde importância para os próprios pais, visto que se torna responsabilidade do Estado. Com isso, menos respeito e valor os filhos dão aos pais. As discórdias em relação ao sexo e às gerações fazem a hierarquia das famílias perder sua força. O próprio conceito de família se torna fraco, a partir do momento em que a família se torna algo sem poder (em comparação com o arranjo estatal). Pode-se afirmar, nesse sentido, que quanto maior o Estado, menor a família. Com o aumento das políticas governamentais sobre as famílias, maiores são os problemas nas famílias e a adoção de modos de vida não tradicionais. Com isso, aumenta também a criminalidade.

Enquanto a legislação governamental ganha força, a lei perde a força. Com isso, a cooperação tende a diminuir e as pessoas passam a pensar mais no curto prazo do que no longo prazo. Como há sempre a possibilidade de o que é permitido e possível hoje não ser mais permitido amanhã, as preferências temporais crescem, bem como o relativismo moral – e consequentemente, o terreno para criminosos e crimes. As cidades são os locais que mais sentem os efeitos dessa derrocada: decadência moral, corrupção, brutalidade e crime.

Hoppe é pessimista sobre as possibilidades de interromper essa autodestruição facilmente vista no ocidente. A autodestruição da sociedade ocidental é completamente compreensível, visto que o sucesso é sistematicamente punido e o fracasso é sistematicamente recompensado. De acordo com Hoppe, a situação só não é pior pois boa parte dos fracassados tende a se eliminar, uns aos outros, pois que a taxa de criminalidade entre eles é maior. A única maneira é lutar no campo das ideias, e para mudar as ideias, não adianta "apenas entender" que algo está errado, mas compreender exatamente o que está errado, que é justamente o que Hoppe tenta fazer em sua trajetória. Além disso, as pessoas precisam "querer agir" de acordo com essa visão. Para Hoppe, a salvação virá do campo, e não da cidade.

A origem da descivilização, para Hoppe, está no monopólio da justiça (Estado), que é o destruidor da lei e da ordem. Além disso, para ele, as famílias devem ser reconhecidas como fonte de civilização. Os chefes de família devem, portanto, ter sua autoridade interna reestabelecida. O assistencialismo deve ser responsabilidade da família e da caridade voluntária, legando o Estado de Bem-Estar Social, atualmente predominante, ao *status* de criador da insensatez.

2 - CONSERVADORISMO LIBERTÁRIO

Entender a importância da família como instituição para Hoppe é muito importante para que se entenda as críticas de Hoppe ao conservadorismo. Para tanto, Hoppe é muito claro ao explicar também o conceito de conservador. O autor explica que existe uma primeira concepção do termo, hoje muito comum, que determina que conservador é aquele que tende a querer conservar as instituições existentes. Nessa concepção, o termo "conservador" não denota nada específico, visto que as regras, leis e instituições variam em locais e tempos diferentes. A outra concepção, aceita como a correta por Hoppe, é a de que há uma ordem natural, um estado natural das coisas, harmônico com a natureza e com o homem. Essa ordem pode mudar e ser alterada, mas essas alterações são facilmente percebidas como anomalias. Essa ordem natural é duradoura, antiga e sempre a mesma, podendo ser reconhecida em todos nós, em todos os lugares e em todos os tempos.

O conservador, para Hoppe, reconhece a família, com base na propriedade privada, como modelo da ordem social em geral. Um dos motivos está na existência de hierarquia nas famílias e entre as famílias. Essa hierarquia está vinculada a um complexo sistema de relações de parentesco. O controle físico dessa hierarquia está, nessa lógica, submetido ao controle de autoridades máximas espirituais.

A grande e audaciosa contribuição de Hoppe se dá, no entanto, ao defender que conservadores devem ser libertários antiestatistas. Para tanto, Hoppe explica como o conservadorismo contemporâneo se tornou confuso e distorcido, e como a democracia é a culpada por isso.

A maior parte dos conservadores atuais tem se preocupado com a decadência das famílias, estilos de vida alternativos, desintegração do tecido social, e outras anomalias e desvios escandalosos da ordem natural. Até aí, esses conservadores agem de maneira coesa com o pensamento conservador. O problema, no entanto, é que a maior parte desses conservadores não reconhece que o seu objetivo deve ser de realizar mudanças sociais drásticas para que a normalidade seja restaurada. Hoppe suspeita ainda que boa parte dos conservadores é maléfica, empenhada em destruir o conservadorismo por dentro.

O autor ainda critica fortemente o conservadorismo de Buchanan[60], afirmando que ele não é diferente da ideologia do Partido Republicano. A justificativa de Hoppe se dá pelo fato de ambos os conservadorismos serem estatistas, divergindo apenas em relação ao que deve ser feito pelo Estado para reestabelecer a normalização. Hoppe explica ainda que ambos buscam fortalecer o sentimento nacionalista, em que a nação deve prevalecer tanto sobre o resto das nações, quanto também deve prevalecer sobre o indivíduo. Não há, por exemplo, oposição quanto ao fato do Estado exercer papel fundamental na educação – visto que ela deveria ser um assunto exclusivamente familiar.

Para esses falsos conservadores, é função do Estado "proteger" a nação de importações e exportações, o que seria uma responsabilidade

---

60 Patrick Joseph Buchanan é um político e comentarista conservador norte-americano. Buchanan foi Diretor de Comunicações da Casa Branca durante parte do governo de Ronald Reagan e Conselheiro Senior durante os mandatos de Richard Nixon e Gerald Ford.

"social" do Estado. O que esses conservadores buchanistas defendem, na verdade, é um novo conservadorismo populista, um tipo de conservadorismo nacionalista social, próximo ao que foi feito no nazismo.

É por isso que Hoppe defende que não haja participação do Estado nem na economia e nem nos costumes, sendo completamente contra a social-democracia e o Estado de Bem-Estar Social. Para ele, é impossível manter todo suporte assistencialista e restaurar a normalidade cultural. Hoppe explica que Buchanan e seus teóricos não acreditam em leis econômicas, e esse historicismo[61] inviabiliza toda a sua teoria. Esses teóricos desconsideram o *trade-off*[62], ou seja, a necessidade de se fazer escolhas, a impossibilidade de atingir vontades infinitas com recursos escassos, a mais simples lei econômica. É por isso que esses teóricos não conseguem compreender a incompatibilidade entre o Estado de Bem-Estar Social e o reestabelecimento da família.

Para provar isso não é necessário grande esforço. Basta pensarmos que, sempre que estabelecemos redistribuição compulsória de riqueza, temos que tomar à força o que alguns possuem para dar àqueles que não possuem. A boa intenção contida nessa tentativa é perversa, pois incentiva quem produz a não mais produzir, e incentiva que não produz a continuar não produzindo. Dessa forma, se produz cada vez mais males e menos bens. Querendo acabar com a pobreza, acaba-se aumentando a pobreza; querendo melhorar as condições de vida de quem está desempregado, acaba-se criando mais desempregados, e assim por diante.

Bom exemplo da relação entre o Estado de Bem-Estar Social e a derrocada das famílias é dado ao se analisar a previdência social, combinada à perversão da educação (fornecida pelo Estado, e não pelas famílias). O sistema de previdência social obrigatório enfraqueceu o vínculo intergeracional entre avós, pais e filhos, passando essa "responsabilidade" para o Estado. Com a menor preocupação das pessoas sobre com quem poderão contar no futuro, as pessoas passaram a ter menos filhos, e os filhos, passam também a respeitar menos os seus anciãos, ou seja, é enfraquecido o vínculo entre as diferentes

---

61 Mises caracterizava o historicismo como a postura intelectual de acadêmicos Socialistas de Cátedra para justificar todas as ações e medidas estatistas.
62 *Trade-off* define uma situação em que há conflito de escolha. Ele se caracteriza em uma ação econômica em que uma decisão de escolha precisa ser feita em detrimento a outra.

gerações de uma mesma família. Além disso, todos os indicadores de desintegração e disfunção familiares passaram a aumentar com o Estado de Bem-Estar Social.

A ideia de promover políticas protecionistas não faz sentido, para Hoppe. Se proteger as nações fizesse sentido (diminuísse desemprego, por exemplo), dever-se-ia proteger as famílias, ou seja, proibi-las de transacionarem entre si (seguindo essa lógica, o nível de desemprego seria próximo de zero). Isso não tem nada a ver com conservadorismo, trata-se apenas de uma espécie de "destruicismo" econômico.

Os conservadores clássicos sempre se opuseram à educação pública e a previdência social, por reconhecerem seus efeitos moralmente desmoralizantes e culturalmente podres. A educação e a previdência seriam estratégicas para o Estado, pois facilitariam a revolta dos jovens contra a autoridade dos pais. Essa emancipação permitiria que as novas gerações se livrassem do controle dos pais e da disciplina imposta pela família para se submeter ao controle imediato e direto do Estado. O Estado paternalista também geraria um novo efeito: a infantilização sistemática da sociedade. Esse regresso ocorreria tanto em termos emocionais quanto em termos intelectuais, fazendo adultos se tornarem adolescentes e adolescentes se tornarem crianças.

Se o objetivo dos conservadores é restaurar a normalidade, Hoppe defende que os conservadores devem negar todo o conservadorismo proposto por Buchanan. Para se conseguir essa restauração da normalidade, o autor defende que os conservadores sejam, portanto, libertários, defendendo a diminuição do Estado a níveis iguais ou ainda mais baixos do que os encontrados no século XIX.

3 - LIBERTARIANISMO CONSERVADOR

Da mesma forma que Hoppe é controverso ao dizer que conservadores devem ser libertários, o autor é controverso ao dizer que libertários devem ser conservadores. Para tanto, Hoppe utiliza argumentos igualmente fortes visando convencer seu leitor de suas ideias. Aproximar libertarianismo e conservadorismo é controverso pelo fato de que muitos enxergam ambas as ideologias como sendo hostis, incompatíveis ou até mesmo antagônicas, algo que, para Hoppe, está errado. Hoppe defende que o libertarianismo e o conservadorismo têm compatibilidade praxeológica, complementariedade sociológica e reforço recíproco.

Algo interessante e que faz parte do argumento de Hoppe está no fato de que os principais autores da base libertária, como Rothbard[63] e Mises, eram conservadores sociais e culturais, defensores dos costumes e da moralidade burguesa tradicionais. Apenas isso já demonstraria a afinidade e possibilidade de conciliação psicológica entre ambas ideologias.

Apesar de utilizarem métodos bem diferentes, os conservadores acreditam que o "normal" e natural é antigo e generalizado, enquanto que os libertários acreditam que os princípios da justiça são universalmente e eternamente válidos. A ética libertária é, portanto, antiga e conservadora, podendo ser discernida em todos os tempos e lugares, da mesma forma que o normal e natural para o conservador. O conservadorismo tem foco nas famílias, autoridade e hierarquia social, enquanto o libertarianismo tem foco na propriedade. Ao fazer isso, ambas ideologias estão falando sobre diferentes aspectos de um mesmo objeto: agentes humanos e cooperação social, afinal, a propriedade não existe fora da família e das relações de parentesco.

Hoppe explica que o termo "libertarianismo" é um fenômeno do século XX, especialmente fortalecido após a Segunda Guerra Mundial. O libertarianismo tem origens tanto no liberalismo clássico quanto na filosofia do direito natural. Esse movimento teria sido efetivado na obra de Murray Rothbard, principalmente por seu trabalho *A Ética da Liberdade*[64], que permitiu o libertarianismo ser considerado um sistema racional de ética.

Nessa lógica, todos os direitos humanos são direitos de propriedade. Portanto, toda violação de direitos humanos nada mais é do que uma violação de direitos de propriedade. Para os libertários, o Estado é uma organização criminosa, sendo o sistema anarquista de propriedade privada a única ordem social justa. É com base nessa ideia de libertarianismo que Hoppe baseia seu argumento.

Como tratamos anteriormente, a destruição dos lares familiares e a desintegração familiar tem origem no Estado de Bem-

---

[63] Murray Newton Rothbard foi um economista heterodoxo norte-americano da Escola Austríaca, historiador e filósofo político. Rothbard ajudou a definir o conceito moderno de libertarianismo e foi fundador do termo "anarcocapitalismo".
[64] Rothbard, M. N. *The ethics of liberty*. NYU Press, 2003.

Estar Social, ou seja, no assistencialismo. O libertarianismo consciente deve, portanto, afiar e fortalecer a mesma visão antiestatista que deve ter o conservadorismo.

No entanto, Hoppe deixa clara a distorção do libertarianismo e os motivos que o levaram a se desviar de sua origem desejável e correta. Aos olhos do público em geral, o libertarianismo passou a combinar o antiestatismo radical e a economia de mercado com o esquerdismo cultural. Esquerdismo cultural, para Hoppe, pode ser resumido como o multiculturalismo, contramulticulturalismo e hedonismo pessoal. Trata-se de um capitalismo contracultural, tão danoso quanto o conservadorismo cultural distorcido que explicamos anteriormente.

Hoppe demonstra como é impossível ser a favor da propriedade privada e ao mesmo tempo ser multiculturalista. Para ele, muitos dos fãs da doutrina libertária simpatizam com a mesma justamente por conta do processo de infantilização intelectual e emocional promovido pelo Estado de Bem-Estar Social, que provocou a descivilização da sociedade. A ideia inocente de que o libertarianismo é apenas uma versão suave de "viva e deixe viver" ou de "não respeite nenhuma autoridade" acabam se encaixando bem nesse comportamento adolescente para o qual a sociedade tem caminhado, tendo deixado de ser apenas uma fase temporária e transitória daqueles que teriam idade para a adolescência e sendo transformados em atitudes permanentes entre adultos (intelectuais, inclusive).

É por esses motivos que a conclusão anarquista do libertarianismo foi atraente para a esquerda contracultural. Apesar de defender que a maior parte dos comportamentos anormais e até perversos, desde que constituam "crimes" sem vítimas, não devem ser comportamentos repreendidos pelo Estado, o libertarianismo não reconhece esses comportamentos como normais ou legítimos. Apesar disso, o movimento libertário atraiu uma grande quantidade de seguidores desequilibrados e perversos, fazendo do libertarianismo um grande grupo de fracassados, perdedores e desajustados. Rothbard nomeou esses libertários, a quem se referia com nojo, de "Libertários Vazios".

A combinação de capitalismo de propriedade privada com o multiculturalismo igualitarista é tão improvável quanto o conservadorismo cultural e o socialismo. Com isso, muitos libertários contribuíram para a deterioração dos direitos de propriedade privada, visto que a propriedade privada, em sua essência, permite o aumento da "discriminação" social. Eis o grande argumento de Hoppe sobre a defesa de libertários deverem ser conservadores intransigentes e radicais: esses libertários de esquerda pedem por políticas de não discriminação por meio do apoio do governo central. Isso é uma afronta à propriedade privada, visto que a função da propriedade privada é justamente dar significado à discriminação, ou seja, uma pessoa é dona de algo, e não outra(s) pessoa(s). O direito à propriedade privada implica no direito de qualquer um (dono de uma propriedade) estipular as condições que quiser para a utilização e expulsão de sua propriedade.

O resultado disso é a integração forçada: transações entre proprietários passam a ser reguladas pelo Estado, empregadores não podem contratar quem desejarem, proprietários não podem alugar a quem quiserem, vendedores não podem escolher seus compradores e compradores não podem escolher de quem desejam comprar. Até mesmo o direito de defesa e da proteção física e pessoal passa a ser negado às pessoas. Essa integração forçada passa a ser onipresente. Todos passam a ser obrigados a aceitar aquilo com o que não concordam, independente do que pensam e de como gostariam de reger suas propriedades.

A impossibilidade de exclusão, causada pela integração forçada, acaba por fomentar o mau comportamento, má conduta e índoles ruins. Afinal, se não é possível excluir pessoas com essas características, acaba-se fornecendo incentivos para o aumento de pessoas com essas características indesejáveis. O ideal, para o libertarianismo, é a possibilidade de uma sociedade que seja não igualitária, intolerante e discriminatória, apesar de toda a carga negativa que essas palavras passaram a ter durante a infantilização da sociedade nas últimas décadas de Estado de Bem-Estar Social. A única maneira de se restaurar a normalidade cultural e moral é reestabelecer uma sociedade nesse padrão.

Hoppe analisa ainda, por uma perspectiva da "Economia dos Custos de Transação"[65], como o Estado de Bem-Estar Social é danoso para a sociedade. Ele faz isso com um simples experimento mental:

---

65 A Economia dos Custos de Transação (ECT) tem base nos trabalhos de Ronald Coase (1937) e busca entender como as firmas e pessoas optam por fazer algo internamente ou terceirizar, visando obter eficiência na gestão dessas transações ou seja, visa à minimização dos custos de transação.

um bairro, em que os direitos de propriedade não são respeitados, com problemas de vizinhos que executam qualquer atividade que possa depreciar as propriedades vizinhas. O bairro, que seria uma forma de tentar reduzir custos de transação, passaria a ter riscos relacionados a esse comportamento (e que não poderiam excluir), o que seria diferente se o bairro pertencesse a alguém – como no caso dos *shoppings centers* e alguns condomínios fechados.

Para Hoppe, não se deve ser tolerante com democratas e comunistas em uma ordem social libertária, devendo esses serem fisicamente separados e expulsos da sociedade. Os libertários precisam, para que seja estabelecida a ordem social natural livre, recuperar o direito de exclusão inerente e ínsito à propriedade privada.

4 - OS ERROS DO LIBERALISMO

Além de criticar e apontar os erros do conservadorismo e do libertarianismo, bem como o que deve ser feito para que ambas as ideologias não padeçam, Hoppe também faz duras críticas ao liberalismo. Suas críticas são justificadas pelo encolhimento da doutrina liberal durante a segunda metade do século XIX, bem como o fato dos assuntos públicos estarem sendo cada vez mais moldados pelo ideal socialista desde o século XX, principalmente por meio da social-democracia.

Nesse contexto, Hoppe explica que a liberalização que ocorreu em alguns países durante o século passado foi resultado do acaso, e não de intenção liberal. Acontecimentos como derrotas militares e a falência econômica foram os responsáveis pela implantação de alguns princípios liberais, posteriormente também substituídos por uma opção que Hoppe chama de "opção-padrão", que seria a social-democracia. Isso significa que, mesmo que se tenha passado por alguns períodos de atenuação, o liberalismo foi, eventualmente, substituído pelo socialismo.

O fato dos liberais saberem que a social-democracia está fadada ao fracasso econômico não deve servir de consolo. Hoppe afirma isso pois o fato de os liberais sempre terem sabido que o socialismo e o comunismo estavam fadados ao fracasso não se reverteu em um renascimento liberal. Partindo do princípio misesiano de que o curso da história é determinado por ideias, e de que apenas mudanças ideológicas na opinião pública podem alterar o futuro, Hoppe defende que toda a transformação socialista pode ser justificada com a derrota filosófica e teórica do liberalismo. Para solucionar esse problema, Hoppe acredita que existem duas soluções: acreditar que o público rejeita o liberalismo apesar de sua doutrina; ou reconhecer que o público rejeita o liberalismo em razão de sua doutrina.

Hoppe acredita que a segunda solução seja mais plausível, e coloca a culpa do fracasso do liberalismo enquanto doutrina aceita pelo público em sua teoria do governo. A doutrina liberal clássica tratava de uma doutrina sobretudo moral, que versava sobre as noções de auto propriedade, apropriação original dos recursos ofertados pela natureza, de propriedade e de contrato, como direitos humanos universais implícitos e inerentes à natureza do homem na condição de animal racional.

A ideia de universalidade dos direitos humanos acabou sendo enfatizada durante os governos monárquicos. Nesses governos, buscava-se submeter todos os homens, fossem eles reis ou camponeses, aos mesmos princípios universais. A existência de governo, nesse caso, poderia ser justificada por um contrato privado entre os donos de propriedade, do contrário, seria injustificável. Por saber que sempre existirão criminosos, que serão contidos apenas com ameaças de punição física, os liberais acreditavam que seria necessário pressionarem esses indivíduos a se submeterem às regras sociais. Os liberais acreditavam, portanto, que a única função do governo seria manter a lei e a ordem.

Se considerarmos que o governo seria apenas e tão somente uma organização qualquer que fornecesse serviços de proteção e de segurança para clientes que por ele optassem de maneira voluntária, a ideia do governo manter a lei e a ordem faria sentido. No entanto, do próprio ponto de vista liberal, o governo é muito mais do que isso. O governo, para os liberais, detém o monopólio dessas atividades e o direito de impor tributos pela prestação desses serviços. Isso acaba sendo um problema pois uma instituição monopolista e com poder de cobrar tributos é incapaz de fornecer proteção justa e eficaz da propriedade.

De acordo com a doutrina liberal, direitos de propriedade privada vêm antes de qualquer governo, e nenhum proprietário poderia renunciar ao direito de exercer jurisdição suprema sobre o seu bem e à proteção física desse bem em favor de outra pessoa ou organização, como é o caso do governo (exceto em caso de venda, ou transferência da propriedade, é claro). O proprietário pode, no entanto, tirar proveito da divisão do trabalho para buscar melhor proteção para a sua propriedade, e para isso, poderia cooperar com outros proprietários. Inclusive, é economicamente provável e plenamente possível que surjam pessoas ou organizações especializados em oferecer proteção, e serviços de arbitragem aos clientes, que adquiririam esses serviços de forma voluntárias, de acordo com o preço acordado por ambas as partes.

É muito simples de imaginar proprietários contratando seguranças para protegerem suas propriedades. No entanto, é praticamente impossível imaginar que proprietários dessem o direito a um agente o poder de ser o único fornecedor de um serviço e poder cobrar o quanto quiser por isso (independente de concordar com esse valor). A ideia de dar ao monopolista direito permanente de impor tributos, determinando o valor unilateralmente, é inconcebível. A tendência de um acordo desse tipo seria o preço aumentar e a qualidade diminuir.

Mesmo as constituições e os supremos tribunais, tão valorizados pelos juristas, não passam de instituições governamentais. As limitações que podem oferecer aos membros do governo são estabelecidas pelo próprio governo, ou seja, a ideia de que se trata de um órgão separado não passa de retórica. A ideia liberal de governos locais e descentralizados também é incoerente e contraditória, pois a tendência desse tipo de governo é promover a centralização aos poucos, até atingir o nível extremo de governo mundial.

A ideia de que os direitos humanos devem ser universais, fortalecida nos períodos monarquistas, acabam se traduzindo em um instrumento de igualitarismo, que acaba por destruir os direitos humanos. Se o governo é aceito pelos liberais da forma como é aceito, e os monarcas hereditários não, surge a democracia, como forma de combinar o governo com a universalidade e a igualdade dos direitos humanos. A democracia surge como forma de garantir a entrada e participação de todos no governo. Nesse sentido, todos passam a ser iguais, visto que a entrada no governo está liberada para todos. A democracia seria, então, imune a privilégios pessoais ou a indivíduos privilegiados.

No entanto, ignora-se, nessa visão, que existem os privilégios funcionais. Funcionários públicos e agentes de governo democrático são tratados de forma diferente (pelo direito público). Essas pessoas possuem, portanto, posição privilegiada em relação aos outros – ou seja, os privilégios não acabam. Os privilégios passam a poder ser exercidos e concedidos por todos mas há distinção entre governantes e governados.

Em vez de um príncipe tendo o país como sua propriedade privada, na democracia o país é comandado por alguém temporário e possível de ser trocado – uma espécie de zelador. Por mais que a propriedade não seja desse zelador, ele tem o usufruto da nação, podendo usá-la para proveito e vantagem de seus protegidos. O problema – maior que na monarquia – é o fato do zelador não tem preocupação ou consideração com o estoque de capital, ou seja, com o que vai sobrar depois que não estiver ocupando o cargo (algo que aconteceria em uma monarquia hereditária). A tendência, na democracia, é de que o governo, em nome de uma falsa sensação de segurança social, substitua a lei pela legislação governamental.

A aceitação de que o governo é coerente com os princípios liberais foi o que conduziu o liberalismo à ruína e o socialismo à sua vitória triunfal. O liberalismo, em sua forma atual, não tem futuro, sendo o futuro a social-democracia – futuro que os liberais sabem que não funciona. Não se pode esquecer que todo governo mínimo tende, inevitavelmente, a se transformar em governo máximo. Quando se aceita o governo mínimo, perde-se a argumentação moral, e fica-se apenas com a argumentação econômica. Afinal, se uma tributação é justa, maiores tributações também são justas.

Sob a argumentação econômica de que a diminuição de impostos ser melhor no longo prazo, o liberal fica sem argumentos para o fato de que no curto prazo muitas pessoas são afetadas negativamente. Os liberais precisam, portanto, reconhecer que os governos não são contratualmente justificáveis, destroem aquilo que alegam preservar, e a proteção e segurança só podem ser legitimadas e ofertadas de maneira legítima por um sistema que tenha fornecedores concorrentes. O liberalismo precisa, portanto, se transformar no anarquismo de propriedade privada, conhecido também como sociedade de leis privadas, plenamente elaborada e desenvolvida por Rothbard, conhecido também como anarcocapitalismo.

A transição do liberalismo para o anarquismo de propriedade privada é muito simples. No entanto, provocaria a purificação do movimento liberal contemporâneo, pois seriam muitos os adeptos da social-democracia, travestidos de liberais, que se dissociariam do movimento liberal, principalmente os que ocupam cargos de alto escalão no governo. Essa transição é, no fim das contas, o pensamento liberal levado às suas últimas consequências, reconhecendo o governo democrático como ilegítimo e recuperando o direto à autodefesa.

Os liberais não devem tomar o controle do governo, mas ignorá-lo. A secessão deve ser ilimitada, com a possibilidade irrestrita de criar territórios livres e independentes. Se engana quem pensa que isso aumentaria o isolamento das nações. Quanto menor o território, maior será a necessidade e pressão econômica pela adoção do livre comércio e de um padrão de moeda internacional[66], como o ouro, por exemplo. Se essa visão liberal obtiver destaque na opinião pública, será possível então o fim da social-democracia e o renascimento liberal.

5 - CONSIDERAÇÕES FINAIS

Conhecer as ideias de Hoppe é uma experiência extraordinária. É impossível ser exposto às suas ideias e permanecer inalterado. Aquilo que se tem como certo, os "deuses" que criamos para nos conformarmos, tudo o que é estabelecido como certo, de repente, é desconstruído de maneira brilhante tanto pelo conteúdo, quanto pela forma didática de Hoppe.

Os conservadores, libertários e liberais que negam a chance de entrar em contato com a controversa e forte linha de argumentação de Hoppe estão, no mínimo, fazendo um desserviço às suas próprias ideologias. Um olhar mais profundo, como o de Hoppe, sobre essas diferentes vertentes daquilo que é chamado em muitos países de simplesmente "direita" é capaz de mostrar como essas ideologias podem ser melhor desenvolvidas, combinadas e implementadas.

---

66 Uma opção, atualmente mais viável, seria a utilização de criptomoedas. Criptomoedas são um tipo de moeda digital descentralizada, que utiliza a tecnologia de *blockchain* e da criptografia para assegurar a validade das transações e a criação de novas unidades da moeda, como o Bitcoin, criado em 2009. Ao contrário de sistemas bancários centralizados, a maior parte das criptomoedas usam um sistema de controle descentralizado.

Hoppe fornece elementos e bases para que seja superado o medo de questionar a democracia e elementos relacionados a uma visão "politicamente correta" de mundo, hoje imposta por um conjunto aparelhado de instituições. Algumas das ideias de Hoppe talvez sejam mais bem digeridas apenas com o tempo, assim como foi com Mises, Hayek, Rand e, mais recentemente, Rothbard. É o preço que se paga por ter ideias à frente do seu tempo, mesmo que tão necessárias justamente nesse tempo.

BIBLIOGRAFIA

HOPPE, H. H. (1995). "The Political economy of Monarchy and Democracy, and the idea of a Natural order". *Journal of Libertarian Studies*, 11(2), 94-121.

_____. "*The Ethics and Economics of Private Property*". Companion to the Economics of private property, 2004.

_____. *A Short History of Man: Progress and Decline*. Ludwig von Mises Institute, 2015.

_____. *Democracy–the god that failed: the economics and politics of monarchy, democracy and natural order*. Routledge, 2018.

ROTHBARD, M. N. *The ethics of liberty*. NYU Press, 2003.

MISES, L. V. *Human action: A Treatise on Economics*, 4, 1996.

EPÍLOGO

AS VANTAGENS DA MONARQUIA ABSOLUTA SOBRE A DEMOCRACIA: ENTRE HOPPE E HOBBES

Lucas Berlanza

Hans-Hermann Hoppe (1949-) e Thomas Hobbes (1588-1679) são dois autores distanciados por longos séculos de diferença e que, sob diversos aspectos, não poderiam ser mais diferentes, até opostos, em muitos de seus pressupostos fundamentais. À primeira vista, aliás, muitos intérpretes poderiam dizer que a única semelhança real entre Hoppe e Hobbes residiria na similaridade de seus nomes.

Curiosamente, no entanto, alguns argumentos dos dois autores se aproximam de forma intrigante, atravessando os óbices do tempo, quando o assunto é um dos temas mais atrativos e diferenciados do pensamento hoppeano: sua avaliação da monarquia absoluta e as vantagens que nela enxerga com relação à democracia. Para compreender em que o notável contratualista e o célebre anarcocapitalista exibem de comum, importa vislumbrar inicialmente, em caráter introdutório, a consistência de suas obras centrais.

Por parte de Hobbes, o *Leviatã – ou matéria, forma e poder de um Estado eclesiástico e civil* segue ensejando reflexões díspares, por vezes conducentes a conclusões completamente distintas. Há quem, curiosamente, situe sua obra como um marco importante para o posterior desenvolvimento do liberalismo como o entendemos hoje. Ao mesmo tempo, há quem a rechace como um monumento à tirania e ao Estado supremo.

A importância de Hobbes estaria em que, partindo dessas bases modernas, ele formulara uma exposição pioneira de uma teoria contratualista, que apresenta nesses alicerces a origem da sociedade civil e organizada em torno de um Estado – uma espécie de "homem artificial", uma instituição que decorreria, nos indivíduos da espécie humana, da *"preocupação com a sua própria conservação e a garantia de uma vida mais feliz"* (HOBBES, 2012, p. 136), elementos ameaçados pelo que seria, sem o Estado, em um hipotético "estado de natureza", *"a mísera condição de guerra, consequência necessária das paixões naturais dos homens, se não houver um poder visível que os mantenha em atitude de respeito"* (HOBBES, 2012, p. 136).

Em consequência dessa realidade dramática que imperaria sem tal providência, para ele, o único meio de permitir que os indivíduos, chamados cidadãos ou súditos, tivessem acesso a direitos e a instrumentos de proteção de suas vidas e atividades seria "conferir toda a força e o poder a um homem ou a uma assembleia de homens" (HOBBES, 2018. p. 139). Pela expressão "soberano", que seria o portador desse poder, portanto, Hobbes não se referia exclusivamente a monarcas, mas também a governos aristocráticos e democracias, empregando aí as palavras com acepções similares às que adquirem na *Política* de Aristóteles (384 a.C. a 322 a.C.) – a quem, aliás, Hobbes faz contundentes ataques ao final de seu livro, tratando a filosofia grega como se fora um poço de ignorância.

O livro é muito explícito e recorrente em sustentar que os mais diversos assuntos, das penalidades aplicadas, da Justiça, das doutrinas e teorias que podem ser livremente expressas até as sanções religiosas – tudo, por natureza, deve estar subordinado à determinação do "soberano", isto é, do Estado. A liberdade dos súditos, para ele, está *"somente naquelas coisas permitidas pelo soberano ao regular suas ações, como a liberdade de comprar e vender ou realizar contratos mútuos, de cada um escolher sua residência, sua alimentação, sua profissão, e instruir seus filhos como achar melhor"* (HOBBES, 2012, p. 172). Não obstante essa enumeração que representa um autêntico protótipo de liberalismo, se o soberano quisesse negar ao súdito todas essas franquias de liberdade, mesmo negar-lhe a própria vida, como no caso de uma execução injusta, ele teria esse direito, ao menos perante o juízo dos demais, reconhecido por Hobbes, porque "*a liberdade [...] não é a liberdade particular de um homem, mas a liberdade do Estado*" (HOBBES, 2012, p. 173).

Podem-se tecer inúmeras críticas ao pensamento contratualista, a começar pela de que, concretamente falando, como seus próprios defensores admitiriam, não há sinal de que tenha havido em algum momento, na aurora dos tempos, essa mítica reunião em que o "contrato social" teria sido selado. Trata-se de uma construção filosófica. Mesmo assim, ainda que "apenas" como instrumento teórico, o contratualismo estimularia, a partir de John Locke (1632-1704) e outros autores, sobretudo na própria Inglaterra, a concepção do liberalismo, do constitucionalismo, da limitação dos poderes, na medida em que deslocou diretamente para os interesses dos indivíduos, de cada cidadão, a organização da sociedade civil e do Estado, em vez de apelar, já de início, à "comunidade". Se admite a diluição da maior parte das franquias individuais na tirania "necessária" do Estado, ao mesmo tempo Hobbes constrói filosoficamente a ideia de que isso se daria no interesse de cada indivíduo, para proteger sua vida e materializar seus direitos naturais.

Muito diferente é a obra de Hoppe. Esse pensador em plena produção no século XX, o século dos totalitarismos, mas também século das democracias, deu um salto filosófico profundamente polêmico ao não enxergar muita separação entre esses dois epítetos. Por isso mesmo, *Democracia, o Deus que Falhou – A economia e a política da monarquia, da democracia e da ordem natural*, lançado em 2001 pelo libertário alemão, adepto da Escola Austríaca e pupilo de Murray Rothbard (1926-1995), é, sem qualquer discussão, um petardo de intrepidez, concorde-se ou não com suas teses. Folheá-lo é travar contato com um desafio a algumas das mais arraigadas convicções e a algumas das bandeiras mais ardorosamente defendidas, quase que como senso comum, nas sociedades ocidentais modernas e contemporâneas. A começar, obviamente, pela protagonista do próprio título: a democracia.

Todo o livro de Hoppe pode ser resumido em duas teses principais. A primeira delas é a de que, ao contrário do que normalmente se pensa, a transição histórica das chamadas monarquias para as chamadas democracias foi um retrocesso e não um avanço social. É importante esclarecer desde o início, contrariando algumas possíveis interpretações apressadas, que, embora os defensores das monarquias parlamentares possam utilizar alguns argumentos de Hoppe em favor de sua bandeira, o autor não as engloba na acepção com que emprega o termo "monarquia". Monarquia, para ele, é apenas a modalidade absolutista.

Isso também não quer dizer que Hoppe defenda o retorno da monarquia absolutista, outra interpretação absurda que precisaria ser afastada de imediato. Hoppe faz essa afirmação porque deseja, antes de tudo, que os libertários se convençam de que a democracia é uma das piores criações da humanidade e de que os totalitarismos e autoritarismos do século XX não seriam uma perversão dela, mas uma consequência esperável do aumento do Estado que ela promove. Esse aumento e a irresponsabilidade dos governos democráticos estariam promovendo um ataque à propriedade privada sem efetiva equiparação com o que ocorria no passado, quando os interesses dos próprios mandatários dos reinos e a dinâmica das relações com os governados impunham, na prática, mais restrições do que aquelas que se tentam impor hoje através das Constituições.

Mesmo que superior, a monarquia absolutista ainda se organizava em torno de um Estado, que se sustentava através de impostos. Para Hoppe, o imposto é sempre um roubo, violando sem consentimento a propriedade privada, um direito fundamental do indivíduo que se configura quando ele se apropria dos bens da natureza, tal como em certa tradição da filosofia liberal clássica, na linha lockeana. Os direitos de propriedade privada são vistos como resultado de atos de apropriação original, de produção ou de troca que, por definição, precedem qualquer governo, monárquico ou democrático.

O governo, qualquer que seja, sob o pretexto de garantir segurança e justiça, é definido por Hoppe como uma agência monopolista dos dois serviços que extorque os proprietários sob o pretexto de proteger seus direitos. Em nome dos direitos fundamentais, o que deveria ser feito, para Hoppe, é fazer implantado um regime baseado no que ele chama de "ordem natural", que nada mais é que o anarquismo de mercado ou anarcocapitalismo, sem praticamente qualquer diferença fundamental para o sistema já claramente definido pelo seu mentor Murray Rothbard em *Por uma Nova Liberdade – O Manifesto Libertário* (1973).

Feitas essas explanações, o fato que a muitos pode soar espantoso ou exótico é que para ele a democracia é pior que a monarquia. O motivo é que aquela, empregando pretextos ilusoriamente virtuosos de "participação" e ensejo à expressão da "opinião pública" e dos "direitos", aumenta essa extorsão praticada pelo Estado, o que fica extremamente potencializado pela presença da demagogia em seu seio; ainda que a monarquia também seja uma extorsão, ela o é em grau menor e lhe seria preferível, caso nos ativéssemos a essas duas alternativas.

É aqui que, de maneira não deliberada, Hoppe e Hobbes se encontram. A associação entre os dois pensadores compreensivelmente poderia causar certa espécie em determinado público, considerando-se que Thomas Hobbes é citado apenas de maneira bastante marginal na *magnum opus* de Hoppe, exceto por uma abordagem no décimo segundo capítulo, "Sobre o governo e a produção privada de segurança", extremamente crítica ao que o libertário anarquista chamaria de "mito hobbesiano". Nesse capítulo, Hoppe pretende demonstrar que a segurança não precisa ser um serviço oferecido pelo Estado, sendo a ideia da formalização estatal para proteger a integridade dos indivíduos uma ilusão perigosa.

Hoppe explica a teoria de Hobbes acerca do assunto como sendo a consagração da ideia de que, no chamado "estado de natureza", haveria "*uma subprodução permanente de segurança*" (HOPPE, 2014, p. 275). Hobbes diria que os indivíduos isoladamente são incapazes de produzir o aparato necessário para se defenderem. "*Com a finalidade de estabelecerem uma cooperação pacífica entre si, dois indivíduos, A e B, exigem que uma terceira parte independente, E, atue como juiz de última instância e mediador*" (HOPPE, 2014, p. 275), destrincha o libertário alemão.

O problema, segundo Hoppe, é que, no caso em questão, "E" não seria um terceiro indivíduo, mas um soberano, que pode impor aos demais a exclusividade na oferta de seu serviço de segurança, determinando unilateralmente para "A" e "B" e todos quantos a eles se juntem a quantidade de recursos de que devem dispor para financiar sua atividade, sob a forma dos impostos. A solução hobbesiana falharia, porque "E", apesar dos poderes especiais de que está investido, continua sendo humano:

> Não haveria uma contradição na própria visão de E como um protetor que expropria propriedades? Na verdade, isso não seria

exatamente aquilo a que se refere – e mais apropriadamente – como uma *máfia de proteção*? E, certamente, promoverá a paz entre A e B, mas apenas para que ele possa, em seguida, roubá-los mais lucrativamente. E encontra-se, sem dúvida, mais bem protegido; porém, quanto mais protegido ele está, menos protegidos estão A e B dos ataques de E. Pareceria, assim, que a segurança coletiva não é melhor do que a segurança privada. Na realidade, ela é a segurança privada do Estado, E, obtida por meio da expropriação – i.e., do desarmamento econômico – dos seus súditos (HOPPE, 2014, p. 276).

Indo além, Hoppe ainda dá contornos finais à sua argumentação pontuando que o argumento de Hobbes é insuficiente ao se limitar à formalização de um Estado, pois cada Estado constituído permaneceria em "estado de natureza" em relação aos demais Estados e cada indivíduo de um Estado o estaria da mesma forma em relação a cada indivíduo dos demais "Estados". A necessidade, portanto, da formalização de uma máquina burocrática para proteção individual dentro de determinado território não se sustentaria, ao menos não como solução final do problema que pretende resolver.

Mesmo assim, admitindo-se a disparidade brutal entre suas ideias, as coincidências quanto ao tema da monarquia são inequívocas. Se Hobbes, como vimos, tratava pela expressão "soberano" não apenas um rei, mas também uma assembleia democrática ou aristocrática, é interessante constatar que Hobbes enuncia alguns argumentos em favor da monarquia absoluta em detrimento dos demais regimes, que em muito se assemelham aos argumentos utilizados por Hoppe para alegar que a monarquia antiga era superior ao regime democrático. Há, de fato, uma explícita sinergia entre as articulações teóricas de ambos os autores, ainda que seus propósitos fossem diametralmente antitéticos. Se Hobbes efetivamente sustentava a existência material de regimes nesse figurino e Hoppe apenas a sua superioridade em relação ao regime existente, sem de modo algum pretender a sua restauração, o caminho percorrido para desfraldar essas duas bandeiras é muito aparentado.

Tal como Hoppe, Hobbes já ressaltava que o monarca se identificaria mais com a sorte de seu reino, porque, ao fim das contas, seria sua própria fortuna pessoal que estaria em jogo, o que em assembleias aristocráticas e democráticas teria menos impacto, bem como indicava que a monarquia favoreceria apenas alguns poucos membros da Corte, entre os parentes e conselheiros do rei, enquanto a democracia e a aristocracia aumentariam a quantidade potencial de privilegiados inseridos na máquina do Estado. Explicaria Hobbes:

> Em primeiro lugar, seja quem for o portador da pessoa do povo, ou membro da assembleia que dela é portadora, esse é também portador de sua própria pessoa natural. Apesar de ser cauteloso em sua pessoa política, ao promover o interesse comum, deverá cuidar de promover seu interesse particular, assim como o de sua família, parentes e amigos. No caso de haver conflito entre o interesse público e o interesse pessoal, na maioria dos casos preferirá o interesse pessoal, pois em geral as paixões humanas são mais fortes que a razão. Disso se conclui que, quanto mais próximos estiverem o interesse público e o interesse pessoal, mais se beneficiará o interesse público. Numa monarquia, o interesse pessoal é igual ao interesse público (HOBBES, 2012, p. 152).

Isso porque o monarca deriva seu poder e sua riqueza, bem como sua reputação, da *"riqueza, da força e da reputação de seus súditos. Então, nenhum rei pode ser rico ou glorioso ou ter segurança se seus súditos são pobres, desprezíveis ou demasiado fracos, por carência ou dissensão"* (HOBBES, 2012, p. 152), inaptos até para sustentar uma guerra contra os inimigos do soberano.

Ao contrário, Hobbes pontuaria que, nas democracias ou aristocracias, *"a prosperidade pública contribui menos para a fortuna pessoal de quem for corrupto ou ambicioso que, muitas vezes, uma decisão pérfida, um ato traiçoeiro ou uma guerra civil"* (HOBBES, 2012, p. 152). Indo além, ele consideraria que o potencial de extorsão, de espoliação dos recursos de um indivíduo, é maior nesses regimes do que em uma monarquia absoluta. Deixemo-lo também explicar a razão:

> [...] qualquer súdito, numa monarquia, pode ser, pelo poder de um único homem, privado de tudo quanto possui, para enriquecer um favorito ou um adulador. Esse, confesso, é um grande e inevitável inconveniente. Mas o mesmo pode acontecer onde o poder soberano reside numa assembleia, pois seu poder é o mesmo, e seus membros estão tão sujeitos aos maus conselhos ou a serem seduzidos pelos discursos dos oradores quanto um monarca perante os aduladores; tornando-se aduladores uns dos outros, os oradores servem mutuamente a sua cobiça e ambição.

> Enquanto numa monarquia os favorecidos são poucos, pois os monarcas têm a favorecer apenas seus parentes, numa assembleia eles são muitos, pois seus parentes são em número muito maior do que os de um monarca (HOBBES, 2012, p. 153).

Outra afirmação hobbesiana digna de nota é a de que os diferentes tipos de governo aparentemente apresentavam fórmulas mescladas, que combinavam características aristocráticas e monárquicas, por exemplo; no entanto, para Hobbes, o que permitiria catalogá-los devidamente seria identificar, em cada organização político-institucional, em que esfera estaria realmente alojado o poder soberano.

Hobbes reconheceu que existem na História exemplos de "monarquias eletivas", em que o líder a quem se atribui o título de "monarca" é escolhido de forma eletiva para governar por um tempo determinado, e existem outros modelos em que o poder do monarca é limitado. Ele diria que, nos dois casos, não há realmente monarquias, porque os monarcas são subordinados ao verdadeiro soberano, representado, respectivamente, pelos órgãos que nele depositam seu poder pelo período estipulado ou pelos grupos e assembleias que o restringem.

> O rei cujo poder é limitado não é superior àquele ou àqueles que têm o poder de limitá-lo. Aquele que não é superior não é supremo, isto é, não é soberano. Então, a soberania é da assembleia que tem o direito de limitá-lo, e consequentemente o governo é uma democracia ou aristocracia e não uma monarquia. Isso acontecia, em tempos passados, em Esparta, onde os reis tinham o privilégio de comandar seus exércitos, mas não detinham a soberania, que residia nos foros (HOBBES, 2012, p. 156).

Empregando-se a perspectiva da conceituação hobbesiana exposta no século XVII, a monarquia britânica atual provavelmente não seria considerada uma monarquia, mas sim uma democracia, de vez que existe um Parlamento eleito pelo povo e o poder do monarca não é ilimitado. Gozaria, por consequência, de todas as características e desvantagens que Hobbes atribuía a um regime democrático.

A verdade é que, como visto anteriormente, não seria outra coisa que diria Hoppe, em seu livro publicado no começo do século

XXI. Também para ele, por rigorosamente o mesmo motivo, a monarquia britânica não seria considerada um governo monárquico e sim um governo democrático. A diferença estaria nas expressões e no percurso teórico empregado para chegar a uma mesma conclusão.

Todo o raciocínio de Hoppe se construiria, de forma bem mais sofisticada, sobre uma premissa extraída da Praxeologia, a ciência da ação humana estipulada por seu antecessor Ludwig von Mises (1881-1973): a de que toda ação do ser humano visa conduzi-lo de um estado menos satisfatório a outro mais satisfatório. Ao mesmo tempo, o ser humano demonstraria preferência por bens presentes e mais duráveis que por bens futuros e menos duráveis, o que caracteriza o fenômeno da "preferência temporal".

Como consequência desse determinante, os indivíduos apenas substituirão o atendimento a um interesse ou desejo por bens presentes, passando a preferir os futuros, se presumirem que estes últimos sofrerão com isso um aumento de sua quantidade. A preferência temporal está sujeita a transformações mediante alguns fatores; o primeiro deles, a previsão de um evento futuro no ambiente. Por exemplo, a certeza de que haverá uma inundação em determinado momento faz com que os bens futuros sejam priorizados, considerando-se que se sabe que haverá dificuldades para obtê-los.

A idade do indivíduo também influencia na sua preferência temporal; Hoppe pontua que crianças costumam ter taxas muito elevadas de preferência temporal, porque não vislumbram seu futuro, assim como idosos, que vislumbram uma expectativa de vida menor – conquanto às vezes estes últimos possam burlar a tendência ao pensar na formação de provisões para descendentes.

Finalmente, é claro, existe a questão da atitude subjetiva; as pessoas são diferentes e julgarão prioridades de formas diferentes. A civilização, para Hoppe, é resultado da união de indivíduos que conseguem reduzir sua preferência temporal o suficiente para estabelecer uma sociedade. Dentro dessas sociedades, os governos surgem como mecanismos institucionais de violação dos direitos de propriedade, absolutamente hostis àquilo que o autor chama de "ordem natural". Em um movimento de reversão do processo civilizacional, Hoppe enxerga nos últimos séculos uma ascensão da preferência temporal. Com o recrudescimento das intervenções governamentais,

[...] a tendência natural da humanidade a edificar um crescente estoque de capital de bens de consumo duráveis e a trabalhar com uma visão cada vez mais de longo prazo, com objetivos mais distantes no tempo (orientada para o futuro), pode não só ser suspensa, como também ser revertida por uma tendência à descivilização: indivíduos previdentes e responsáveis se tornarão bêbados ou alucinados; os adultos se tornarão crianças; o homem civilizado se tornará um bárbaro e os produtores se tornarão criminosos (HOPPE, 2014, p. 45-46).

Essa marcha apocalíptica para a decadência seria o resultado da transição das monarquias para as democracias. A grande diferença entre as duas formas de governo – registre-se sempre, na visão de Hoppe, igualmente ilegítimas – é que a primeira se estrutura sobre a "propriedade privada governamental" e a segunda sobre a "propriedade pública governamental".

Nas monarquias, em última instância, o país e todos os bens nele produzidos são como que propriedades privadas do monarca. Isso determina, em seu caso, um grau menor de preferência temporal. Além disso, o monarca tem o direito de transmiti-los aos seus descendentes, que serão, eles próprios, ou o próximo rei, ou membros da família real.

O resultado é que a sorte do território e das riquezas nele produzidas, bem como da quantidade de impostos que o povo poderá pagar, é simultaneamente a sorte do monarca e de sua família e pessoas próximas. O rei *"não se interessaria em aumentar as suas receitas correntes à custa de uma redução mais do que proporcional do valor presente de seus ativos"* (HOPPE, 2014, p. 49). A propriedade privada, tal como em diversas outras esferas da sociedade, significaria, para o governante, um fator conducente ao exercício do cálculo econômico e a uma visão de longo prazo.

O monarca absoluto depende da continuidade do labor de seus súditos, continuamente a ofertar-lhe seu produto sob a forma dos impostos. Seu bem-estar e a preservação de sua dinastia derivam diretamente da sustentabilidade de sua relação com aqueles sobre quem exerce sua autoridade inquestionável. Sendo assim, ele *"evitará tributar os seus súditos muito pesadamente a fim de evitar a redução dos seus potenciais ganhos financeiros futuros"* (HOPPE, 2014, p. 49). Interessará ao rei, ao contrário, amenizar suas políticas tributárias, porque *"quanto menor for o grau de tributação, mais produtivos serão os súditos; e quanto mais produtivos forem os governados, maior será o valor do parasitário monopólio de exploração do governante*" (HOPPE, 2014, p. 49).

Pessoalmente, o monarca sempre seria um parasita, mas só teria a ganhar se pudesse parasitar "*uma economia cada vez mais pujante, produtiva e próspera, porque isso também incrementaria – sempre e sem qualquer esforço de sua parte – as suas próprias riquezas e a sua própria prosperidade*" (HOPPE, 2014, p. 49). Pelo mesmo motivo, Hoppe considera que o monarca absoluto tenderia a valorizar mais o respeito ao direito de propriedade privada entre seus súditos, já que esse direito estimula a produtividade, aumenta a dimensão das riquezas privadas e possibilita ao monarca também ampliar sua tributação.

A propriedade privada governamental ainda confere outra vantagem: a redução do número de indivíduos que se beneficiam da espoliação do povo e o espírito de separação entre governantes e governados, que faz destes últimos fiscais mais aguerridos da conduta dos primeiros, conforme explica Hoppe:

> Embora a entrada na família real possa não estar completamente vedada, ela é altamente restritiva. É possível tornar-se um membro da família real através do casamento. Porém, quanto maior for a família real, menor será a cota de cada membro do total expropriado pelo governo. Por isso, o casamento geralmente será restrito aos membros da família expandida do governante. [...] Em decorrência dessas restrições à entrada no governo e da condição de exclusividade para o governante e sua família (como o rei e os nobres), a propriedade privada do governo (monarquismo) estimula o desenvolvimento de uma nítida "consciência de classe" nos governados, promovendo oposição e resistência a qualquer expansão do poder governamental de tributar (HOPPE, 2014, p. 52).

Os argumentos contêm elementos novos, mas são ainda, como se pode ver, os mesmos argumentos hobbesianos, mesmo que Hoppe não o admita expressamente. Se Hobbes afirmava que, na monarquia, uma quantidade menor de pessoas se beneficia dos espólios do povo e o rei terá maior interesse no bem de seus súditos porque seu sucesso e o de sua família dependem disso, Hoppe apenas incluirá o conceito da "consciência de classe" produzida nos governados – algo que provavelmente não seria dito por Hobbes, em sua ênfase por afastar qualquer ideia de pressão sobre o soberano – e tratará o mesmo diagnóstico mediante a expressão "preferência temporal". Em substância, tem-se um caso explícito de dois escritores extremamente separados no tempo, com pensamentos algo avessos entre si, que desenvolveram a mesma teoria e a mesma comparação.

E quanto à democracia, alternativa para a monarquia? Decerto quando Hobbes abordava "democracia", tal como Aristóteles, ambos desconheciam as democracias de massa contemporâneas, fenômeno que é justamente o avaliado tão negativamente por Hoppe. Entretanto, os princípios gerais de sua abordagem permanecem aplicáveis a elas; o que Hobbes diria, grosso modo, como visto anteriormente, seria que os indivíduos que exerceriam a "soberania" em uma assembleia democrática seriam muito mais numerosos que o rei, sua família e um diminuto conjunto de nobres. Como os componentes dessa assembleia o seriam por tempo limitado, teriam muito menos interesse no bem dos governados. Teriam, ainda, muito mais pessoas a quem beneficiar através da espoliação dos bens alheios.

Hoppe diria o mesmo, mas afirmando mais especificamente que a preferência temporal dos governantes em uma democracia se torna muito maior do que em uma monarquia. Eis porque, para ele, "*a transição de um mundo de reis para um mundo de presidentes democraticamente eleitos*" (HOPPE, 2014, p. 55) deverá conduzir "*a um aumento sistemático da intensidade e da extensão dos poderes governamentais e a uma tendência significativamente reforçada à descivilização*" (HOPPE, 2014, p. 55).

Apesar de deter o poder temporário sobre a máquina pública e estar apto a tirar proveitos pessoais temporários daquilo que ela oferece em sua estrutura, ela não lhe pertence; o território considerado nacional é de todo o povo, coletivamente considerado, sendo apenas administrado em seu nome. Não se trata mais de pessoas inseridas em um território em subordinação ao dono desse território. No caso das democracias, há cidadãos e não súditos. Esses cidadãos, com todas as suas idiossincrasias, gostos pessoais, interesses particulares, opiniões dos mais diversos tipos, acerca dos mais diversos assuntos – podendo caracterizar-se em "partidos" –, ou associando-se em grupos de pressão, têm todos a prerrogativa de participarem do processo decisório sobre o comportamento do Estado e as medidas de implicações públicas que tomará, ao menos mediante o voto para a escolha de representantes.

Isso significa muito mais pessoas inseridas na máquina, com visões distintas do que fazer com ela e desejosas de explorá-la o mais depressa que puderem, pois não têm a perspectiva de utilizá-la no futuro – como o rei teria pela vida inteira. Ou pior: o governante democraticamente eleito tentará ampliar o tempo de utilização dessa máquina, mediante a reeleição – e para isso dispensará a responsabilidade fiscal e a efetiva racionalidade econômica, que recomendaria poupanças ou contenções, para semear benesses entre seus eleitores e garantir a sua recondução ao cargo que então ocupa nas eleições seguintes.

> Ao invés de manter ou até mesmo aumentar o valor da propriedade do governo – como faz um rei –, um presidente (o zelador temporário do governo) usará ao máximo os recursos governamentais o mais rapidamente possível, pois se ele não os consumir *agora*, ele pode *nunca mais* ter a possibilidade de consumi-los. Em particular, um presidente (ao contrário de um rei) não tem interesse em não estragar o seu país. Por que ele não incrementará as suas expropriações se a vantagem de uma política de moderação – o consequente maior valor do capital de uma propriedade governamental – não pode ser colhida privadamente, enquanto a vantagem de uma política oposta de impostos mais altos – maiores rendimentos correntes – pode ser então obtida? Para um presidente, ao contrário de um rei, a moderação oferece apenas desvantagens (HOPPE, 2014, p. 55).

Em nota em seu livro, é feita uma ilustração interessante com o exemplo da escravidão, considerando-se aí uma distinção entre escravos "de propriedade privada" – tais como os que existiam nos Estados Unidos antes da Guerra Civil e no Brasil antes da Lei Áurea – e escravos "de propriedade pública" – como Hoppe considera as pessoas dominadas pela ditadura comunista da União Soviética. Ele considera as duas situações comparáveis porque na União Soviética as pessoas também eram ameaças de fuzilamento ou outras punições caso tentassem emigrar e teoricamente os governos poderiam atribuir quaisquer tarefas, punições e recompensas a todos os cidadãos. Porém, "*ao contrário de um proprietário privado de escravos, os donos de escravos da Europa Oriental – de Lenin a Gorbatchev – não podiam vender ou alugar os seus súditos em um mercado*" (HOPPE, 2014, p. 55-56); por isso, nesses casos a escravidão era de "propriedade pública".

Na prática, sem haver preços para escravos e sua mão de obra, como havia nos Estados Unidos e no Brasil, o proprietário de escravos da União Soviética – o governo – não podia *"alocar racionalmente o seu 'capital humano'"* (HOPPE, 2014, p. 56), determinando valores e escassez. O tratamento dispensado aos escravos de propriedade privada não deixa de ser cruel em diversas ocasiões, mas há um interesse muito maior em sua "durabilidade" e em seu aprimoramento para o trabalho do que no caso da escravidão a que as pessoas foram submetidas sob o totalitarismo soviético.

Além disso, se Hoppe estabeleceu que a divisão intransponível entre governantes e governados gera nos segundos uma consciência de classe na monarquia, na democracia esse benefício colateral desaparece. Qualquer indivíduo, em teoria, tem a perspectiva de se tornar um governante; na prática, permanecem existindo abismos sociais e de *status*, mas fortalece-se uma ilusão de que não existiriam governantes e governados.

Essa ilusão, na opinião de Hoppe, teria levado a que os intérpretes modernos e contemporâneos considerassem que a democracia é um progresso em relação aos antigos regimes monárquicos e *"a resistência do público contra o governo é sistematicamente enfraquecida"* (HOPPE, 2014, p. 56). Se os súditos considerariam absurda e intolerável a intensificação das tributações do governo, os cidadãos já passam a tolerá-la em muito maior medida, sobretudo porque têm a perspectiva de eles próprios poderem, cedo ou tarde, se beneficiar dela.

O governo democrático passa a ter uma tendência muito maior a contrair dívidas, não sendo necessariamente o presidente e seus filhos, ao contrário do rei e seus descendentes, considerados pessoalmente responsáveis pelos débitos contraídos. É esperado que *"a carga da dívida aumentará e o consumo governamental presente será ampliado em detrimento do consumo governamental futuro"* (HOPPE, 2014, p. 58). Em outras palavras, seria preciso repetir: a preferência temporal será maior.

Outro prejuízo do regime democrático é a multiplicação de novas legislações. Hoppe lembrará que o rei *"não cria novas leis, mas apenas ocupa uma posição privilegiada dentro de uma lei já existente: o sistema de direito privado que tudo engloba"* (HOPPE, 2014, p. 59). Ao contrário, em um governo de propriedade pública como a democracia, surge o chamado "*direito público*", incluindo o direito constitucional e o direito administrativo, que enseja uma "*erosão progressiva do direito privado*" (HOPPE, 2014, p. 59).

Se o governo monárquico procura proteger a dimensão privada dos súditos em proporção razoável para resguardar a sua própria, a democracia procurará distribuir riquezas e rendimentos no seio da própria sociedade civil, mesmo que para isso precise avançar sobre essa dimensão. Mesmo que o efeito desse avanço seja a redução da produtividade futura, isso pouco importa ao governante que delibera sobre a manipulação dos recursos e a feitura de novas legislações no presente.

É assim que, "*diante das eleições populares e da liberdade de entrada no governo, a defesa e a adoção de políticas de redistribuição de riqueza e de rendimentos estão fadadas a se tornarem o pré-requisito fundamental*" (HOPPE, 2014, p. 60) para quem deseje ser eleito ou prolongar seu período de permanência na posição de zelador governamental. O Estado se vai transformando, tal como se convencionou chamar, progressivamente em um "Estado de bem-estar-social".

O incremento na quantidade de legislação aumenta o nível de incerteza ao tornar a lei alvo de constante mutação, de constantes acréscimos e revogações. As dúvidas que isso gera fazem com que não apenas a preferência temporal suba, mas também a de toda a sociedade, estando todos os indivíduos sob os efeitos de sua prevalência. Ao mesmo tempo, Hoppe utiliza esse argumento para explicar seu comentário sobre o estímulo à infantilização e à barbárie nesse quadro de degeneração social representado pela democracia, mediante seu ensejo à inação:

> [...] qualquer distribuição de renda ou de riqueza dentro da sociedade civil implica que os recebedores encontram-se em uma situação economicamente melhor sem terem produzido mais ou melhores bens ou serviços, ao passo que outros indivíduos encontram-se em uma situação economicamente pior sem terem produzido bens ou serviços quantitativa ou qualitativamente inferiores. Dessa forma, não produzir, não produzir nada que valha a pena ou não antecipar corretamente o futuro e a demanda futura por um determinado produto tornam-se relativamente mais atraentes (ou menos proibitivos) do que produzir algo de valor e antecipar corretamente a demanda futura. Assim,

[...] haverá mais pessoas produzindo menos e demonstrando antecipações ruins e equivocadas, bem como um menor número de pessoas que produzem mais e antecipam melhor [...]. Haverá mais pobres, mais desempregados, mais gente não segurada, mais gente não competitiva, mais sem-teto – entre tantos outros. [...] o incentivo para ser produtivo, responsável e prudente [...] será reduzido (HOBBES, 2014, p. 63).

Assim conclui Hoppe sua narrativa acerca do caminho pelo qual a sedução fantasiosa da democracia mergulharia a humanidade em um abismo de mediocridade, miséria e devassidão. Hobbes não traçou cenário tão tenebroso acerca dos regimes democráticos sobre os quais refletia; da mesma forma, por outro lado, como visto, Hoppe não teceu seus comentários para propor o regresso a um sistema de monarquia absoluta e inquestionável, preferindo apostar em enunciar a propriedade privada – acompanhada do devido reconhecimento e defesa dos direitos sobre ela –, a aceitação dos contratos e a responsabilidade individual as verdadeiras fontes *"da civilização humana e da paz social"* (HOPPE, 2014, p. 74) e não o governo, fosse ele monárquico ou democrático.

Sobre questão tão singular, defendendo uma posição hoje tão socialmente exótica – à época de Hobbes, muitíssimo menos, evidentemente –, entretanto, com objetivos diferentes e procurando chegar a conclusões diferentes, construíram o mesmo raciocínio o grande defensor do Estado e o anarquista mais enaltecido dos últimos tempos. Eis um episódio curioso do espírito humano...

BIBLIOGRAFIA

HOBBES, Thomas. *Leviatã – Ou matéria, forma e poder de um Estado eclesiástico e civil*. São Paulo: Martin Claret, 2012.

HOPPE, Hans-Hermann. *Democracia, o Deus que Falhou – A economia e a política da monarquia, da democracia e da ordem natural*. São Paulo: Instituto Ludwig von Mises Brasil, 2014.

SOBRE OS AUTORES

- DENNYS GARCIA XAVIER (Coordenador/Autor)

Autor e tradutor de dezenas de livros, artigos e capítulos científicos, é Professor Associado de Filosofia Antiga, Política e Ética da Universidade Federal de Uberlândia (UFU). Professor do Programa de Pós-graduação em Direito (UFU). Tem graduação em Filosofia pela Universidade Federal de Uberlândia (UFU) e mestrado em Filosofia pela Universidade Estadual de Campinas (UNICAMP/Bolsista FAPESP). Pós-graduando em Administração Pública pela Universidade UNICESUMAR. Doutor em *Storia della Filosofia* pela Università degli Studi di Macerata (Bolsista de Doutorado Pleno no Exterior, CAPES, Itália). Tem Pós-doutorado em História da Filosofia Antiga pela Universidade de Coimbra (Bolsista CAPES/Portugal) e Pós-doutorado em Filosofia pela PUC-SP. Tem passagens de pesquisa pela Universidad Carlos III de Madrid, Universidad de Buenos Aires, Trinity College Dublin, Università La Sapienza di Roma, Università di Cagliari e Université Paris Sorbonne. Membro do GT Platão e Platonismo da ANPOF. Membro do Centro do Pensamento Antigo (CPA-UNICAMP). Ex-presidente (2015-2016) da Sociedade Brasileira de Platonistas (SBP). Ex-coordenador do GT Platão e Platonismo da ANPOF (2015-2016). Ex-Assessor Especial da Universidade Federal de Uberlândia. Coordenou o Programa de Pós-graduação em Filosofia da Universidade Federal de Uberlândia (UFU) (2015-2016). Diretor de Pesquisa da UniLivres. Coordenador do Students for Liberty Brasil. Coordenador do Projeto Pragmata, no qual são pesquisados problemas e soluções liberais (operadas pelos países mais bem colocados em *rankings* internacionais de qualidade escolar) para a educação brasileira. Membro do corpo de Especialistas e Coordenador Acadêmico do *Instituto Mises Brasil*. Na condição de esportista, foi também membro das Seleções Mineira e Brasileira de Natação e venceu diversos campeonatos nos âmbitos estadual, nacional e internacional (1993-1998).

- ADRIANO PARANAÍBA

Economista, Doutor em Transportes na área de concentração Logística e Gestão (UnB) e Mestre em Agribusiness, na área de concentração em Sustentabilidade e Competitividade de Sistemas Agroindustriais (UFG). Professor do Instituto Federal de Goiás (IFG), onde atua com professor de Economia, Gestão Financeira e Transportes Turísticos. Pesquisador Líder do GP-GIM: Grupo de Pesquisa em Gestão Inovação e Mercados (CNPq). Editor-Chefe do Periódico Acadêmico *MISES: Interdisciplinary Journal of Philosophy, Law and Economics* (ISSN 2594-9187). Pesquisador na área de Economia dos Transportes, Mobilidade Urbana, Escola Austríaca de Economia e Processos de Mercado, com publicação científica em congressos e periódicos indexados de quatro continentes, além de livros sobre Transportes e Liberalismo.

- ALEX CATHARINO

Cursou a graduação em História na Universidade Federal do Rio de Janeiro (UFRJ) e realizou estudos nas áreas de História, Arqueologia, Paleografa, Filosofa, Teologia, Literatura, Economia e Ciência Política em diferentes instituições de ensino e pesquisa no Brasil e no exterior. É membro da Edmund Burke Society, da T. S. Eliot Society e da Philadelphia Society, entre outras organizações de pesquisa. Foi pesquisador do Laboratório de História Antiga (LHIA) da UFRJ, assistente editorial do periódico acadêmico *PHOÎNIX*, gerente assistente de programas acadêmicos e culturais do Instituto Liberal (IL), pesquisador da Atlas Economic Research Foundation, representante internacional para o Brasil do Acton Institute for the Study of Religion and Liberty, editor assistente da edição brasileira da *Chesterton Review* e gerente editorial da *MISES: Revista Interdisciplinar de Filosofa, Direito e Economia*. Atualmente é o editor responsável pela LVM Editora, além de vice-presidente executivo do Centro Interdisciplinar de Ética e Economia Personalista (CIEEP), professor de Filosofia Política da , conselheiro e especialista do *Instituto Mises Brasil* (IMB), , gerente editorial do periódico *COMMUNIO: Revista Internacional de Teologia*, e pesquisador do Russell Kirk Center for Cultural Renewal. Como editor tem se dedicado principalmente à edição de obras de autores liberais e conservadores, dentre os quais se destacam Ludwig von Mises, Russell Kirk, Christopher Dawson e Antonio Paim, dentre outros. É autor de inúmeros artigos publicados em diferentes periódicos acadêmicos, de capítulos de livros, de prefácios ou posfácios, de verbetes de obras de referência e do livro *Russell Kirk: O Peregrino na Terra Desolada* (É Realizações, 2015).

- DANIEL COLNAGO RODRIGUES

Mestre em Direito Processual pela USP. Professor de Direito Processual Civil da Toledo Prudente Centro Universitário. Professor em diversos cursos de Pós-Graduação em Direito. Coordenador da especialização em Direito Civil e Processual Civil da Toledo Prudente Centro Universitário. Membro da Associação Brasileira de Direito Processual (ABDPro) e do Centro de Estudos Avançados em Processo (Ceapro). Coordenador do Grupo de Estudos *Direito, Economia e Liberdade*, vinculado à Toledo Prudente Centro Universitário. Advogado. Árbitro da Câmara de Mediação e Arbitragem Especializada (CAMES).

- FRANCISCO ILÍDIO FERREIRA ROCHA

Bacharel em Direito e especialista em Ciências Criminais pela Universidade Federal de Uberlândia (UFU). Mestre em Direito Público pela Universidade de Franca (UNIFRAN) e Doutor em Direito Penal pela Pontifícia Universidade Católica de São Paulo (PUC-SP). É professor de Direito Penal, Filosofia e Ética no Centro Universitário do Planalto de Araxá (UNIARAXÁ).

- GABRIEL OLIVEIRA DE AGUIAR BORGES

Bacharel em Direito pela Universidade Federal de Uberlândia (UFU). Especialista em Direito Processual Civil pela Faculdade Damásio (SP). Mestrando em Direito pela UFU. Pesquisador do Projeto Pragmata. Professor convidado do Programa de Pós-graduação em Direito Societário e Contratos Empresariais da UFU. Professor na área de Direito Privado na UNIFASC (GO), e na área de Direito Público na UNIPAC (MG). Professor na instituição Luciano Rosa Cursos Jurídicos (MG). Presidente da Liga de Direito dos Negócios de Uberlândia (MG). Advogado sócio na banca Carvalho Caixeta Borges Advogados e advogado voluntário no Escritório de Assessoria Jurídica Popular da UFU (Esajup/UFU).

- GUSTAVO HENRIQUE DE FREITAS COELHO

Graduado em Análise e Desenvolvimento de Sistemas pela Universidade de Franca (2015). Atualmente é graduando em Filosofia pela Universidade Federal de Uberlândia (UFU), onde vem atuando como monitor em diversas disciplinas do curso e também como pesquisador, com particular interesse em Ética, Bioética e Biotecnologia. Tem diversas participações em eventos científicos, na condição de autor de trabalhos e também como organizador. Membro do Projeto Pragmata, no qual atua como pesquisador, revisor e organizador, sob a coordenação do professor Dennys Garcia Xavier.

- JOÃO PAULO SILVA DIAMANTE

Graduado em Direito pelo Centro Universitário Antônio de Eufrásio de Toledo. Bolsista do CNPQ, vigência 2015/2016 e 2017/2018. Coordenador do Grupo de Estudos Direito, Economia e Liberdade do Centro Universitário Antônio Eufrásio de Toledo.

- JOÃO VITOR CONTI PARRON

Advogado. Graduado em Direito pela Toledo Prudente Centro Universitário. Ex-bolsista do CNPq no grupo de estudos Direitos Humanos, Cosmopolitismo e Internormatividade. Pós-graduando em Direito Civil e Processo Civil pela Toledo Prudente Centro Universitário e coordenador do grupo de estudos "Direito, Economia e Liberdade", na mesma instituição.

- JOSÉ LUIZ DE MOURA FALEIROS JÚNIOR

Mestrando em Direito pela Universidade Federal de Uberlândia (UFU). Especialista em Direito Processual Civil, Direito Civil e Empresarial, Direito Digital e *Compliance* pela Faculdade de Direito Prof. Damásio de Jesus. Graduado em Direito pela Universidade Federal de Uberlândia (UFU). Palestrante e autor de artigos e capítulos de livros dedicados ao estudo do Direito. Advogado.

- LUCAS BERLANZA CORRÊA

Formado em Comunicação Social/Jornalismo pela Universidade Federal do Rio de Janeiro (UFRJ). Diretor-presidente do Instituto Liberal (IL) para o biênio 2018/2020. Autor do livro *Guia Bibliográfico da Nova Direita: 39 livros para compreender o fenômeno brasileiro*, mencionado por Antonio Paim na obra *História do Liberalismo Brasileiro* como um dos destaques do liberalismo contemporâneo. Fez os cursos de extensão "Estratégia de Mídias Sociais e Marketing de Conteúdo" pela Escola Superior de Propaganda e Marketing (ESPM) e "Religiões no Brasil" pelo Museu Nacional. É um dos articulistas da obra *Lanterna na Proa: Roberto Campos Ano 100*, em homenagem ao centenário de Roberto Campos, e um dos palestrantes recorrentes dos documentários produzidos pela empresa *Brasil Paralelo*. Trabalhou como jornalista na *Revista Agito Rio* e é editor dos *sites Boletim da Liberdade* e *Sentinela Lacerdista*. É autor do livro *Lacerda, a virtude da polêmica*, publicado pela LVM Editora.

- MARCO FELIPE DOS SANTOS

Bacharel em História pela Universidade Federal de Uberlândia (UFU). Fundador do Grupo de Estudos Cascavéis do Triângulo. Pesquisador do Projeto Pragmata, no qual se dedica ao estudo de autores da Escola Austríaca de Economia. Professor de História.

- RAFAEL HESPANHOL

Doutorando em Administração pela Universidade Estadual de Maringá (UEM). Mestre em Transportes (2016) pela Universidade de Brasília (UnB); Especialista em Avaliação do Ensino e Aprendizagem (2017) e em Tecnologias da Educação (2016) pela Universidade do Oeste Paulista (Unoeste). Bacharel em Administração (2010) pela Universidade Estadual Paulista (UNESP). Professor de diversos cursos de Graduação e Pós-Graduação (presenciais e à distância) da Universidade do Oeste Paulista (Unoeste) e coordenador do curso de Pilotagem Profissional de Aeronaves (presencial). Foi Coordenador dos Cursos Superiores de Tecnologia em Gestão da Qualidade (EAD), Logística (EAD), Processos Gerenciais (EAD), Marketing (EAD) entre 2017 e 2018. Foi Professor da Faculdade de Tecnologia (Fatec) de Presidente Prudente entre 2016 e 2017. Foi Piloto Comercial e Instrutor de Voo de Avião entre 2012 e 2015. Foi Analista de Projetos, Coordenador Nacional de premiação de melhores projetos da Siemens Brasil e Avaliador Internacional de Projetos de Transporte da Siemens AG entre 2010 e 2012. Tem trabalhado com pesquisas na área de Sistemas Agroalimentares Diferenciados e Value-Based Supply Chains, Aprendizado de Máquina e Economia (Nova Economia Institucional e Escola Austríaca de Economia).

- RENAN BRAGHIN

Graduado em Direito pelo Centro Universitário Toledo (2012). Especialista em Direito Tributário pelo IBET (2014). Advogado.

- RENATO GANZAROLLI

Graduado em Direito pelo Centro Universitário do Planalto de Araxá. É Especialista e Mestre em Direito Público pela Universidade Federal de Uberlândia (UFU). É Professor de Direito em sua *alma mater* e atua como advogado na mesma cidade. No rádio, é apresentador do programa *Volt Livre*, que defende arduamente a causa da Liberdade.

ÍNDICE REMISSÍVO E ONOMÁSTICO

II Seminário de Economia Austríaca, 58-59

A

Absolutismo, 93, 102
Acadêmico *egghead* ou "cabeça de ovo", 12
Ação Humana, de Ludwig von Mises, 21, 60
Adorno, Theodor (1903-1969), 27
Alden III, Raymond W., 45
Alemanha Ocidental, 18, 26, 37, 98-99, 108
Alemanha Oriental, 78, 98, 133
Almeida, Paulo Roberto de (1949-), 10-11, 13
Anarcocapitalismo, 27, 33, 54, 193, 260, 266, 272
Ann Arbor, EUA, 18, 29

Ann, Rose, 56
Annie Hall, de Woody Allen, 36
Apel, Karl-Otto (1922-2017), 18, 29
Aristóteles (384-322 a.C.), 176, 270, 280
Aron, Raymond (1905-1983), 11
Auburn, Alabama, 19
Austin, John Langshaw (1911-1960), 29
Ayn Rand e os delírios do altruísmo, Dennys G. Xavier (org.), coleção *Breves Lições*, 78

B

Baader, Roland (1940-2012), 43
Back In Town, de Rocco Urbisci, 203
Baixa Saxônia, 18, 26

Banfield, Edward Christie (1916-1999), 49
Barbieri, Fabio, 133
Bastiat, Claude Frédéric (1801-1850), 171
Bauer, Peter Thomas (1915-2002), 32
Beltway-Libertarians, 40
Bitcoin, 267
Block, Walter Edward (1941-), 32, 133
Blumert, Burton S. (1929-2009), 36
Bobbio, Norberto (1909-2004), 200
Bodrum, Turquia, 54-55
Boétie, Etienne de La (1830-1863), 201-02
Böhm-Bawerk, Eugen von (1851-1914), 28-30
Bolonha, Itália, 31
Brasil, 17, 58, 60-61, 130, 132-33, 210, 281-82
Breve História do Homem, Uma: Progresso e Declínio, de Hans-Hermann Hoppe, 20, 62-63, 163
Brooklyn Polytechnic Institute (posteriormente renomeado de New York Polytechnic University, e hoje, Polytechnic Institute of NYU), 36
Brunswick, Alemanha, 26
Buchanan, Patrick Joseph (1938-), 257-59
Burke, Edmund (1729-1797), 21

C

Caminho da Servidão, O, de F. A. Hayek, 21, 22, 213
Camino Coins, 36
Carlin, George Denis Patrick (1937-2008), 203-04
Carvalho, Gitana Coelho, 25
Casal Tannehill, 221
Center for Libertarian Studies, 54
Centro de Estudos Internacionais Avançados da Universidade Johns Hopkins, 31
Centro de Estudos Libertários, 36
Ciência Econômica e o Método Austríaco, A, de Hans-Hermann Hoppe, 19, 60, 73
"Círculo de Bastiat", 32
Chomsky, Avram Noam (1928-), 29, 32
Coase, Ronald Harry (1910-2013), 262
Código Civil brasileiro de 2002, 93
Código Civil francês de 1804, 93
Código Penal brasileiro, 100

Código Tributário Nacional brasileiro, 100
"Coletivo, O", 32
Conceito de Valor Subjetivo, 191
Conselho de Pesquisa da Família, 46
Conselho Nacional de Desenvolvimento Científico e Tecnológico (CNPq), 10
Conservador, conservadorismo, 17, 19, 21-22, 49, 55, 61, 78, 91-92, 101-03, 107, 113, 249-50, 256-63, 267
Coordenação de Aperfeiçoamento de Pessoal de Nível Superior (Capes), 10
Coroa Portuguesa, 130
Corporativismo, 12
Croácia, 161

D

Democracia: o Deus que falhou, de Hans-Hermann Hoppe, 20-21, 43, 45, 61, 65, 271
DiLorenzo, Thomas James (1954-), 32
Direito, Legislação e Liberdade, de F. A. Hayek, 21, 22
Discurso da Servidão Voluntária, de Etienne de La Boétie, 201

E

Economia dos Custos de Transação (ECT), 262
Eigentum, Anarchie und Staat, de Hans-Hermann Hoppe, 34
Erkennen und Handeln, tese de doutorado de Hans-Hermann Hoppe, 34
Escola Austríaca, 21-22, 33, 40, 60, 63, 67, 73, 92, 106, 125-26, 133-34, 171, 191, 251, 260, 271
Escola de Chicago, 40
Escola de Erlangen, 29
Escola de Frankfurt, 27, 126
Espada de Dâmocles, 76, 183
Esparta, 276
Estado de Bem-Estar Social, 29, 171, 239, 250, 256, 258-59, 261-62, 283
Estado liberal, 102
Estônia, 157
Ética da Liberdade, A, de Murray N. Rothbard, 260
Europa Ocidental, 92, 98, 103, 107, 158-59, 189, 197

F

Feudalismo, 92-93, 102
Feyerabend, Paul Karl (1924-1994), 29

Ford Jr., Gerald Rudolph (1913-2006), 38º presidente dos Estados Unidos da América, 257

França, 158, 194

Frankfurt, Alemanha, 18, 26, 29, 126

Frankfurt am Main, 26, 30, 204-05, 207

Friedman, Milton (1912-2006), 32-33, 40, 179, 196

Fundação Nacional de Ciências da Alemanha, 39

Fundamentos da Liberdade, de F. A. Hayek, 21, 23, 104

G

Gillespie, Nicholas John "Nick" (1963-), 40

Goethe-Universität (Universidade Johann Wolfgang Goethe de Frankfurt), 26, 29-30

Goldman, Bruce, 32

Gorbatchev, Mikhail Sergeyevich (1931-), 281

Governo e Mercado, de Murray N. Rothbard, 21, 23, 104, 188

Grammy, 130

Grécia, 195

Grossman, Henryk (1881-1950), 28

Guerra Civil norte-americana, 281

H

Habermas, Jürgen (1929-), 18, 26-27, 29, 126

Hamowy, Ronald (1937-2012), 32

Hanover, Alemanha, 26

Harter, Carol (1941-), 46

Hayek, Friedrich August von (1899-1992), 9, 21, 30, 32-33, 66, 133, 171, 202-03, 268

Hazlitt, Henry (1894-1993), 162, 167-68

Heisenberg, Alemanha, 39

Hessen, Robert (1936-), 32

História e Crítica das Teorias de Juro, de Eugen von Böhm-Bawerk, 28

Hilton Midtown Manhattan, 57

Hitler, Adolf (1889-1945), 112, 218

Hobbes, Thomas (1588-1679), 216-17, 269-71, 273-76, 279-80, 284

Hong-Kong, 157

Hoppe, Gülçin Imre, 19, 55, 58

Hoppe, Hans-Hermann (1949-), 9, 13-14, 17-19, 21-35, 38-48, 54-56, 58-68, 71-88, 91-23, 125-26, 128, 130-34, 137-51, 155-61, 163-64, 166-67, 169-72, 176-78, 180-82, 184-87, 189-00, 202, 204-12, 216-34, 236-53, 256-64, 267-69, 271-74, 276-84

"Hoppefobia", 40

Hülsmann, Jörg Guido (1966-), 32

Hume, David (1711-1776), 108

I

Iêmen, 196
Igreja Católica, 51
Imperativo categórico de Immanuel Kant, 79
Imposto de Renda do Brasil, 130-31
Inconfidência Mineira, 130
Independência Norte-Americana, 130
Índia, 190
Instituições Públicas de Ensino Superior (IPES), 10
Instituto Mises Brasil, 21, 58, 133
Intervenção americana no Iraque, 66
Iorio, Ubiratan Jorge (1946-), 133
Irlanda, 229
Istambul, Turquia, 19, 58
Itália, 31, 112

J

Journal of Libertarian Studies, 18, 36, 54

K

Kant, Immanuel (1724-1804), 79
Karia Princess Hotel, 54
Karl Marx e o fim do seu sistema, de Eugen von Böhm-Bawerk, 28
Kelsen, Hans (1881-1973), 112
Keynes, John Maynard (1883-1946), 45, 49, 132
King Jr., Martin Luther (1929-1968), 128
Kinsella, Norman Stephan (1965-), 54, 56, 200
Kirk, Russell (1918-1994), 21
Knight, Michael, 45-46
Königsberg, Allan Stewart (1935-), conhecido como Woody Allen, 36
Kritik der kausalwissenschaftlichen Sozialforschung, de Hans-Hermann Hoppe, 34

L

Las Vegas, 31, 34, 39-41, 45-46, 48
Lei Áurea, 281
Lei Complementar n. 101, de 4 de maio de 2000, ou Lei de Responsabilidade Fiscal (LRF), 187
Lei da Associação ricardiana, 61

Lenin (1870-1924), nascido Vladimir Ilyich Ulianov, 126, 281

Leviatã – Ou matéria, forma e poder de um Estado eclesiástico e civil, de Thomas Hobbes, 270

Liberalismo, 21, 32, 171, 249-50, 260, 263-64, 266-67, 270-71

Liberalismo, de Ludwig von Mises, 21, 23, 173

Libertarianismo, 17-20, 30, 32-33, 38, 51, 54, 58, 61, 63, 67-68, 126, 132, 171, 249, 259-61-63

Liga Hanseática, 229

Liggio, Leonard P. (1933-2014), 32

Locke, John (1632-1704), 231, 271

Lomasky, Loren E., 40

Lorenzen, Paul (1915-1994), 29

Ludwig von Mises Institute, 19, 36, 63

M

Maltsev, Yuri N. (1950-), 22, 35

Manhattan, 39, 57

Marx, Karl (1818-1883), 28-29, 38, 93, 133

McCauley, Rosa Louise (1913-2005), conhecida como Rosa Parks, 128

"Medalha da Liberdade Murray N. Rothbard", 56

Menger, Carl (1840-1921), 191-92

Metáfora do Jardim do Éden, 82-85, 205

"Minha batalha com a polícia do pensamento" ("My Battle With The Thought Police"), de Hans-Hermann Hoppe, 48

Ministério da Educação (MEC), 10-11

Mises Institute, 31-33, 48, 54, 57, 68, 132

Mises, Ludwig von (1881-1973), 17, 21, 30, 32-35, 37, 39, 55, 60, 66, 73, 120-21, 132-33, 165, 167, 169, 171, 193, 196, 202, 241, 251-52, 258, 260, 268, 277

Mises University, 35, 60

Mises University 2009, 56

Molinari, Gustave de (1819-1912), 221

"*Money and Banking*", palestra de Hans-Hermann Hoppe, 49

Montgomery, Alabama, 128

Mueller, Antony, 92, 133

Mussolini, Benito Amilcare Andrea (1883-1945), 112

N

Nelson, Robert, 133

New York Polytechnic University, *ver* Polytechnic Institute of NYU

Nietzsche, Friedrich Wilhelm (1844-1900), 176
Nixon, Richard Milhous (1913-1994), 37º presidente dos Estados Unidos da América, 257
Nova Política Econômica (NPE), 98
Nova York, 31-36, 40, 57
Nozick, Robert (1938-2002), 32

O

Objetivismo de Ayn Rand, 32
Oppenheimer, Franz (1864-1943), 154
Origem da desigualdade entre os homens, A, de Jean-Jacques Rousseau, 127
Oscar, 130

P

Partido Nacional Socialista, 37
Partido Republicano, 257
Peine, Alemanha, 18, 26
Piaget, Jean William Fritz (1896-1980), 29
Platão (428/427-348/347 a.C.), 176, 181, 201
Política, de Aristóteles, 270

Política da Prudência, A, de Russell Kirk, 21, 23
Popper, Karl Raimund (1902-1994), 29, 108, 177
Por uma Nova Liberdade – O Manifesto Libertário, de Murray N. Rothbard, 272
Porto Alegre, 58
Prêmio Franz Cuhel Memorial, 56
Prêmio Gary G. Schlarbaum, 56
Prêmio Nobel em Economia, 39
Primeira Guerra Mundial, 98, 159, 239
Princípios da Economia Política, de Carl Menger, 191
Property and Freedom Society, The (PFS), 54-55, 68
Property, Freedom, & Society. Essays in Honor of Hans-Hermann Hoppe, de Joerg Guido Huelsmann e Stephan Kinsella, (ed.), 56-57
Putnam, Hillary Whitehall (1926-2016), 29

Q

"Quarta Revolução Industrial", 164
Que deve ser feito, O, de Hans-Hermann Hoppe, 20, 62, 126
Que Fazer?, de Vladimir Lenin, 126

Quine, Willard van Orman (1908-2000), 29

R

Radnitzky, Gerard Alfred Karl Norbert Maria Hans (1921-2006), 43
Raico, Ralph (1936-2016), 31-32
Ralph Raico: Champion of Authentic Liberalism, de Daniel P. Stanford, 32
Rand, Ayn, nascida Alisa Zinovyevna Rozenbaum (1905-1982), 9, 32, 67
Reagan, Ronald Wilson (1911-2004) 40º presidente dos Estados Unidos da América, 257
Realengo, Rio de Janeiro, 58
Reisman, George (1937-), 32
República, A, de Platão, 201
Revolução Francesa, 127
Revolução Industrial, 20, 63, 158, 164-65
Revolução liberal do século XVIII, 102
Ricardo, David (1772-1823), 107
Richard-Wagner-Society, 38
Robinson Crusoé, personagem do romance homônimo de Daniel Defoe, 58

Rockwell Jr., Llewellyn H. "Lew" (1944-), 19, 63
Rogge, Benjamin A. (1920-1980), 32
Roma, 195
Rothbard, Murray Newton (1926-1995), 17-18, 21-22, 31-35, 40-41, 43, 54, 56, 101-02, 126, 133, 148, 154, 159, 171, 182, 221, 227, 260-61, 266, 268, 271
"Rothbardfobia", 40
Rousseau, Jean-Jacques (1712-1778), 127
Royal Horticultural Society, 57
Runnin' Rebels, 41
Rússia, 93, 98, 112
Ryle, Gilbert (1900-1976), 29

S

Saarbrücken, Alemanha, 26
Saddam Hussein, Abd al-Majid al-Tikriti (1937-2006), 67
Schumacher, JoAnn, 38
Schumpeter, Joseph Alois (1883-1950), 28, 184
Searle, John Rogers (1932-), 29
Segunda Guerra Mundial, 27, 32, 37, 159, 163, 260
Sensory Order, The, de F. A. Hayek, 66
Short History of Man: Progress and Decline, A, de Hans-

Hermann Hoppe, ver *Breve História do Homem, Uma*
Singapura, 157
Síria, 196
Sistema feudal e absolutista, 102
Smith, Adam (1723-1790), 162
Socialismo de guilda, 12
Socialistas de Cátedra, 258
Sowell, Thomas (1930-), 9, 40, 183-84
Spencer, Herbert (1820-1903), 30
Stalin, Josef Vissarionovitch (1878-1953), 112
Sudeste Asiático, 190
Suíça, 157, 195

T

Tarkanian, Jerry (1930-2015), 41
Teoria da Utilidade Marginal, 191
Teoria do socialismo e do capitalismo, Uma, de Hans-Hermann Hoppe, 40, 59, 71, 74, 200
Terceiro Mundo, 195
Thatcher, Margareth Hilda (1925-2013), 187
Tiradentes (1746-1792), nascido Joaquim José da Silva Xavier, 130

Tocqueville, Alexis de (1805-1859), nascido Alexis-Charles-Henri Clérel, visconde de Tocqueville, 176
Trade-off, 258

U

União Americana pelas Liberdades Civis (American Civil Liberties Union – ACLU), 46, 53
União das Repúblicas Socialistas Soviéticas (URSS), 93
União Europeia, 194
União Nacional dos Estudantes (UNE), 11
Universidade de Economia de Praga, 56
Universidade de Frankfurt, 28-29
Universidade de Michigan, 29
Universidade de Nova York, 32
Universidade de Viena, 28
Universidade Johns Hopkins, 31
Universität des Saarlandes, 18, 26
University of Nevada (UNLV), 18, 40-41
Uso da Propriedade na Sociedade, O, título original de *O Uso do Conhecimento na Sociedade*, de F. A. Hayek, 66

Uso do Conhecimento na Sociedade, O, de Hayek, 66

V

Velha Ordem, 101
Velho Oeste, 229
Victims Communism Memorial Foundation, The, 128
Viena, 34

W

Weber, Maximilian Karl Emil "Max" (1864-1920), 93
Wehrmacht-material, 36
Wittgenstein, Ludwig Joseph Johann (1889-1951), 29

A trajetória pessoal e o vasto conhecimento teórico que acumulou sobre as diferentes vertentes do liberalismo e de outras correntes políticas, bem como os estudos que realizou sobre o pensamento brasileiro e sobre a história pátria, colocam Antonio Paim na posição de ser o estudioso mais qualificado para escrever a presente obra. O livro *História do Liberalismo Brasileiro* é um relato completo do desenvolvimento desta corrente política e econômica em nosso país, desde o século XVIII até o presente. Nesta edição foram publicados, também, um prefácio de Alex Catharino, sobre a biografia intelectual de Antonio Paim, e um posfácio de Marcel van Hattem, no qual se discute a influência do pensamento liberal nos mais recentes acontecimentos políticos do Brasil.

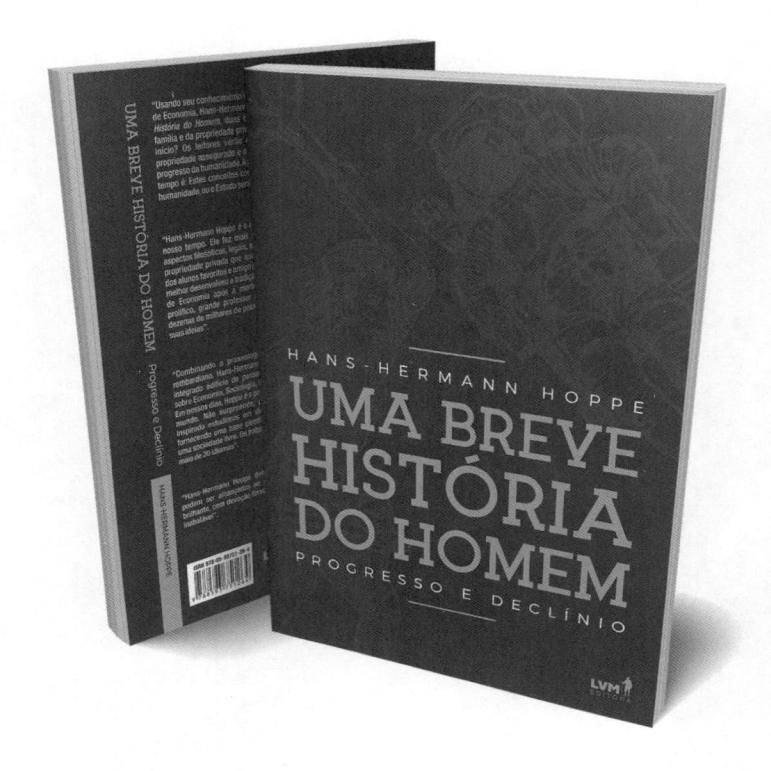

Uma Breve História do Homem: Progresso e Declínio de Hans-Hermann Hoppe, em um primeiro momento, narra as origens e os desenvolvimentos da propriedade privada e da família, desde o início da Revolução Agrícola, há aproximadamente onze mil anos, até o final do século XIX. O surgimento da Revolução Industrial há duzentos anos e análise de como esta libertou a humanidade ao possibilitar que o crescimento populacional não ameaçasse mais os meios de subsistência disponíveis são os objetos da segunda parte. Por fim, no terceiro e último capítulo, o autor desvenda a gênese e a evolução do Estado moderno como uma instituição com o poder monopolístico de legislar e de cobrar impostos em determinado território, relatando a transformação do Estado monárquico, com os reis "absolutos", no Estado democrático, com o povo "absoluto".

Rumo a uma Sociedade Libertária apresenta em curtos e incisivos capítulos as questões polêmicas mais discutidas em nosso tempo sob o prisma dos fundamentos básicos do libertarianismo. No característico estilo claro e agradável que marcam todos os seus escritos, nesta coletânea de ensaios o professor Walter Block discute política externa, economia e liberdades pessoais. Ao forçar o leitor a sair do lugar comum das análises políticas, econômicas e sociais, a lógica impecável do autor revela que os princípios econômicos da Escola Austríaca e o pensamento individualista libertário são os melhores veículos para compreender os problemas mundiais e conduzir em direção às soluções destes. A presente edição brasileira conta com um posfácio do youtuber Raphaël Lima, criador do canal Ideias Radicais.

Acompanhe a LVM Editora nas redes sociais
 https://www.facebook.com/LVMeditora/
 https://www.instagram.com/lvmeditora/

Esta obra foi composta pela Carolina Butler
na família tipográfica Sabon e impressa
pela Exklusiva para a LVM Editora em dezembro de 2019